名师名校名校长

凝聚名师共识
回应名师关怀
打造名师品牌
培育名师群体

广州市教学成果培育项目（Guangzhou teaching achievement cultivation project）"多元融合·交互共生：小学语文嵌入式阅读进阶的17年探索"（项目编号：2023127736）研究成果

语文阅读进阶之路

嵌入式课外阅读课程的构建与实施

罗夕花　金娜　李元勇 著

图书在版编目（CIP）数据

语文阅读进阶之路：嵌入式课外阅读课程的构建与实施 / 罗夕花，金娜，李元勇著. -- 重庆：西南大学出版社，2023.12
ISBN 978-7-5697-2169-0

Ⅰ.①语… Ⅱ.①罗…②金…③李… Ⅲ.①阅读课—教学研究—小学 Ⅳ.①G623.232

中国国家版本馆CIP数据核字(2023)第255919号

语文阅读进阶之路：嵌入式课外阅读课程的构建与实施
YUWEN YUEDU JINJIE ZHI LU：QIANRUSHI KEWAI YUEDU KECHENG DE GOUJIAN YU SHISHI

罗夕花　金　娜　李元勇　著

责任编辑：	王瑞兵
责任校对：	陈　郁
装帧设计：	言之凿
出版发行：	西南大学出版社（原西南师范大学出版社）
印　　刷：	北京政采印刷服务有限公司
成品尺寸：	170mm×240mm
印　　张：	17.75
字　　数：	238千字
版　　次：	2023年12月　第1版
印　　次：	2023年12月　第1次印刷
书　　号：	ISBN 978-7-5697-2169-0
定　　价：	58.00元

前 言

随着新课程改革不断深入推进,对课外阅读的研究越来越受到"小语界"广大同行的关注。很多教师及社会群体或者个人均积极开展各种儿童阅读推广活动,不少教师要求学生多读书、读整本书,并能够提供相应的课外阅读推荐书目。但对于一线教师而言,如何落实课外阅读的指导、教学目标如何界定、指导方法如何选择、评价方式如何设立等问题并没有得到解决,导致教师对课外阅读的指导仅仅停留在宣传动员的"推荐书目"层面。由于缺乏具体的阅读方法的指导,缺乏高质量的过程监控,加上缺乏行之有效的评价导向,我们会发现学生的课外阅读量看似提高了,但浅表性阅读的现状令人担忧:很多学生的阅读仅仅停留在情节上,缺少深入的思考;整个阅读过程流于形式,浮于浅表,课外阅读的效果不尽如人意。

《义务教育语文课程标准(2022年版)》增设整本书阅读学习任务群,统编教材设置"快乐读书吧"等栏目,都旨在将课外阅读纳入教材体系,实现"课外阅读课程化"。整本书阅读学习任务群如何实施,"快乐读书吧"如何进行教学,是一线语文教师迫切需要解决的问题。

基于单元模块整合教学的研究基础,广东省名教师工作室主持人罗夕花老师申请立项了广东省教育科研"十三五"规划科研项目:"基于统编教材的嵌入式课外阅读课程的构建与实施"。自2019年开始,项目组历经"构建—实施—修订—再实施"的研究过程,构建了嵌入式课外阅读课程,研发了《学生共读手册》和《教师指导用书》(各12册)。

嵌入式课外阅读课程，以语文课程标准为准绳，课程目标对应课程标准的学段要求；课程结构和课程内容基于统编教材选择适当的"1+X"拓展阅读文本或整本书的课外阅读作品；课程设计关注阅读策略和阅读方法，着眼于学生语文素养的提升；课程实施遵循儿童的阅读心理和审美需求，设置体验式的阅读活动，构建课程化、序列化、活动化的"课外阅读课程体系"，动态嵌入统编教材，与统编教材形成对位、互动、互补的关系，相互倚仗、互为促进，将课外阅读纳入课程体系，真正实现"课外阅读课程化"，从而达到阅读进阶的理想境界，实现阅读滋养生命的教育理想。

嵌入式课外阅读课程通过统编教材"快乐读书吧"这个接口，动态嵌入教材中去，它就像一个U盘，即插即用，无须过多准备，直接嵌入教师的教、学生的学，让教师更专注于激发、组织和推动阅读的发生，让学生更专注于阅读、思考和分享思想的火花。

嵌入式课外阅读课程一方面能够立足广东省各地区，进行课外阅读课程化的本土实践；另一方面能够落实国家课程，压实新课标和统编教材对课外阅读的要求。为进一步推广应用该研究成果，项目组的核心成员罗夕花、金娜、李元勇三位老师合作完成了本书的撰写工作：罗夕花老师负责第一、二、三、八、九章的撰写，约8万字；李元勇老师负责第四、五章的撰写，约8万字；金娜老师负责第六、七章的撰写，约8万字。本书呈现了嵌入式课外阅读课程的研发背景、体系建构、内容开发、活动设计、策略支撑、评价系统等。

我们期待，嵌入式课外阅读课程能够助力一线教师解决课外阅读的系列问题，让更多学生在课外阅读过程中，成为一名主动的阅读者、积极的分享者、灵活的思考者和自迩的学习者，从而全面落实立德树人根本任务。

目 录

第一章 嵌入式课外阅读课程的研发背景

第一节 新课程改革的时代需求 …………………………………… 3
第二节 国内外研究的现状分析 …………………………………… 8
第三节 整本书阅读的课标要求 …………………………………… 17

第二章 嵌入式课外阅读课程的内涵价值

第一节 核心概念 …………………………………………………… 23
第二节 总体框架 …………………………………………………… 24
第三节 研究价值 …………………………………………………… 27

第三章 嵌入式课外阅读课程的体系构建

第一节 设置课程目标 ……………………………………………… 31
第二节 选择课程内容 ……………………………………………… 33
第三节 形成课程结构 ……………………………………………… 37
第四节 研发阅读课型 ……………………………………………… 39

第四章　嵌入式课外阅读课程的主要特征

　　第一节　课程化 …………………………………………… 47
　　第二节　活动化 …………………………………………… 56
　　第三节　序列化 …………………………………………… 68

第五章　嵌入式课外阅读课程的内容开发

　　第一节　确立桥梁式主题，连接课程与生活 …………… 85
　　第二节　组成素养型单元，促发学习式评价 …………… 96
　　第三节　创设生活化情境，驱动问题的解决 …………… 103
　　第四节　设计氛围式任务，强化合作的需求 …………… 112

第六章　嵌入式课外阅读课程的活动设计

　　第一节　导读活动"有趣"：趣味唤醒阅读动力 ………… 129
　　第二节　共读活动"有伴"：依托阅读共同成长 ………… 136
　　第三节　推进活动"有序"：任务提升阅读深度 ………… 142
　　第四节　读写活动"有质"：有效提升阅读表达 ………… 150
　　第五节　分享活动"有料"：共享交互阅读成果 ………… 156
　　第六节　拓展活动"有度"：适时延续阅读思考 ………… 163

第七章　嵌入式课外阅读课程的策略支撑

第一节　呈现阅读感受 …………………………………… 173
第二节　提升阅读思维 …………………………………… 179
第三节　培养阅读习惯 …………………………………… 192
第四节　提高阅读质量 …………………………………… 210
第五节　拓宽阅读视野 …………………………………… 228

第八章　嵌入式课外阅读课程的评价系统

第一节　评价的内涵意蕴 ………………………………… 241
第二节　评价的实施策略 ………………………………… 243

第九章　嵌入式课外阅读课程的助力系统

第一节　开发《学生共读手册》 ………………………… 253
第二节　编写《教师指导用书》 ………………………… 261
第三节　打造"阅读资源中心" ………………………… 269

参考文献 …………………………………………………… 273

第一章

嵌入式课外阅读课程的研发背景

随着时代的进步和经济的发展，世界各国越来越意识到课外阅读的重要性，认为阅读能力是孩子们得以全面发展的基础，提高孩子们的阅读能力也是一个国家提高国民素质的主要手段。因此培养孩子们的阅读能力成了现代教育教学的重要发展项目。

　　在国际化日益加剧、文化多元化急剧演变的现代社会背景下，我国启动了新一轮基础教育课程改革。语文课程作为这次基础教育课程改革的重要组成部分，将课程价值定位为"使学生能够站在中华文化的基础上，具有足够的自信心和独立性，在文化扩张或冲击中得以创造性地发展"。如何在教学实践中实现这一语文课程的价值转型？阅读！大量的课外阅读！使学生在大量的阅读中，"感受中华文化的博大精深，树立民族自尊心和自豪感，获得创造的智慧"，同时，"尊重、借鉴并吸收世界各国、各民族的多种多样的文化"，从而使学生能够"立足于中华文化的基础上，放眼世界；立足于传统文化的基础上，关注现实文化生活"。

　　统编教材从"课文"到学生自主阅读的"和大人一起读/我爱阅读"，再到引导学生进行课外阅读的"快乐读书吧"，形成了一个课内外紧密结合的课程体系。这就为一线语文教师"创造性地使用教材"提供了很大的空间，一线教师可以发挥主动性，去探索、去研究、去实践，从而开发合适的拓展、延伸的"课外阅读课程"。

第一节　新课程改革的时代需求

一、基于21世纪国际母语课程改革的共识

自20世纪80年代以来，一些国家几乎不约而同地发起了面向21世纪的教育改革，而作为核心课程之一的母语课程，它的改革普遍受到所有国家的重视。阅读是母语课程中极其重要的内容，各国在这次国际化的母语课程改革中逐渐达成一个共识——阅读是提高学生母语素养和民族母语素质的必由之路。许多国家都将"阅读"列入本国课程标准等正式文件并作出明确的规定。如：英国《英国国家课程·英语》规定在第三、第四阶段的课程中，学生应阅读莎士比亚等作家的作品；德国巴符州语文教学大纲分年级、分体裁地给学生列出了国内外众多文学家及其作品；法国则为高中学生列出每年的"作品清单"；美国教育部颁布了中学生必读书目21部。由此可见，阅读已成为各国母语课程改革的一个重要内容。

二、基于我国现行语文课程改革的价值定位

《普通高中语文课程标准（2017年版2020年修订）》中的一个基本理念就是"以核心素养为本，推进语文课程深层次的改革"。课程标准指出"语文学科核心素养是学生在积极的语言实践活动中积累与构建起来，并在真实的语言运用情境中表现出来的语言能力及其品质；是学生

在语文学习中获得的语言知识与语言能力,思维方法与思维品质,情感、态度与价值观的综合体现",主要包括"语言建构与运用""思维发展与提升""审美鉴赏与创造""文化传承与理解"四个方面。着眼于"核心素养的整体发展",高中语文课程设计了18个学习任务群,由必修、选择性必修、选修三类课程构成。中华优秀传统文化、革命文化和社会主义先进文化方面的内容始终贯穿于这三类课程中。从普通高中语文课程结构（见表1-1-1）可以看出,要促进学生语文核心素养的整体发展,就必须"培养广泛的阅读兴趣,努力扩大阅读视野。学会正确、自主地选择阅读材料,读好书,读整本书,多媒介获取信息,提高文化品位,提高阅读与表达能力","发展独立阅读的能力"。

表1-1-1　普通高中语文课程结构及学分

必修（8学分）	选择性必修（6学分）	选修（任选）
整本书阅读与研讨（1学分）	（整本书阅读与研讨、当代文化参与、跨媒介阅读与交流在选择性必修和选修阶段不设学分,穿插在其他学习任务群中）	
当代文化参与（0.5学分）		
跨媒介阅读与交流（0.5学分）		
语言积累、梳理与探究（1学分）	语言积累、梳理与探究（1学分）	汉字汉语专题研讨（2学分）
文学阅读与写作（2.5学分）	中华传统文化经典研习（2学分）	中华传统文化专题研讨（2学分）
	中国革命传统作品研习（0.5学分）	中国革命传统作品专题研讨（2学分）
思辨性阅读与表达（1.5学分）	中国现当代作家作品研习（0.5学分）	中国现当代作家作品专题研讨（2学分）

续 表

必修（8学分）	选择性必修（6学分）	选修（任选）
实用性阅读与交流（1学分）	外国作家作品研习（1学分）	跨文化专题研讨（2学分）
	科学与文化论著研习（1学分）	学术论著专题研讨（2学分）

《义务教育语文课程标准（2022年版）》也对学生阅读兴趣与习惯的培养、阅读内容与要求以及每个学段课外阅读的总量都提出了具体明确的要求（见表1-1-2），并在"附录"中设置了"优秀诗文背诵推荐篇目"和"关于课外读物的建议"两项内容。这些内容的设置都说明引导学生进行大量的课外阅读是实现"全面提高学生语文素养"的重要途径。

表1-1-2 《义务教育语文课程标准（2022年版）》每个学段阅读相关内容及要求

学段	阅读兴趣与习惯	阅读内容	阅读要求	课外阅读总量
第一学段	喜欢阅读，感受阅读的乐趣。	阅读浅近的童话、寓言、故事。	向往美好的情境，关心自然和生命，对感兴趣的人物和事件有自己的感受和想法，并乐于与人交流。	课外阅读总量不少于5万字。
		诵读儿歌、儿童诗和浅近的古诗。	展开想象，获得初步的情感体验，感受语言的优美。	
第二学段	积累课文中的优美词语、精彩句段，以及在课外阅读和生活中获得的语言材料。养成读书看报的习惯，收藏图书资料。	叙事性作品。	初步感受作品中生动的形象和优美的语言，关心作品中人物的命运和喜怒哀乐，与他人交流自己的阅读感受。	课外阅读总量不少于40万字。
		诵读优秀诗文。	注意在诵读过程中体验情感，展开想象，领悟诗文大意。	

续 表

学段	阅读兴趣与习惯	阅读内容	阅读要求	课外阅读总量
第三学段	默读有一定的速度,默读一般读物每分钟不少于300字。学习浏览,扩大知识面,根据需要搜集信息。扩大阅读面。	阅读叙事性作品。	了解事件梗概,能简单描述印象最深的场景、人物、细节,说出自己的喜爱、憎恶、崇敬、向往、同情等感受。	课外阅读总量不少于100万字。
		阅读诗歌。	大体把握诗意,想象诗歌描述的情境,体会作品的情感。受到优秀作品的感染和激励,向往和追求美好的理想。	
		阅读说明性文章。	能抓住要点,了解文章的基本说明方法。	
		阅读整本书。	把握文本的主要内容,积极向同学推荐说明理由。	
		背诵优秀诗文60篇(段)。	注意通过语调、韵律、节奏等体味作品的内容和情感。	

由此可见,目前我国的教育改革已经从"教材建设"转向"课程建设",这就需要广大的一线语文教师树立"课程意识",在实践中培养自身"开发课程"的能力,这也是教师专业发展的必由之路。

三、基于统编教材"课外阅读课程化"的编写理念

自2019年9月起,全国小学和初中全部统一使用教育部组织编写的义务教育语文教材(以下简称"统编教材")。统编教材总主编温儒敏教授认为,我们讲素质教育、人文教育,归根结底还是要读书。因此,语文课要把培养学生的读书兴趣与习惯当作头等大事。温儒敏教授进一步提出设想:让语文教学贴近学生的生活实际,让阅读教学由课内向课外延伸,让课堂内外的阅读相互交叉、渗透、整合,连成一体。

基于这样的思想,统编教材将提升学生的阅读兴趣、帮助学生养

成良好的阅读习惯作为语文教育的重要突破口，把课外阅读纳入教材体系，增设了"和大人一起读"（置于一年级每个"语文园地"之后）、"我爱阅读"（置于二年级每个"语文园地"之后）、"快乐读书吧"（每册教材安排一次）等新栏目。其中，每册教材中的"快乐读书吧"是沟通课内外阅读的重要桥梁，这个栏目在第一学段主要推荐童谣、儿歌及情节简单、有趣的儿童故事等，第二、三学段每册推荐不同种类的图书，从五年级下册开始安排学生接触长篇小说，学习整本书的阅读方法，与中学阶段的"课外阅读导航"紧密衔接。"快乐读书吧"对课外阅读进行系统安排，旨在引导教师开发课外阅读资源，把学生的阅读由课内引向课外，以期通过提升阅读总量，提高学生语言文字理解和运用能力，实现语文素养的全面提高。

第二节 国内外研究的现状分析

2019年，在中国知网、中文期刊网通过主题词检索，输入"课外阅读""课外阅读课程""嵌入式""嵌入式课程"嵌入式课外阅读课程等主题词，检索结果及其统计分析见表1-2-1。

表1-2-1 相关文献统计分析

检索主题词	相关文献数量（篇）	统计分析
课外阅读	20449	这些文献呈现了国内外从政府层面到一线教师对课外阅读的研究情况，可以看出世界各国都非常重视提高学生的阅读能力。一些发达国家把培养阅读能力作为孩子们智能发展的重点，以国家政策计划推动"课外阅读"。而国内对课外阅读的研究大多以"群文阅读""整本书阅读""1+X"或"1+N"式拓展阅读等课外阅读指导策略、课外阅读工具（思维导图、阅读单等）的开发、课外阅读活动的开展、课外阅读的推广等为主要内容，而且研究者已经由语文教学界的知名学者扩展到普通的"语文人"。
课外阅读课程	6	检索到的文献分别是郝婧坤的《小学语文课外阅读课程化的思考与建议》、范锦飘的《构建阅读的校内"磁场"，推进课外阅读课程化》、崔峦的《群文阅读再出发——基于统编本教材的群文阅读课程探索》、胡元华的《"整本书阅读"课程建构的设想》、孙珋的《整合·重构·拓展·优化——区域小学语文学科课程建设的研究与实践》、杨海波的《"经典阅读"校本课程的课型研究》等。其中，郝婧坤的《小学语文课外阅读课程化的思考与建议》阐述了当前课外阅读课程化实施中存在的问题，指出

续表

检索 主题词	相关文献 数量（篇）	统计分析
课外阅读课程	6	教师是课外阅读课程最有力的实施者与提升者，学校要加强顶层设计，推进课外阅读课程化的建设；范锦飘《构建阅读的校内"磁场"，推进课外阅读课程化》阐述了从"学校图书馆""开放书吧""班级图书角""阅读课堂"四个方面构建阅读的"磁场"，以推进课外阅读课程化。以上文献中的研究观点与研究成果为本项目的研究提供了很好的理论基础和研究基础。
嵌入式	12316	文献的研究领域都是关于计算机系统与软件工程的，没有涉及课外阅读。
嵌入式课程	4 （其中1本编著）	3篇文章中，2篇仍是关于计算机系统领域的研究，而宋红斌发表于《江苏教育报》的文章《嵌入式课程》界定了嵌入式课程的含义，阐述了嵌入式课程的特征。而潘琼和李春华的编著《嵌入式课程：特色课程的路径和方略》一书讲述的是学校如何进行特色课程的建设与嵌入，相当于学校课程的顶层设计，每个章节中的课程，都是出自上海嘉定区的品质课程。
嵌入式课外阅读课程	0	嵌入式课外阅读课程目前没有直接相关的论述，没有专门的研究成果，只得到一些分散的观点和信息，是一个有待研究的领域。

基于检索到的文献，笔者试图梳理世界各国关于"课外阅读"实践的研究与改革，梳理国内外关于课外阅读课程建设相关问题的研究情况，明晰现有研究成果，发现课外阅读课程构建研究领域的新的研究方向和可能性，以期为今后课程研究与建设提供有益经验。研究现状综述如下：

一、世界各国关于课外阅读实践的研究与改革

近年来，世界各国都非常重视提高学生阅读能力，推行了一系列关于课外阅读实践的研究和改革。

1. 以国家政策计划推动课外阅读

国外对于课外阅读教学的研究是以主题教学为主的，以西方课程整合运动为起始点。一些发达国家把培养阅读能力作为孩子们智能发展的重点，大力推动课外阅读教学，并为之施行了许多相关的政策措施。

为了提高孩子们的阅读能力，美国联邦政府分别颁布了《阅读卓越法案》，实施了"美国阅读挑战""全国阅读峰会"等活动项目。美国联邦教育部部长赖利发表了题为"教育优先：创造美国未来"的教育国情咨文。赖利认为美国学生的阅读水平不尽如人意，文中着重强调要使人人都具备阅读能力和良好的阅读水平，还制定了"阅读指南"，给孩子提供阅读指导方法。布什总统上任后提出"不让一个孩子掉队（No Child Left Behind）"的教育方案，其教育政策的主轴是"阅读优先（Reading First）"，提倡阅读教学所遵循的思路是"读书的策略—读书的兴趣—讨论交流—讨论策略"，教师在整个阅读教学过程中重指导轻评价，倡导孩子们自由选择感兴趣的书来阅读。

"阅读起跑线"计划最初于1992年在英国发起，它致力于在世界各国推广，为每一个儿童提供各种免费阅读服务。该计划的基本原则是让每个儿童享受阅读的乐趣，让他们在早期阅读中受益，培养终身的阅读爱好。此外，英国还是世界首个推出"阅读年"概念的国家，其开展了"阅读是基础"活动，同时投入了大量阅读活动经费，要求全国每所学校都增加阅读写作课程，旨在大力推动全国中小学生的阅读能力的培养。英国政府于1998年提出了"打造一个举国皆是读书人的国度（Build a Nation of Readers）"的口号。英国阅读协会还针对儿童推广"夏季阅读挑战"活动，该活动旨在鼓励儿童每年夏天读6本书，从而提升孩子们的综合素质。

1994年，联合国教科文组织颁布《公共图书馆宣言》，把培养儿童早期的阅读习惯作为公共图书馆的首要任务。20世纪90年代，儿童阅读活动在日本盛行。日本意识到孩子阅读能力的高低直接影响国家未来的发展，因此大力提倡儿童阅读，并明确规定2000年作为儿童阅读年，2001年又通过了《儿童阅读推进法》。2002年，日本拥有了历史上第一座国际儿童图书馆，就是希望孩子能够在书中汲取营养，为未来的发展打下坚实的基础。

2. 课外阅读与课堂教学的整合

对于课外阅读与课堂教学的关系，俄罗斯、美国、新加坡和德国等国家认为，语文课外阅读与课堂教学密切相关，是课堂教学的延伸和拓展，需要接受课堂教学的指导；相反，英国、日本更侧重于强调课外阅读的独立性。英国的《语文课程标准》指出，阅读的目的应该是广泛的，可以单纯地为了其中的乐趣，或是为了学习的需要，找一些特别的信息去阅读。日本国语教育学者认为课外阅读可以使学生获得关于自然、人生的知识，扩宽知识视野，改善知识结构，提高思考能力；而书籍所蕴含的思想内容可以培养学生意志力，进而使学生形成积极的人生观。因此，他们认为课外阅读是一个独立的领域，不一定非要与课堂教学有联系。

国外也注重课外阅读指导。新加坡的课程标准将课外阅读分为指定阅读和自由阅读，自由阅读根据学生兴趣进行，而指定阅读则要求教师在课堂上切实地指导阅读。各国的课外指导主要包括课外阅读读物的指导、方法指导、图书馆资源利用的指导等方面。一些国家还形成了具有特色的阅读指导模式，如俄罗斯特设课外阅读课，形成学科模式。俄罗斯沿用苏霍姆林斯基的优秀教育思想，开设了拓展阅读课，把课外阅读当成课堂教学的补充。新加坡在课外阅读方面也做了积极的措施，把课外阅读纳入课程标准，将其分为指定阅读和自由阅读，且特别重视对课外阅读的指导。美国调动家庭力量形成联合型模式。英国无数志愿者给中小学生提供课外阅读帮助，形成社会主导型模式。

国外课程标准对于课外阅读评价主要涉及阅读方法的考查，以及分析、理解和欣赏文章的能力。

综合来看，尽管有些国外研究者对课外阅读的看法各异，但课外阅读的实践研究已如浪潮般席卷全球。各国都积极地从心理学、教育学、行动指导等方面探究如何提高孩子们的阅读兴趣，培养他们良好的阅读习惯，拓宽他们阅读的途径。

虽然课外阅读引起了世界各国的重视，但将课外阅读纳入课程实施的研究没有形成系列的成果。另外，国外小学语文课外阅读指导策略在理论上的研究还不够深入、系统，未能取得良好的研究成果。

二、国内关于课外阅读课程建设经验和实践的研究

在课外阅读课程建设研究中，关于该课程的建设经验专题研究并不多，更多地分散于其他文章中，主要内容包括：对课外阅读指导的基本经验的梳理；以学校为单位对课外阅读相关课程的典型经验的梳理。经过文献梳理可知，国内学界关于课外阅读课程经验的研究主要有以下几大方面：

1. 改革开放以来课外阅读实践的基本共识

在该类型的研究中，以钱理群教授所著的《经典阅读与语文教学》和王荣生教授所著的《语文教学内容重构》等经典阅读教学研究成果为主，共同点是：探究阅读在小学语文教学中的作用；阐明小学语文教学中经典阅读的重要意义；就小学生课外读物的编写与使用提出相关建议；对如何指导各类主题的课外经典阅读进行对策梳理；从理论上阐述小学经典阅读的意义与方向。

而目前阅读方面提出的"嵌入式"概念，主要研究是在语文课文内容的基础上融入现代的多媒体教学手段、学生的生活经验、多样的教学方法等，让课文内容趋向于学生的知识、心理的发展区间。嵌入式阅读适合小学生的阅读习惯和他们的生活经验，从而能让小学生更好地理解文章内容，但对课外阅读领域尚未涉及。

经过长期的研究与争鸣，无论中外，语文教育界已经达成共识：阅

读教学的课本选文是学生阅读的最核心的内容，但仅有课本是远远不够的。提倡经典阅读，有机嵌入现行语文教材的课程建设，势在必行。

2. 关于课外阅读的典型学校经验

课外阅读作为学校关注的科研热点，不少学校与教师依据学校特色或个人研究专长，开展了形式各异、内容丰富的课外阅读指导实践，为国内中小学课外阅读课程建设以及实践研究提供了大量经验。而学界不少研究者则以某学校的课外阅读指导措施为研究对象，进行了实践调研和经验总结。

以群文阅读为切入口的课外阅读实践成果：以杭州市特级教师蒋军晶所著的《让学生学会阅读——群文阅读这样做》为代表的个体教师实践成果。蒋老师尝试在较短的单位时间内，针对一个议题，进行多文本的阅读教学。这改变了之前教师利用连续两三个课时解析单篇课文的模式。用大容量的阅读素材来训练学生的阅读策略，不仅提升学生的高阶思维能力，将课内的阅读练习与课外的自主阅读建立起联结，还开阔学生的视野，帮助学生树立研究意识，成为精读教学的有效补充。蒋老师通过建立群文阅读教学团队，总结提炼了群文阅读的文学表达功能和相似文章的阅读指导策略。通过一篇带多篇、一篇带一本、一篇带多本、一篇带整个单元的阅读策略，力图通过群文阅读课程建设让学生学会阅读、学会思考。

以整本书阅读为策略研究的课外阅读实践成果：以新教育实验"毛虫与蝴蝶"儿童阶梯阅读课题组的整本书共读为代表的课程建设实践成果。以版本指导、序目指导、参考书籍指导、阅读方法指导为研究内容，强调教师在阅读的过程中就是一个引路人，要引导学生读他们自己读不到的东西。阅读指导应该是"阅读—交流—指导—提高—更广阔的阅读"的过程。通过阅读方法指导，让学生有更深的感悟，根据获得的经验再读。强调阅读后的讨论交流，用交流话题促使学生思考，把阅读引向深入，重视学生的自读与自悟。通过交流讨论的再读，让学生把一本书读通读透，防止学生浅尝辄止。

整本书有较长的阅读周期、更复杂的阅读任务，决定了在阅读过程中，学生能够收获的成长空间更为宽广，"整本书阅读"因此成为时代阅读困境的突破口之一。除了补充学生生活经验，拓展其知识面，"整本书阅读"的价值还体现在能够帮助学生形成阅读习惯，并在潜移默化中使学生把读书作为生活的一部分。对"整本书阅读"的研究已经由单纯的"整本书阅读"转向和"群文阅读"整合的道路。但由于"整本书阅读"是一个阅读策略交互运用的综合性阅读过程，所以对读者的要求较高，并不适用于所有的学生群体。怎样让整本书阅读效益更大化，还需要继续实践求证。

以读书会为形式的课外阅读实践成果：以南通市特级教师周益民所著的《上读书课啦》和深圳阅读推广人周其星老师所著的《彩色的阅读教室》为代表的个体教师实践成果。周益民老师整理了三十多篇读书会教学设计，按照低、中、高年部整体编排，形成梯度。但所选教学设计偏重阅读指导课，部分教学设计、教学实录显得比较简单。周其星老师以自传体的形式述说了自己多年的班级读书会建设经验。但《彩色的阅读教室》文学色彩浓厚，抒情较多，很难直接被一线教师借鉴，特别是在梯度上有所欠缺。此外，还有一些探讨组织阅读经典活动的策略、途径、方法的文章。这类文献认为：阅读经典活动应有利于讨论分享，策略侧重于指导学生学会聆听，丰富其认知；互为学伴，协同进步；去教师中心化。以江苏倪国平老师所著的《开展班级读书会的困惑与思考》为代表的反思阅读经典活动成效文献，从不同的角度描述了自己的疑问和困惑：如何让经典阅读活动面向全体，让所有学生共同进步？如何让班里所有学生都购买同一本书？又如何让他们喜欢同一本书？如何让教师自觉自愿开展读书会活动？以上对炙热的读书会活动的冷静思考，对本课题的研究也具有积极的借鉴意义。

以系列读本为载体的课外阅读实践成果：以《亲近母语》系列、

《新语文读本》系列为代表的课程建设实践成果。此类实践成果着力构建少年儿童阅读课程解决方案，实施"经典诵读""班级读书会""读写互动""亲子共读""书香校园""书香班级"等不同层面的阅读活动，具有"经典性"和"序列性"，给当下的小学语文教学开辟了一扇新窗口，也为本课题的研究提供了一些可借鉴的方向、方法和策略。

综上所述，以课外阅读为研究热点的整本书阅读课程、群文阅读课程以迅猛的速度在各地区铺展，成为许多学校校本研究课程、教师个人的特色课程、儿童校外教育的主流课程。关于课外阅读各个研究方向的研讨会、专家讲座、阅读推广活动等如雨后春笋般出现，这些都对本课题的建设、探讨、研究起到推动作用，它们从不同角度探讨了课外阅读活动的书目选择、目标厘定、方案设计、任务落实、组织策划、课型组合等的策略与方法、组织与运用。但这类文献偏重单次、单一维度的操作讨论，缺乏整体的、有梯度的、长期的活动编排和系统设计。

3. 关于课外阅读课程研究评述与发展趋势

纵观课外阅读课程建设研究的历史，大致可分为三个阶段：1995年以前处于研究萌芽阶段，论文数量为个位数；1996—2007年处于全面启动阶段，研究成果增幅较大，研究内容涉及教学经验、教学现状、课程功能、教学模式、教学改革等方面，其中以阅读教学改革、阅读教学模式的研究居多；2008年至今处于百家争鸣、研究成果迅猛发展时期，此时期学界对课外阅读相关课题进行了多维度、微观化的研究。

当下，学界对课外阅读课程建设问题的研究取得了一定的进展，对该课程存在的问题以及原因有了一定认识，并据此提出相应的解决对策。但总体来说研究内容仍不充分，一是专题性研究太少。现在大部分研究都是从一个角度进行分析，尚未形成体系化。这主要体现在诸多的期刊文章中，由于专题性、权威性的研究缺失，导致现在很多文章都是对同一个问题"换汤不换药"的重复阐述。"课外阅读"课程学术研究的系统性并未体现。二是当下硕博论文多是条目归纳缺乏细节探究和实践验证。

4. 关于"多推荐少指导"的课外阅读现状

随着新课程改革的不断深入推进,对课外阅读的研究越来越受到"小语界"广大同行的关注。很多教师、社会群体或者个人能积极开展各种儿童阅读推广活动,不少教师能够要求学生多读书、读整本书,并能够提供相应的课外阅读推荐书目。但对于一线教师而言,如何落实课外阅读的指导、教学目标如何界定、指导方法如何选择、评价方式如何设立等问题并没有得到解决,导致教师对课外阅读的指导仅仅停留在"推荐书目"层面。由于缺乏具体的阅读方法指导,缺乏高质量的过程监控,加上缺乏行之有效的评价导向,我们发现学生的课外阅读量看似上去了,但多是浅表性阅读:很多学生的阅读仅仅停留在情节上,缺少深入的思考;阅读过程流于形式、浮于浅表,课外阅读的效果不尽如人意。

5. 关于教师"课程意识"缺失的现状

课程意识更多关注教学的价值问题,即关注人本身,关注"教学究竟是为了什么"的问题。因此,课程意识影响着教师的教育理念,课程意识意味着"教师即课程"。教师是课程的动态构建者、课程的生成者。一线教师课程意识的强弱程度直接影响着教改的成败及教学质量的高低。长期以来,广大一线教师只形成以教学、教材、教学内容、教学改革、教学大纲等一系列教学词语为主的话语方式,缺乏对课程、课程改革、课程实施、课程开发、课程发展等概念的认识。我国教师缺乏课程意识主要体现在课程开发能力普遍较弱,不懂得如何挖掘资源、活化课程,甚至还有不少教师存在"课程是虚的东西,只要上好课就行了"的错误认识。

第三节　整本书阅读的课标要求

叶圣陶先生在《论中学国文课程的改订》中就对"整本书阅读"进行了建议："国文教材似乎该用整本的书，而不该用单篇短章，像以往和现在的办法。退一步说，也该把整本的书作主体，把单篇短章作辅佐。"遗憾的是，叶老的主张由于种种原因，一直未能在语文课程中落实。统编小学语文教科书"快乐读书吧"为整本书阅读打下了一定基础。但就实践情况而言，整本书阅读时间不够、阅读质量不高、教学落实乏力、评价方式单一等问题，依然是整本书阅读教学需要直面的重要挑战。

《义务教育语文课程标准（2022年版）》（以下简称《2022年版课标》）以6个学习任务群组织和呈现课程内容，将"整本书阅读"设置为"拓展型学习任务群"。该任务群的价值定位为："本学习任务群旨在引导学生在语文实践活动中，根据阅读目的和兴趣选择合适的图书，制订阅读计划，综合运用多种方法阅读整本书；借助多种方式分享阅读心得，交流研讨阅读中的问题，积累整本书阅读经验，养成良好阅读习惯，提升整体认知能力，丰富精神世界。"

拓展型学习任务群，"拓展"的意思是开拓扩展，相对于"基础型"和"发展型"，"拓展型"属于语文课程内容中的"探索级"。对语文核心素养的发展来说，这一课程内容的实施可以助力学生"提高整体认知能力，丰富精神世界"。这样看来，整本书阅读课程并不是可有可无的，对学生语文核心素养的整体发展具有重要意义。如果参照《普通高中语文课程标准（2017年版2020年修订）》中必修课程内容的7个学习任务群，"整本书阅读与研讨"被放在7个学习任务群之首，更能体现整本书阅读课程的重要性。

毫无疑问，阅读的种子要尽早种下，如果学生在小学阶段没有爱上读书，没有掌握基本的阅读方法和策略，在中学阶段再以中考、高考的名义来促进，就是缘木求鱼了。

一、要把培养阅读兴趣当首要任务

整本书阅读在小学阶段的课程目标是培养学生的阅读兴趣、让学生获得阅读的成就感。第一学段到第三学段的学段目标，一以贯之地强调阅读分享；学习任务群的"学习内容"首先强调"体会读书的快乐"；"教学提示"中指出，"应创设自由阅读、快乐分享的氛围，善于发现学生阅读整本书的成功经验，及时组织交流与分享；善于发现、保护和支持学生阅读中的独到见解"。这些都在提示课程实践要特别重视阅读兴趣的培养和"保鲜"。

二、要重视阅读策略的学习与运用

"综合运用多种方法阅读整本书"，"引导学生了解阅读的多种策略，运用浏览、略读、精读等不同阅读方法；通读整本书，了解主要内容，关注整体与局部、局部与局部之间的关系；重视序言、目录等在整本书阅读中的作用"，以上是《2022年版课标》中的原话。教师要明白，教阅读策略，就是教思考方法、运用阅读策略的过程，就是有迹可循的思考过程。阅读的快乐和成就感，从根本上来说，就是来自思考及其收获。

三、要根据目标定位设计驱动任务

《2022年版课标》以"学习任务群"的方式呈现课程内容，明确了学习任务设计的重要性。"设计组织多样的语文实践活动，如师生共读、同伴共读、朗诵会、故事会、戏剧节，建立读书共同体，交流读书心得，分享阅读经验。""教学提示"中的这句话，既指出了整本书阅读教学要重视学习任务的设计，又为学习任务提供了方向性参考。具有目标聚合力和行动吸引力的学习任务，不仅可以激发学生阅读思考的积极性，还可以真正做到"提高整体认知能力，丰富精神世界"。

"整本书阅读"作为拓展型学习任务群之一，在扩大学生阅读空间、养成学生终身阅读习惯、提升学生阅读思维品质、发展学生整体阅读素养上发挥着重要的作用，是对语文课程中单篇阅读、群文阅读的必要补充与提升，是培养学生终身阅读能力的必由之路，也是全面提升学生语文课程核心素养的必然要求。

基于以上研究背景，我们开展嵌入式课外阅读课程的项目研究。纵观国内外研究发现，当前对嵌入式课外阅读课程的构建和实施尚存深入研究的空间，是一块有待开发的实践园地。

第二章

嵌入式课外阅读课程的内涵价值

嵌入式课外阅读的研究目标是构建"课外阅读课程",研发嵌入式课外阅读的基本课型,动态地嵌进课堂教学,在课程实施中融入阅读策略,进行阅读方法的指导,以真正实现"课外阅读课程化",使实验学校的语文教学得到进一步改进,优化学校阅读环境和育人环境,在一定程度上使学校的语文教育教学质量得到提升,从而提升学生的语文素养。

第一节　核心概念

一、嵌入式

"嵌入"在《现代汉语规范词典》中的解释是"嵌进去",而"嵌入式"的概念起源于计算机领域,是指以板卡的形式嵌入其他控制系统中,执行某种特定功能的精简版计算机,形象一点儿表达是指把软件直接烧录在硬件里,而不是安装在外部存储介质上。本研究借用"嵌入式"的概念,指的是课程编制、设计、实施的方式,其基本要义是融入后的整合,包括课程内容的嵌入、课程方式方法的嵌入以及多元评价方式的嵌入等。从而将课外阅读课程纳入课程体系,嵌进教材、课堂教学以及学生的阅读生活中。

二、嵌入式课外阅读课程

嵌入式课外阅读课程指的是以语文课程标准为准绳,课程目标对应课程标准的学段要求;课程结构和课程内容基于统编教材选择适度的"1+X"拓展阅读文本或整本书的课外阅读作品;课程设计关注阅读策略和阅读方法,着眼于学生语文素养的提升;课程实施遵循儿童的阅读心理和审美需求,设置体验式的阅读活动,构建课程化、序列化、活动化的"课外阅读课程体系",与统编教材形成对位、互动、互补的关系,相互倚仗、互为促进,从而将课外阅读纳入课程体系,真正实现"课外阅读课程化"。

第二节 总体框架

嵌入式课外阅读课程研究的总体框架（见图2-2-1）包括设置课程目标、选择课程内容、形成课程结构、研发阅读课型以及制定评价标准。

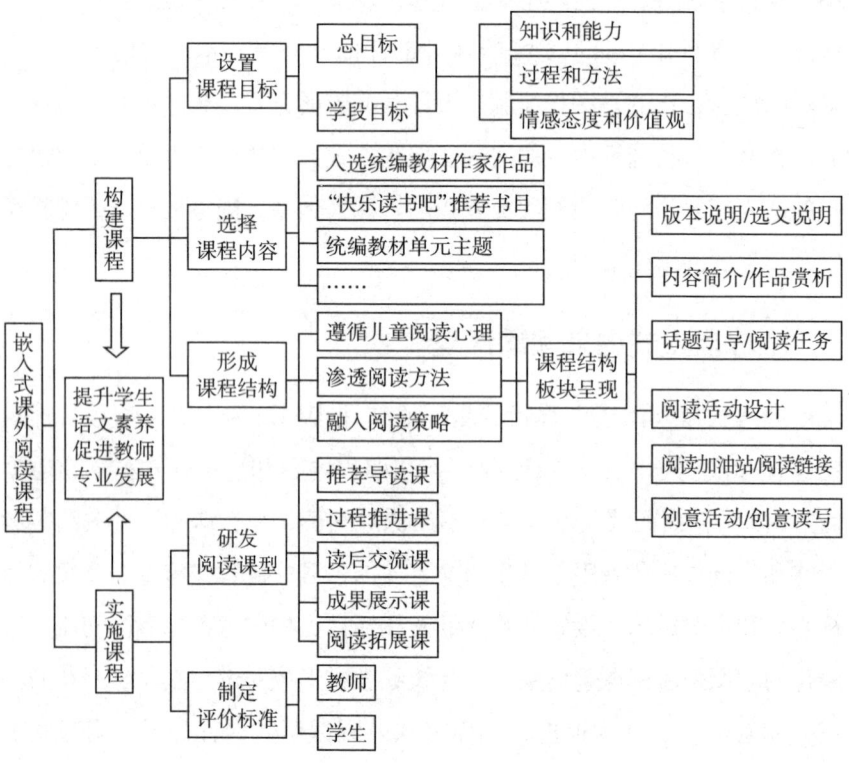

图2-2-1 项目研究的总体框架

一、基本内容

（1）借助文献，对课外阅读课程构建的研究现状、相关理论等进行梳理，提取可供借鉴的经验以及研究的理论基础。

（2）组织问卷调查和访谈活动，对区域内的小学语文课外阅读现状进行分析与研究。

（3）构建嵌入式课外阅读课程，包括研究课程目标的设置、课程内容的选择、课程基本结构的形成。

（4）实施嵌入式课外阅读课程，包括构建课程实施的课型（推荐导读课、过程推进课、读后交流课、成果展示课、阅读拓展课），制定课程实施的评价标准。

（5）在构建课程、实施课程的过程中，研究"为何嵌入，嵌入什么，如何嵌入，何时嵌入，嵌入效果如何"等问题，探索嵌入式课外阅读课程与其他课外阅读课程的异同。

（6）探索以课程开发与实施为载体的提高教师专业发展的新模式。

二、突破的重点

（1）基于统编教材与儿童阅读心理需求选择课程内容。
（2）构建嵌入式课外阅读课程。
（3）研发嵌入式课外阅读课程的基本课型。

三、解决问题

（1）本研究基于统编教材与儿童阅读心理需求选择课程内容，解决了"读什么"的问题。

（2）本研究关于课程构建解决了以下问题：课程目标如何确定；将课程结构的哪些板块融入阅读策略；哪些环节渗透阅读方法；什么样

的阅读活动能够使学生保持持续的阅读兴趣;如何解决"阅读理解"与"写作训练"之间呈现分离的状态。

(3)本研究关于课程实施解决了以下问题:课外阅读的各种课型可以采用哪些阅读策略;每种课型的教学流程大致有哪些环节;不同年段的课外阅读指导方式有什么不一样;怎样组织教学才能实现学生阅读能力的进阶发展。

四、主要创新

(1)引进"嵌入式"的概念,将课外阅读纳入课程体系,嵌入教材、课堂教学以及学生的阅读生活中。

(2)嵌入式课外阅读课程对应统编教材的相应年级或学段,具有"序列化"特点,阅读难度、阅读要求和阅读能力目标等总体上呈螺旋上升趋势。

(3)在嵌入式课外阅读课程的实施中设计参与式的阅读任务,开展体验式的阅读活动,使课外阅读"活动化"。"活动化"的课外阅读过程有利于学生阅读兴趣的激发与长时间保持。

第三节　研究价值

一、应用价值

（1）基于统编教材与儿童阅读心理需求选择课程内容，帮助广大一线教师解决课外阅读"读什么"的问题。

（2）嵌入式课外阅读课程具有课程化、序列化、活动化的特点，一线教师"拿来能用"。

（3）嵌入式课外阅读课型，从知识积累、能力提升、策略建构、精神成长等角度进行课型设计。努力呈现课外阅读的教学现场，可操作性强，可以帮助一线教师厘清课外阅读的教学价值，探索课外阅读的方法策略。

二、学术价值

（1）基于统编教材"课外阅读课程化"的需求研发，嵌入式课外阅读课程能够为一线教师提供课程开发的路径和范例。

（2）基于课程实施需求构建的嵌入式课外阅读课型，可以为一线教师推进课外阅读、进行课外阅读教学提供可操作的范式。

（3）基于课程开发与课程实施探索教师专业成长的路径，可以为我国新一轮基础教育课程改革对教师"课程意识的培养"与"课程开发能力的提高"提供借鉴。

第三章

嵌入式课外阅读课程的体系构建

语文课程作为新一轮基础教育课程改革的重要组成部分，将课程价值定位为"使学生能够站在中华文化的基础上，具有足够的自信心和独立性，在文化扩张或冲击中得以创造性地发展"。为此，新课标将"整本书阅读"作为拓展型学习任务群的课程内容加以组织与呈现，统编教材更是遵循"课外阅读课程化"的编写理念增设了相关栏目，将课外阅读纳入教材体系，旨在"引导学生在语文实践活动中，积累整本书阅读经验，养成良好阅读习惯"。随着新课程改革的不断深入推进，教育界不少从事小学语文教育教学方向研究与实践的同行加强了对课外阅读的探索与尝试。然而在此过程中由于缺乏课程体系的构建，尚未形成完善的课程框架，导致缺失科学的阅读指导方法、高效的监控形式、多元的评价体系，从而使学生的课外阅读流于形式、浮于浅表，使阅读效果大打折扣。

　　怎样才能使课外阅读真正实现"课程化"呢？对此，笔者及项目组成员开展了基于统编教材的嵌入式课外阅读课程体系的构建研究。项目组着眼于学生语文素养尤其是阅读素养的提升，以新课标为准绳，以统编教材为依托，构建了课程化、活动化、序列化的课外阅读课程体系，旨在为一线教师提供具有参考价值的课外阅读教学指导策略。下文，笔者将具体阐述小学语文嵌入式课外阅读课程体系的构建过程。

第一节　设置课程目标

构建嵌入式课外阅读课程体系强调课外阅读与课堂教学的融合性，最终指向学生语文核心素养的提升。因此，嵌入式课外阅读课程的目标设置以新课标为准绳，既设有总目标，又设有序列式的学段目标。

一、总目标

新课标对文化自信、语言运用、思维能力与审美创造四个方面的核心素养进行了总目标的设计，并强调：核心素养的四个方面是一个整体。语言文字及作品是重要的审美对象，语言学习与运用也是培养审美能力和提升审美品位的重要途径。学习语言文字的过程是学生文化积淀与发展的过程。在语文课程中，学生的思维能力、审美创造、文化自信都以语言运用为基础，并在学生个体语言经验发展过程中得以实现。

在义务教育阶段，语文学科具有人文性和工具性相统一的特点。其中阅读占有相当高的地位，既是基础，又是根本——阅读能力的高低往往决定了学生语文学习的成效。嵌入式课外阅读课程将小学语文课程标准的总目标渗透其中，以阅读为抓手，稳固学生语文学习的基础。和小学语文课程标准一样，嵌入式课外阅读课程的总目标也分为文化自信、语言运用、思维能力与审美创造四大维度，具体为：习得基本的阅读知识，包括表达方式、描写角度、符号用法等；养成自主阅读、深度阅读等阅读能力；在学习过程中逐渐激发对阅读的兴趣，掌握科学的阅读策略；通过阅读提高学生的思辨力与审美力，能够从作品中汲取智慧思想与精神力量，提升学生的阅读思维品质，增强学生的文化自信。

二、学段目标

不同学段的学生在认知基础及接受能力上存在差异，新课标根据此差异，在阅读方面设立了不同的学段要求。第一学段对应小学阶段的起始年级，即一至二年级。该学段的学生识字量较少，尚未能够独立阅读，因而以培养其阅读兴趣、阅读习惯为主要目标，让其尝试阅读整本书，课外阅读总量应不少于5万字。第二学段对应三至四年级。该学段的学生具有一定的识字量，可以独立进行整本书阅读，以学习默读、略读，初步理解主要内容为目标，课外阅读总量应不少于40万字。第三学段为五至六年级。该学段的学生应以拓展阅读面为目标，学习跨媒介阅读与运用，课外阅读总量应不少于100万字。

嵌入式课外阅读课程根据《2022年版课标》，同样设立了明确、具体的学段目标：第一学段，要求一至二年级学生感受阅读的乐趣，能够诵读儿歌、儿童诗和浅近的古诗，阅读浅近的童话、寓言、故事等课外读本，养成爱护图书的习惯；第二学段，要求三至四年级学生初步学会默读，初步把握文章大意，诵读优秀诗文，养成读书看报的习惯；第三学段，要求五至六年级学生学会浏览，扩大知识面，阅读叙事性作品、诗歌、说明性文章、非连续性文本等，并且能够从中抓住要点、提取信息、把握大意、体会情感。嵌入式课外阅读课程的学段目标从学生的实际需求出发，层层递进，螺旋上升，有利于明确课程位置，高效落实课程任务。

第二节　选择课程内容

课程内容是课程目标的直接体现，直接指向了"教什么"的问题，因而课程内容的选择是构建嵌入式课外阅读课程体系的重要环节。嵌入式课外阅读课程基于统编教材的课程体系，与统编教材的课程体系存在互为对位、补充、促进等关系。为了真正实现课外阅读"课程化"，嵌入式课外阅读课程的内容选择遵循以下原则。

一、依托"快乐读书吧"栏目选择课程内容

在小学语文统编教材中，"快乐读书吧"栏目是联系课内外阅读的重要桥梁，也是与过往人教版小学语文教材最明显的不同之处、创新之处。"快乐读书吧"栏目设于每册教材中的某一单元之后，以推荐课外阅读书目以及指导课外阅读策略为抓手，引导学生增加阅读量，进而使其逐步养成良好的阅读习惯，掌握课外阅读的方法与技巧，符合提升阅读素养的需求。该栏目并非独立存在，而是基于课内阅读教学文本，对学生阅读材料进行的延展与补充。因此，该栏目所推荐的课外阅读书目，往往与单篇课文或单个单元的文本主题一致，例如：三年级上册"快乐读书吧"栏目位于第三单元，向学生推荐了《安徒生童话》《稻草人》《格林童话》等课外阅读书目，与该单元主题"游历奇妙的童话王国"一致。

此外，该栏目的编排充分考虑到学生知识能力发展的阶梯性，主题

及书目的选定均呈现出递进性特征，例如一年级上册"快乐读书吧"栏目主题为"读书真快乐"，考虑到一年级学生识字量不多，并未涉及具体书目的推荐，而重点在于培养学生的阅读兴趣和阅读习惯；再如，六年级下册"快乐读书吧"栏目根据学生语文能力发展的实际情况，围绕单元主题向其推荐了《鲁滨逊漂流记》《汤姆·索亚历险记》等世界名著，培养其对整本优秀文学作品的鉴赏能力。

嵌入式课外阅读课程围绕统编小学语文教材"快乐读书吧"栏目选择课程内容，与之保持高度的适配性，以实现课程的嵌入性与可操作性。例如一年级下册课程内容为《读读童谣和儿歌》，三年级上册课程内容为《安徒生童话》，六年级下册课程内容为《鲁滨逊漂流记》，均以统编教材中"快乐读书吧"推荐书目为指向，提升了课外阅读与课内教学的黏合度。

二、循着入选教材的作家作品选择课程内容

站在教学的角度来看，语文教材是语文课程的形象载体与重要媒介，对语文教学有着指导作用与参考价值，教材内的作品文本均具备典范性，文质兼美，富有育人内涵。而站在文化及知识传播的角度来看，语文教材是一种重要的文化载体，具有提升学生人文素养，培养学生正确价值观念的责任，实现立德树人的育人目标。因此，语文教材中作品文本的选取必定经过编者的严格审核、精心筛选与细致润色，具备一定的规定性与权威性。由此可见，入选语文教材的作品足以被称为名篇佳作，同时其也集言语智慧、艺术范式、情感价值于一身，具有极高的教学与传播价值。

嵌入式课外阅读课程聚焦统编小学语文教材中的作品，并以此为路径，拓展至相关作家的其他作品，以此来选择课程内容。在统编教材中，入选作品较多的作家有鲁迅、老舍、叶圣陶、朱自清、梁衡、林海音等，他们都是享誉世界的名人作家、学者、教育家，其作品涵盖了各

种主题与体裁，不但语言优美清新、内涵丰富，而且还符合小学生的个性特点，深受广大师生的喜爱。因此，嵌入式课外阅读课程的内容循着入选统编教材的作家作品进行选择，具有浓郁的文化气息和人文关怀，最大化地提升了学生的阅读兴趣。

三、围绕"1+X"编排理念选择课程内容

统编语文教材总主编温儒敏教授提出了一个创新的理念，即"1+X"模式。所谓"1+X"模式，就是指每讲授一篇精读课文，就附加若干篇相同或相似主题的其他作品，将课外阅读顺其自然地纳入课内阅读教学体系。于是，在进行教材编排时，温儒敏教授创立了"精读""略读""课外阅读"三位一体的课程结构。例如：六年级下册第二单元主题类型为外国文学名著，精读课文为《鲁滨逊漂流记（节选）》，自读课文为《骑鹅旅行记（节选）》《汤姆·索亚历险记（节选）》，课外阅读则为《鲁滨逊漂流记》《爱丽丝漫游奇境》等整本世界名著。其中精读课文为"1"，略读课文则为"X"；单元文本为"1"，课外阅读则为"X"。三者互相配合、有机联系，构成多重角度的"1+X"模式，拓展了学生的阅读面。

围绕"1+X"的编排理念，嵌入式课外阅读课程致力于帮助学生从读好"这一本"到旁通"这一类"，按照主题、体裁、作者等进行划分、选择课程内容。例如：六年级上册课外阅读推荐书籍为《童年》，由于该书有一定的阅读难度，教师可以根据其"成长"主题，向学生推荐《哈利·波特》系列小说以及《我的妈妈是精灵》等通俗易懂的作品，与《童年》构成"1+X"模式，让学生由易及难、拾级而上，对成长的概念产生全面认知。

四、基于学生阅读心理需求选择课程内容

通常来说，小学阶段的学生在听故事的过程中会逐渐对阅读产生兴

趣，并且保持着听读、看图的阅读方式。随着学段的升高，小学生渐渐掌握自主阅读的能力，在该阶段培养学生的阅读意识与阅读习惯显得尤为重要，而这必须建立在了解学生阅读心理需求的基础之上。

对于小学生而言，儿童文学是最适宜的一类阅读题材，其浅显易懂的语句及生动有趣的情节贴合学生的心理预期；其美好纯真的主题与真诚细腻的感情符合学生的价值观念。因此儿童文学能够激发学生的阅读兴趣，符合他们的阅读心理需求。嵌入式课外阅读课程选取了童谣、童话、神话、国内外名著等适合小学生的儿童文学，以期培养学生的阅读兴趣与习惯，进而发展学生的高阶思维，提升学生的阅读品质。

第三节　形成课程结构

课程结构是课程各部分的相互配合和合理组织的有机整体，也是课程体系的骨架。嵌入式课外阅读课程以渗透阅读方法、融入阅读策略为指向，形成了较为科学高效的课程结构，并通过以下板块具体呈现。

一、版本说明

"版本说明"向师生简要说明书籍版本选择的原因及背景，使其关注点由课内文本转向课外阅读书籍，搭建二者之间的联系的桥梁。该板块渗透所选版本书籍的阅读目标及重难点，为师生指明阅读方向。同时，该板块可以视为课程设计者与读者之间的无声交流，为师生使用课程打下认知基础。

二、内容简介

该板块也被称为"作品赏析"，顾名思义，就是对作品文本进行大致的介绍与分析，通常包括故事大意、作者经历以及创作背景等内容。课程设计者可以借助内容简介部分，为学生营造阅读情境，对其提出阅读要求，进而提高他们的阅读效率。

三、阅读任务

该板块直接、具体地向学生提出了阅读任务。这些阅读任务通常根据课程内容的重难点来制定，基于深度阅读而展开，呈现环节性与阶梯性等特点。例如，梳理阅读文本的纲要，找出关键字词、核心语句等重要内容，概括故事情节，分析表达艺术等，从侧面为学生提供了开展阅读的方法、技巧与策略。

四、阅读活动设计

该板块是阅读任务的另一种表现形式，也是课程结构中不可或缺的一部分。要设计形式多样的"有趣、有料、有度、有伴"的课外阅读活动，以活动形式的新鲜"有趣"，激发学生的阅读兴趣；以活动内容的扎实"有料"、活动序列的井然"有度"、活动过程的协同"有伴"，维持学生的阅读期待，使其最终完成整本书的阅读任务。

五、阅读加油站

该板块也被称为"阅读链接"，在课程中以"冷知识"的形式呈现，属于对阅读书籍的有益补充，不少内容为跨界阅读。通过"阅读加油站"，学生可以进一步获取并丰富文本的内在含义与主题思想，习得一定的阅读策略，提升阅读品质。

六、阅读评价

该板块虽然置于课程的最后，但采用的是嵌入整个阅读过程的表现性评价体系。阅读评价板块从"阅读积累、阅读习惯、阅读能力、阅读活动"四个维度，采用"学生自评、生生互评、老师和家长参评"等多元化的评价方式，对学生的阅读过程及成果进行多方位的评价，使之明确自己的阅读收获与不足，以评价推动课外阅读活动的有效落实。

第四节　研发阅读课型

一、推荐导读课

嵌入式课外阅读推荐导读课包含两个方面：一是学生课外阅读书目推荐；二是学生课外阅读导读。

1. 课外阅读书目推荐

课外阅读书目推荐的目标是教师基于统编教材选择适度的"1+X"拓展阅读文本或整本书的课外阅读作品，进行有针对性的阅读推荐，激发学生的阅读兴趣，培养学生的阅读习惯，从而提升其课外阅读的效果。

在课外阅读书目推荐中，教师应考虑两个关键问题：一是教师要关注每个阶段学生的心理特点、阅读基础、阅读个性爱好等。例如，对于小学低年段的学生来说，在类型上，适合选择文字少、图画丰富的绘本、注音读物等；在内容上，适合选择童谣、儿歌、三字经等韵律感较强、故事性较强的读物。对于中年段的学生来说，阅读的形式和内容则逐渐丰富，文字篇幅逐渐增加，文体更加多样，文学名著阅读可以逐渐从儿童版过渡到原著。到了高年段，学生则可以尝试选择更多样化的读物，内容深度也可以逐渐增加。此外，同一学段的男生和女生的阅读爱好可能不同，男生可能喜欢冒险探索类，女生可能更喜欢魔法故事类。二是教师可以从与课内阅读书目的作者、文本内容、文本特性及精彩片段的关联性等方面入手进行有效推荐。

以六年级上册的"快乐读书吧"阅读教学为例。六年级上册"快乐读书吧"的主题是"笑与泪，经历与成长"，要求读的书目是苏联作家高尔基的自传体小说《童年》。教师可根据学生阅读基础薄弱，直接进入《童年》的阅读会有难度的情况，嵌入《哈利·波特与魔法石》课外阅读教学，设置阶梯式的阅读活动，使学生在经过课外阅读积累相关经验后，再进行《童年》的阅读教学。在完成《童年》的阅读之后，教师再推荐学生阅读《我的妈妈是精灵》。三本小说跨越百年时光，跨越中西文化，跨越现实与幻想，可以让学生体验魔法的童年、苦难的童年以及身边实实在在的成长烦恼，由易及难地对"成长"这一概念形成更为全面的认知。

2. 课外阅读导读

儿童的阅读经验有限，如果缺乏教师的指导，阅读中遇到的困难没有得到及时解决形成堆积，便极有可能造成阅读障碍，最后使学生失去阅读信心，甚至放弃阅读。因此，课外阅读导读的目标是教师推荐阅读书目后，给予学生通读导引、方法指导，进一步激发学生的阅读兴趣，培养学生自主阅读的能力，使学生掌握多种阅读技巧，以便使其更好地自主规划阅读、反思阅读行为与过程。

在课外阅读导读课中，教师应注重课外阅读导读与课内阅读教学的联系与区别，实现真正的"嵌入式"。一是建立关联，激发阅读兴趣。嵌入式课外阅读课程导读的关键在于找到课外阅读教材与课内阅读之间的关联，并将这种关联与学生自己的生活结合起来。二是方法引路，扫除阅读障碍。课内阅读文本侧重阅读策略的学习，课外阅读则更注重课内阅读策略的迁移和运用。因此，在课外阅读导读中，教师可以根据学生的实际情况预测学生在阅读中可能会遇到的困难，引导学生制订阅读方案，并进行有效的方法指导，帮助学生顺利完成阅读。

例如，结合教材，教师可为《安徒生童话》设计关于故事情节的思维导图，包括路线图、环形图、波形图等，同时在阅读的不同阶段设置不同的阅读提示和问题，引导学生在共读活动中思考、填写和积累。当在脑海中形成多个关于故事情节的"图式"之后，学生将会在潜意识中把目前阅读的内容与脑海深处的这些"图式"进行相互印证，并对后续情节的发展做出基于某些理据的预测，从而能完成阅读，并在阅读过程中进行思考和积累。

二、阅读推进课

阅读推进课是学生在阅读文本的过程中，教师引导学生解决阅读中面临的具体问题，促使学生继续阅读，并完成文本阅读的一种课型。在导读课中，教师结合阅读文本的特点和学生阅读能力的现状做具体分析和把握，并对学生的阅读进行预测，给予学生阅读提示，但这并不代表学生就能顺利完成阅读。因此，在阅读推进课中，教师首先要及时了解和掌握学生的阅读进度，如学生是否按照计划有序阅读、阅读是否遇到困难等；其次，搜集学生遇到的各种问题，做出方法指导，如利用"阅读计划单"指导学生阅读，并进行示范引领，激励学生继续阅读，提高其阅读效果；最后，鼓励学生在自主阅读探究的基础上，开展合作探究，丰富语言经验，提高阅读思考能力。

例如，五年级下册第二单元节选了中国古典四大名著作为课内阅读课文，并安排了古典名著《西游记》的阅读。在《西游记》嵌入式课外阅读课程中，为推进学生的阅读，教师可结合课内阅读要求，编写共读手册，手册中包含与学生一起制订的共读计划、"阅读计划单"等。其中，"阅读计划单"中除了读法指导，还可提出学生在阅读中应思考的问题、积累的词句、阅读的感受、小组合作探究等内容。同时鼓励学生自己提出问题并记录问题，如在书中写下疑难处或用记录本记录困惑，然后共同讨论、共同解决。

三、读后交流课

读后交流课是学生在阅读文本后，开展阅读分享与交流，增强阅读效果，提升阅读能力的一种课型。读后交流课的主要目标是使学生在完成阅读的基础上，在与同伴的交流分享中进一步深入思考作品，建构知识，提升能力。"一千个读者就有一千个哈姆雷特"，每个学生的阅读体会都不一样，阅读的分享交流可以让学生运用恰当的方式表达自己的阅读感受，同时体会同伴的阅读感受，实现思维的碰撞与交流，既能锻炼学生的表达能力，又能提高阅读的趣味性。

其一，教师可以针对阅读内容提出有价值的，具有开放性、趣味性和生成性的话题，如人物形象分析、结构安排、表达方式特点等，引起学生的讨论与交流，促进学生阅读思维能力、审美能力以及表达能力的发展。例如，在《童年》的阅读中，教师可以以"外祖父"为对象组织一场辩论会，引导学生思考：外祖父为什么会在打了"我"之后来看我，还给"我"讲述自己过去的事？你看到了一个怎样的外祖父？学生通过辩论不仅能作出立体的人物评价，更能明白人与人之间是相互影响的。同时，一个坚定的人、一个明辨是非的人也是能够拒绝他人的不良影响的。

其二，教师应注重学生由读到写能力的发展，着眼于学生语文素养的培养。由读到写是学生模仿与迁移运用阅读文本表达的过程，可以是对阅读文本内容的延伸或改造，也可以是对阅读文本内容的再生成，这个过程可以使学生的听、说、读、写能力得到发展。例如，《西游记》中有激烈的打斗场面，也有师徒四人诙谐幽默的打趣对话，教师可以让学生将其中一个小故事或者一个小片段改写成剧本，随后和共读的同伴一起开展"西游故事大舞台"表演活动。学生经过由读到写的过程，既锻炼了写作能力，又加深了对作品角色形象的理解和认识。

四、成果展示课

成果展示课的目标不仅是要展示学生在阅读过程中形成的阅读成果，还要学生在已有的阅读实践基础上有所提升，即借助成果展示，实现学生阅读思维和阅读能力的进阶发展。学生的阅读成果可以是阅读过程中的感悟发现，也可以是阅读策略使用的经验积累，还可以是形成自己的阅读成果，如阅读思维导图等。阅读成果展示课可以设置学生评委、家长评委、教师评委，对学生的阅读成果进行总结、评价。

例如，针对《西游记》的阅读，教师可设置"阅读摘星馆"的阅读展示活动，让学生在展示活动中思考、总结和积累，并思考"我除了能从阅读《西游记》回目中预测故事的主要内容外，还能运用什么方法来推测故事情节的发展呢""为了理解《西游记》这一古典小说的内容和内涵，我通过哪些途径搜集到了哪些材料"等问题。在此过程中对自己的阅读速度、阅读习惯及阅读技能各方面进行评价，使学生在潜意识中把已读过的内容与脑海深处形成的阅读经验进行相互验证和总结，加深阅读印象，从而提升阅读效果。

五、阅读拓展课

阅读拓展其实也是一种方法指导。阅读拓展的意义是通过对不同书籍或文章的拓展延伸、比较阅读，使学生的阅读视野更加开阔，阅读内容更加深入。当学生在完成一系列的阅读课后拥有自己的"藏书"——看过之后，认为值得再看，对藏书不断回顾，学生的阅读素养就获得了全面的发展。

例如，在开展《童年》这一本书的阅读教学时，教师除了可以设计《哈利·波特》《童年》《我的妈妈是精灵》这一阶梯"成长小说"阅读系列活动外，针对那些"吃不饱"的学生，还可以从"红色经典"阅读课程中选择1～2本补充进去，如《小兵张嘎》或者《小英雄雨来》，甚至选择同类型的苏联名著《钢铁是怎样炼成的》，为"成长小说"阅读课程进行补强。

　　小学语文嵌入式课外阅读课程体系的构建，进一步拉近了课外阅读与课内阅读教学体系的距离，充分利用语文教材等教学资源，在课程实施中进行阅读方法的渗透，阅读策略的融入，真正实现"课外阅读课程化"，促进学生阅读素养的提升，为学生终身阅读奠基。

第四章

嵌入式课外阅读课程的主要特征

嵌入式课外阅读课程有三个主要特征,即落实国家课程,服务一线教学的课程化;有趣、有料、有度、有伴的活动化;自迹远行、立体生长的序列化。三个特征的达成,能保证嵌入式课外阅读课程动态嵌入统编小学语文教材,与教材形成对位、互动、互补的关系,相互倚仗、互为促进,从而将课外阅读纳入课程体系,真正实现"课外阅读课程化"。

第一节　课程化

嵌入式课外阅读课程的首要特征是落实国家课程，服务一线教学。此特征体现了本课程的目标责任，即落实统编小学语文教材中"快乐读书吧"的课外阅读教学任务，服务于一线教师的教与学生的学。嵌入国家教材、嵌入一线教学、嵌入阅读生活，谓之"嵌入式"。本节将回答本课程怎样实现"落实国家课程，服务一线教学的课程化"这一命题。

一、梳理课程化内涵

要讨论"落实国家课程"的课程化，首先要厘清一组概念：什么是课程？什么是课外阅读课程化？课程有哪些分类？本课程属于哪一类课程？

什么是课程？在不同的视野下，课程的定义不同。从本课程的视野出发，我们认同教育家廖哲勋先生为课程所作的定义："由具体的育人目标、学习内容及学习活动方式组成的，具有多层组织结构和育人计划性，育人信息载体性能的，用以指导学校教育教学活动的育人方案"。此定义强调立德树人的课程功能，是一套"育人"方案；强调课程的整体性，是一个综合概念；强调育人信息载体性能，即课程除了包含育人目标计划外，还包括大纲、标准、教材等一系列育人信息载体。课程的"化"是一个赋能过程，即课程化是指赋予教学活动以课程的性质和状态的过程。

什么是课外阅读课程化？我们认为课外阅读课程化，是指由具体的育人目标、学习内容、学习活动和评价方式组成的，具有多层组织结构和育人计划性、育人信息载体性能，用以指导学校进行课外阅读教学活动的育人方案。

课程有哪些分类？课程依据不同的划分标准，有不同的分类方式。从课程内容和形式上划分，课程包括文化课程（如语文课程、数学课程等）、活动课程（如少先队课程、研学课程等）、隐性课程（即除上述课程之外的有利于学生发展的校园环境、班级文化、师生关系、家校共育等综合体）。从课程的开发主体划分，可分为国家课程（如体育课程、音乐课程等）、地方课程（如岭南音乐课程、南粤红色研学课程等）、校本课程（如二胡表演课程、竞技跳绳课程等）。国家课程属于核心课程，地方和校本课程属于外围课程。

本课程属于哪一类课程？本课程是国家课程的延伸，是文化课程的一种——旨在落实统编教材小学《语文》中"快乐读书吧"的教学任务，为一线教师的"教"提供可行的教学建议，为各年级学生的"学"提供有效的学习方案。如此谓之"嵌入式"。本课程也具有活动课程、隐性课程的特点。此课程是活动化的，让学生在一次次阅读活动中思考、实践、交流、评价，完成一本本书的阅读，最终成为一名主动的阅读者。本课程需要有意识地建设隐性氛围，我们关注师生关系、学习环境、课程资源等对学生潜在的影响，良好的环境氛围有利于学生获得非学术性知识、潜意识经验，也有利于塑造与完善学生的人格。

综上，只有深刻理解国家的文化课程体系，并主动结合活动课程、隐性课程的特点，本课程才能真正落实国家课程，服务一线教学，才能真正实现"课外阅读课程化"。

二、"落实国家课程"的课程化

1. 落实新课标对课外阅读的要求

《2022年版课标》是教育部制定的义务教育语文课程纲领性文件，是教材编写、教学、评估和考试命题的依据。

《语文课程标准》设置了具体的课程目标，要求学生"学会运用多种阅读方法，具有独立阅读能力"。其中对课外阅读有明确的阅读量要求：至小学毕业，学生课外阅读量不少于145万字；至初中毕业，学生课外阅读量不少于405万字。数百万字的阅读量不是敲锣打鼓、顺顺当当就能轻易实现的目标。本课程借助"有趣、有料、有度、有伴"的阅读活动，激发和维持学生的阅读兴趣，启迪和发展学生的思维，帮助学生完成整本书阅读；同时通过持续的、系列的整本书阅读，促使学生成为一名主动的阅读者。

《2022年版课标》设置了"整本书阅读"等6个任务群，体现了"语文课程的综合性、实践性，引领教学方式的变革"，并对课外阅读提出了质的要求："引导学生综合运用精读、略读、浏览等多种方法阅读整本书，拓宽阅读视野。运用多种方式分享阅读体验和收获，交流研讨阅读中的问题，积累阅读整本书的经验，提升阅读鉴赏能力，丰富精神世界"。本课程帮助学生在课外阅读实践中，建构自身包括积累梳理、交流讨论、创意表达等方面能力在内的个性化阅读体系。以科学可行、综合发展的序列体系为指引，通过有质量的整本书阅读，促使学生成为一名积极的分享者、灵活的思考者、自浓的学习者。

2. 落实统编教材对课外阅读的要求

现行统编教材是教育部"统一编写、统一审核、统一使用"的义务教学阶段语文教材，是一线教师进行语文教学任务最重要的工具和手段。

统编教材设置了"三位一体"的阅读体系——精读课文"学习"法、略读课文"运用"法、课外阅读"实践"法。统编教材注重课外阅读，小学阶段安排了"和大人一起读""快乐读书吧"板块，初中阶段设有"名著导读"等栏目。其中，占小学课外阅读主体部分的"快乐读书吧"列出了整本书阅读的必读书目和推荐书目。书目包括童诗、童话、寓言、神话、科普作品、民间故事等的文学合集，也包括四大名著、成长主题、历险主题等的整本小说。

为了完成教材所列必读书目的阅读，落实学生语文要素的培养，课外阅读教学必须课程化。为了引导学生在阅读不同文体的整本书时，培养整体把握、理解作品和文学鉴赏的能力；引导学生在日常阅读环境中，培养运用语文及各学科知识阅读、思考、分析问题的能力，课外阅读教学必须课程化。本课程遵循学生的认知发展规律，把课堂教学、课外阅读系统整合，让学生通过一次次有意思、有意义的阅读活动，朝着目标，层次分明地阅读序列，不断建构自身阅读体系，持续发展自身语文素养。

3. 回应时代、社会与区域对课外阅读的要求

20世纪末，世界各国几乎不约而同地发起了面向21世纪的母语课程改革。阅读是母语课程中极其重要的学习内容，各国逐渐达成共识——阅读是提高学生母语素养和民族母语素质的必由之路。许多国家都将阅读列入本国正式教育文件，并作出明确的规定。其间，我国也启动了新一轮基础教育课程改革，语文课程的价值定位为"使学生能够站在中华文化的基础上，具有足够的自信心和独立性，在文化扩张或冲击中得以创造性地发展"。让学生在大量的阅读中，"感受中华文化的博大精深，树立民族自尊心和自豪感，获得创造的智慧"，同时，"尊重、借鉴并吸收世界各国、各民族的多种多样的文化"，从而使学生能够"立足于中华文化的基础上，放眼世界；立足于传统文化的基础上，关注现实文化生活"。这是时代对语文课程的要求。

本课程的实践区域在广东。广东省有经济发达的粤港澳大湾区，也有经济欠发达的粤东西北地区；有拥有千金难求的学区房优质学位的孩子，也有渴望享受公平教育的留守儿童；有为子女教育而殚精竭虑、日夜焦躁的"虎妈狼爸",也有替代离家千里的父母,扮演实质监护人角色的祖辈亲朋。广东省内的教育资源投入、发展水平是不平衡的,区域、学校之间的资源分布是不平衡的,教师、学生之间的能力水平也是不平衡的。在面对"课外阅读怎么教"这个大问题上,省内不少教师没有答案,也不曾行动。这就需要一批先行者自觉进行探索——在把握国家教育基本精神,坚持教育改革总体方向的前提下,研究本区域内教师的配置、学生的特点、家长的情况、社区的教育资源分布等多方元素,实践出一套接地气、可操作,能同时实现国家课程和地区实践共同目标的课外阅读活动课程。这是社会和区域对广东教育的要求。

可以说,嵌入式课外阅读课程是一群广东教师立足广东教育现状,落实国家课程对课外阅读要求的一套广东方案;是源自一线教师自觉进行课外阅读探索,在调查、实践、反思、扬弃后推广成果的一次岭南实践;是站稳课堂教学主阵地,强调课程目标序列化、课程内容普适化、课程实施活动化、课程评价全程化的一次创新。

三、"服务一线教学"的课程化

目前的一线课外阅读教学情况是不乐观的。经历了多轮课改后,"在'课外阅读很重要'这一观念已颇为普及的背景下,实践层面的探索,却还远远跟不上学术研究的步伐"。"由于教学中落实难度大,考试评价跟不上,对其教学价值认识不足等原因,课外阅读在语文教学中仍然没有引起普遍的重视"。可以说,目前的一线课外阅读教学情况是教师"不会教",甚至是因为自己都没读过必读书而导致"不想教";学生则是"没兴趣读""没时间读"和"没必要读",往往会选择以背诵参考资料以应付考试。

面对这样的现实情况,应该运用怎样的对策改变现状呢?本课程认为服务一线的教学,就应该实事求是地让专业的人做专业的事——由具有研发能力的团队开发课程、上示范课、设计学案、制作课件;由擅长组织教学的一线教师在各式教案微课、各式手册学习单的帮助下，组织学生阅读名著，交流讨论，呈现成果，相互评价，深化阅读进程。最终，在一线教师的组织和鼓励下，在嵌入式课外阅读课程的指引和帮助下，学生完成整本书阅读，综合建构自身阅读体系，持续发展自身语文素养。

为此，本课程为一线教师开发了"模块化课程书架""即插即用资源包"，以及"互联互通数字网"。

1. 开发"模块化课程书架"

课程书架，顾名思义就是书架里面放着一个个的阅读课程。一线教师可以根据教学需要，选择合适的课程内容直接使用。以六年级上册的"快乐读书吧"为例——阅读主题是"笑与泪，经历与成长"，必读书目是苏联作家高尔基的自传体小说《童年》。本课程可依据教学的不同需求，选择《童年》《哈利·波特与魔法石》《草房子》《小兵张嘎》等阅读课程进行模块组合。

有教师认为，本学期是毕业班的冲刺阶段，只计划组织学生完成《童年》的阅读。那么，教师可以单选《童年》阅读课程。教师在《童年·教师指导用书》的辅助下，次第开展导读、推荐和分享活动；借助《童年·学生共读手册》，了解学生的阅读进度和深度，引导学生把小说读完；最后组织学生进行辩论活动，辩论活动让学生懂得苦难对一个人成长的意义。也有教师认为，本班学生阅读基础不算好，直接阅读《童年》会有难度，计划搭建阅读桥梁，让学生进入外国文学的阅读状态后，再阅读《童年》。那么，教师可以选择整组的"成长小说"阅读单元。教师与学生先一起阅读《哈利·波特与魔法石》——小说语言通俗、情节跌宕，有着让学生着迷的魔法元素，学生很容易就进入阅读状态。在此基础之上，教师继续陪伴学生阅读《童年》，有了之前阅读外国文学的经验，学生会更容易进入《童年》的世界。之后，教师带领学生阅读《草房子》，引导学生把目光回收到中华大地，关注中国孩子的成长故事。三本小说跨越百年时光、跨越中西文化、跨越现实与幻想，让学生体验到魔法的童年、苦难的童年以及身边温婉美好的童年。三本小说组成了成长小说阅读单元，主题阅读让学生对"成长"这一概念有了更为全面的认知。还有教师认为，本班学生一学期只读三本小说是不够的。那么，教师还可以从"红色经典"阅读单元中，选择1~2本补充，如《小兵张嘎》或者《小英雄雨来》，为"成长小说"阅读单元进行补强。

嵌入式课外阅读课程就是这样，让"课程结构和课程内容基于统编教材选择适度的'1+X'拓展阅读文本或整本书的课外阅读作品"——通过小学《语文》"快乐读书吧"这个接口，嵌入教材中去。

2. 开发"即插即用资源包"

即插即用，是一个计算机学科的技术术语，意思是系统自动侦测周边设备和板卡，并自动安装设备驱动程序，做到插上就能用，无须人工干预。嵌入式课外阅读课程就像一个U盘，即插即用，无须过多准备，直接嵌入教师的教、学生的学。让教师更专注于激发、组织和推动阅读的发生，让学生更专注于阅读、思考和分享思想的火花。资源包中包括《教师指导用书》和《学生共读手册》。

《教师指导用书》是辅助教师完成课外阅读教学的助手。《教师指导用书》包括书籍档案、课程价值、课程建构、活动设计、活动支架等内容。"书籍档案"包括推荐的版本、作者的介绍、书籍的内容简介和文学地位等基本资料，这是教学的知识背景。"课程价值"从能力培养、策略建构、精神成长三个层次阐述书籍的阅读价值，这是教学的出发点。"课程建构"厘清了教学目标、设计思路和基本教学环节，这是教学的结构。"活动设计"包括导读活动、推进活动、分享活动三个基本活动课型，以"有趣、有料、有度、有伴"的活动促进学生对书籍的理解，这是教学的形式。"活动支架"包括可视化教学设计、可编辑教学课件（扫描二维码下载）和教学视频（扫描二维码观看），是探究团队进行课程实践的第一手材料,可供一线教师参考借鉴,这是教学的支援。

《教师指导用书》是教师的工具书,让教师在简要备课后——了解课程的结构和目标,掌握各个活动的设计意图和操作流程——就可以自信地走进课堂。因为,课外阅读的重点不在于传授,而是激发。一线教师要做的,是不断激发和维持学生的阅读兴趣,组织学生分享观点,交换想法,抒发感受,把阅读和思考推向深入,直到在活动中完成整本书的阅读。

《学生共读手册》是引导学生完成整本书阅读的"拐棍"。学生手册包括阅读计划、共读活动、阅读活动、评价回顾等内容。其中,"共读活动"是按照章节的次序推进,每一个阅读阶段都会安排练习测评,让学生对自己的阅读效果进行确认和监控,也便于教师了解学生的阅读进度和理解程度。"阅读活动"与《教师指导用书》中的"活动设计"对位,呈现出一个个"有趣、有料、有度、有伴"的阅读活动。活动可以由个人完成,也可以是小组共同完成的。一个人走漫长的路容易疲惫,容易放弃,但一群人交流着一起走,就会走得有滋有味,完成远行的概率也更大。所以本课程提倡学生之间建立共读小组,时常分享想法,共同迎接挑战,一起完成阅读。

3. 开发"互联互通数字网"

数字网络是以应用为导向,助力全社会数字化转型为目标,融合多种新型网络与安全技术的综合解决方案与服务,是一种平台型解决方案。本课程综合利用移动终端、互联网、云储存等基础信息技术和通行数字工具,打造了嵌入式阅读的数字化工具网络。利用数据资源平台的信息化传播和多媒体宣传,推动阅读资源的多渠道应用与优化。

第一是借助嵌入式课外阅读课程微信公众号,推送课程研究成果和课题共享资源,招募网络种子教师进行成果的应用和推广,并和区域内支教帮扶学校建立联系,携手前行。第二是组建网络学员交流社群,鼓励学员使用、调整、反馈成果资源,提高阅读研讨的互动、交流和实效性。第三是借助广州市智慧阅读平台、微信阅读群、打卡程序、班级阅读公众号等线上平台，使学生能随时随地学习微课，拓展了师生阅读和交流的空间，丰富了阅读言行的评价渠道，获得了阅读成果。借助网络学习平台，阅读资源便捷可及；方便相互评价，精准了解学情；评估阅读成果，制订个性阅读方案，将网络空间与课堂教学有机衔接，建构线上线下混合式阅读实践。第四是利用线上教学平台实现异地同步课堂，跨区域联动打造430阅读云指导，让区域内的学生均衡享受高质量的课后服务。第五是联合出版集团打造"新媒体资源"，落实纸笔系统用于课外阅读项目，构建高质量、贯通性强的线上阅读教学资源支持系统，加速辐射进程，服务更多试点学校。

综上，落实国家课程，服务一线教学的课程化是嵌入式课外阅读课程的首要特征。本课程一方面立足广东地区，进行课外阅读课程化的本土实践；另一方面心怀国家课程，压实《语文课程标准》和统编教材对课外阅读的要求。本课程以"模块化课程书架""即插即用资源包"的形式支援基层教学，为一线教师提供了课外阅读教学的一揽子解决方案，让更多学生在课外阅读课程中，成为一名主动的阅读者、积极的分享者、灵活的思考者、高效的学习者。

第二节　活动化

嵌入式课外阅读课程的第二个特征是以"有趣、有料、有度、有伴"的阅读活动为载体，帮助学生完成课外阅读任务。此特征展现本课程的学习策略。对普通学生而言，必读的课外阅读书目是不容易完成阅读的，只有靠着有趣、有料、有度的阅读活动，与志同道合的学伴相互鼓励，才能促使学生读完厚厚的一本书，走完长长的一程路。本节将回答本课程怎样实现"有趣、有料、有度、有伴的活动化"这一命题。

一、梳理活动化的内涵

经过问卷调查和调研访谈，我们了解到教师是不愿持续组织课外阅读活动的。课外阅读作用于学生成绩的效力是隐性的，短期内看不出明显的进步。花费时间去挣眼前看不到的利益，可能不仅得不到认同，还会遭受种种压力。看不到进步，就会滋生自我怀疑，课外阅读活动的组织就会停息。毕竟，课外阅读教学处在——不做也没什么人在意的位置。

学生也日渐失去参加课外阅读活动的兴趣，原因是多方面的。其一，阅读课外阅读活的读物有难度。部分学生或因畏难，或因阅读过程缺乏代入感而失去兴趣。其二，课外阅读活动所用形式雷同。教师所开展的读书活动，不是写读书心得，就是做读书手抄报，周而复始，形式单一，观点趋同，心生倦怠。其三，课外阅读活动学习目标不恰当。活动中，教师引导、指向的目标还是学习篇章结构、表达手法等语文本体性知识，让学生感觉在上另一个名字的语文课，日久则洞悉用意，心生厌烦。

可以说，教师布置的课外阅读作业能让一部分学生完成阅读，但却不能帮助绝大部分学生完成整本书的阅读。因为不恰当的活动目标，重复、无趣的活动形式，都让学生在没有得到支持和帮助的情况下，很难独自去面对那深奥、艰难的任务。所以一线教师、学生与课外阅读活动也就渐行渐远了。简而言之，"活动化"不是问题，问题在于"活动"没有"有效促进阅读的发生"。

解决问题的思路是提升阅读活动的有效性。

怎样的活动算是有效的？能激发并维持学生积极的情绪完成整本书阅读的活动，就是有效的活动。本课程将在技术上给予一线教师和学生更大的支持——通过整体设计、梯度规划，制定出少重复、非学业、跨学科、面向全员、强调活动的嵌入式课外阅读课程活动；让学生每一次参与，都能获得全新的认知和体验；让学生在自主的基础上，参与小组合作、集体探究，并在交流和思辨中获得发现的快乐。能有效促进阅读发生的课外阅读活动，才是有效的。

有效的课外阅读活动有四个特征：有趣、有料、有度、有伴。

二、"有趣、有料、有度、有伴"的活动化

根据活动有效性的四个特征——有趣、有料、有度、有伴，我们将从四个方面回答这一问题：什么是"有趣"的课外阅读活动？什么是"有料"的课外阅读活动？什么是"有度"的课外阅读活动？什么是"有伴"的课外阅读活动？

1. "有趣"的阅读活动，让兴趣动起来

有趣，是本课程的"样子"，是第一印象。只有活动有趣，才能吸引学生从光影闪烁的电子虚拟世界中，进入静谧深邃的书籍世界去阅

读、思考和探索。"有趣"的课外阅读活动，形式是好玩的、新奇的、轻压力的、少重复的，是具有挑战性的阅读活动。

法国作家儒勒·凡尔纳被誉为科幻小说之父，是《语文课程标准》中建议阅读的作家之一。《海洋三部曲》是其代表作，其中第二部《海底两万里》是初中《语文》必读书籍。我们将第一部《格兰特船长的儿女》与六年级下册"快乐读书吧"必读书目《鲁滨逊漂流记》和推荐书目《爱丽丝漫游奇境》一道，组成"历险小说"阅读单元，如图4-2-1所示。

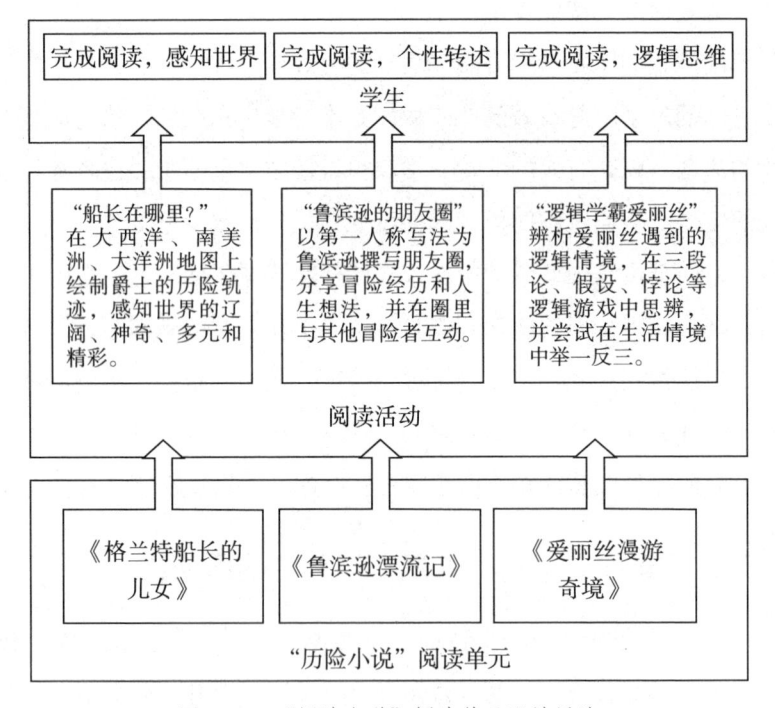

图4-2-1 "历险小说"阅读单元设计思路

《格兰特船长的儿女》的阅读活动该怎样设计，才能让学生读得有趣呢？我们设计了一个探险活动——给学生提供大西洋的地图，要求学生根据自己的阅读和查找到的资料，绘制格里那凡爵士的探险路径——从苏格兰的格拉斯哥出发，进入大西洋，经过加利利群岛，去寻找格兰特船长。之后，我们还提供南美洲、澳大利亚、新西兰的地图，学生将一边阅读，一边在地图上把主人公的经历和自己的想法记录下来。

一位家长在朋友圈里这样评价这次阅读活动："三个孩子从12点半，一直讨论到3点半，从对比地图，到用颜色标注路线图，到用PPT加注事件说明，全部都是孩子们的主意。孩子们讨论时，不会跑题。我不用帮他们派任务，只须时不时进去偷拍照片和视频就行了。他们讨论得很热烈，都是认真看过书的。"

有句话说"火车跑得快，全靠车头带"。但在课外阅读方面，这句话要更新了，如果学生没兴趣读，教师讲得再好也没用。好的课程应该用有趣的阅读活动激发、引导和帮助学生完成整本书阅读。在阅读《鲁滨逊漂流记》时，学生一边跟随鲁滨逊的航向，一边用第一人称的角度为他撰写朋友圈，分享他的冒险经历和心路历程；还在评论区中，和格里那凡爵士、格兰特船长、尼摩船长等历险小说人物进行虚拟互动，尝试在交流中表现出每个人不一样的性格品质、语言风格。在阅读《爱丽丝漫游奇境》时，学生一边陪伴爱丽丝探索扑克牌王国，一边进入"国王和刽子手谁说的有道理""鸽子妈妈和爱丽丝谁说的有道理？"等逻辑情境中，辨析其中的逻辑关系；还与共读伙伴一起进行三段论逻辑、假设逻辑、悖论逻辑等思维游戏，了解逻辑思维的方法，感受逻辑思维的乐趣。

就这样，本课程用一个个好玩的、挑战学生智力的阅读活动，触发学生的阅读兴趣，维持学生的阅读期待，最终完成整个"历险小说"阅读单元近90万字的阅读。一线教师也应该这样，陪伴着学生在新鲜的、少重复的阅读活动中，激励着他们自己跑起来，把书读完；在地图探索中，在朋友圈写作中，在逻辑思维游戏中，把书读懂。就像现在的高铁，不仅仅是火车头在跑，每一节车厢也都有自己的动力。我们相信："火车跑得快，全靠每节车厢一起来"。让实验团队、一线教师、学生都跑起来的"有趣"的课外阅读活动，就是有效的活动。

2. "有料"的阅读活动，让素养长起来

阅读活动是不是好玩、有趣就可以了？对学生而言，活动有趣好玩是必需的；对学生的成长而言，仅仅有趣则是不够的。阅读活动设计还应在"有趣"的"样子"下，设计出能培养学生知识能力，发展其思维审美的"有料"的"里子"。"有料"的课外阅读活动，是渗透知识、培养能力、发展思维、熏陶审美、传承文化的阅读活动。

《安徒生童话》是三年级上册"快乐读书吧"的必读书目，书中收录了《拇指姑娘》《坚定的锡兵》等11则童话。结合课程标准的年段目标和教材中的语文要素，本课程制定了《教师指导用书》和《学生共读手册》，用以承载学生的阅读活动，如图4-2-2所示。

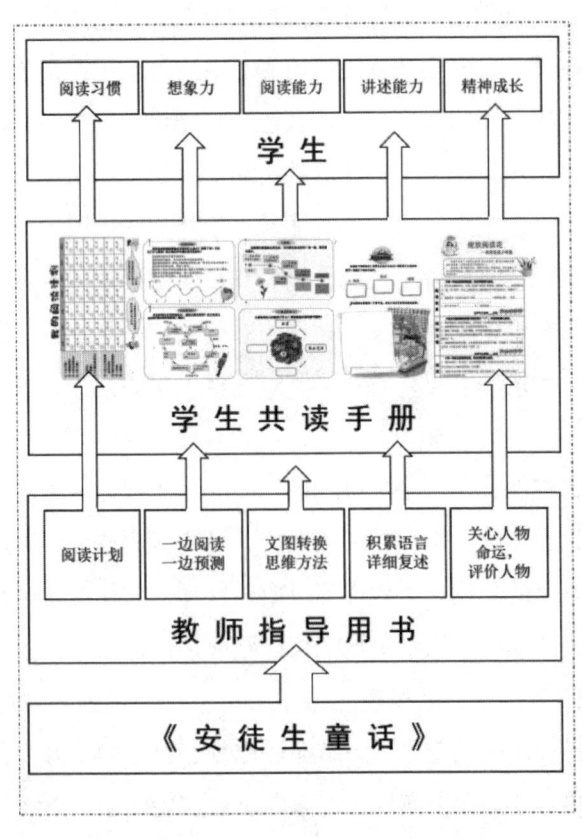

图4-2-2 《安徒生童话》阅读课程设计思路

第四章
嵌入式课外阅读课程的主要特征

《教师指导用书》列出了《安徒生童话》的课程价值，包括"自主制定和执行阅读计划""一边阅读，一边运用预测策略""运用图文转换策略，完成情节地图，发展思维""运用融合策略，感受人物情感，关心人物命运""积累优秀语言，借助情节地图复述故事""评价人物形象"等方面。

《学生共读手册》对教学价值进行了可视化、模块化的呈现。以日历的形式（如图4-2-3所示），帮助学生制定阅读计划，让他们根据执行情况进行自我阅读监控。鼓励学生以批注的形式，一边阅读，一边代入角色，感受人物情感，还可以预测情节发展，预测人物命运，甚至预测文章结构，预测作者意图。指导学生根据阅读内容，以思维图式的形式绘制情节地图（如图4-2-4所示），综合发展分类与比较、判断与推理、分析与综合等思维，掌握思维方法，提升思维品质。在情节地图的帮助下，以复述故事的形式，促使学生运用所积累的词句进行讲述，提升自我表达能力。与共读伙伴、父母教师一起，对书中人物的命运进行回顾，思考他们是怎样的人，也思考自己要成为怎样的人，让自己的精神世界得以丰富和成长。

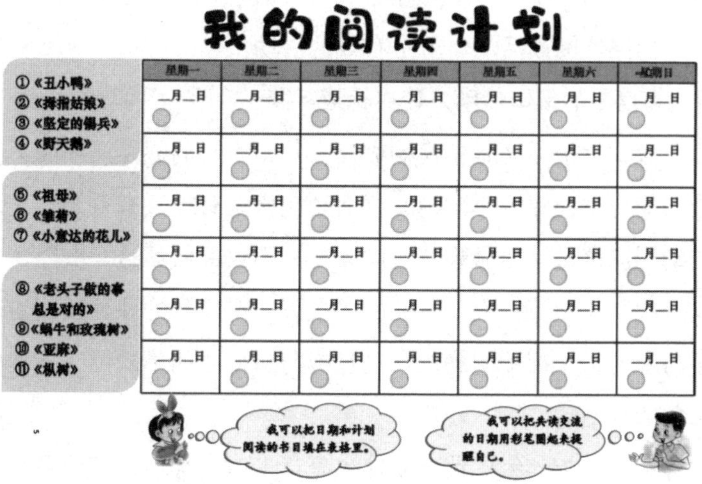

图4-2-3 《安徒生童话·学生共读手册》阅读计划页

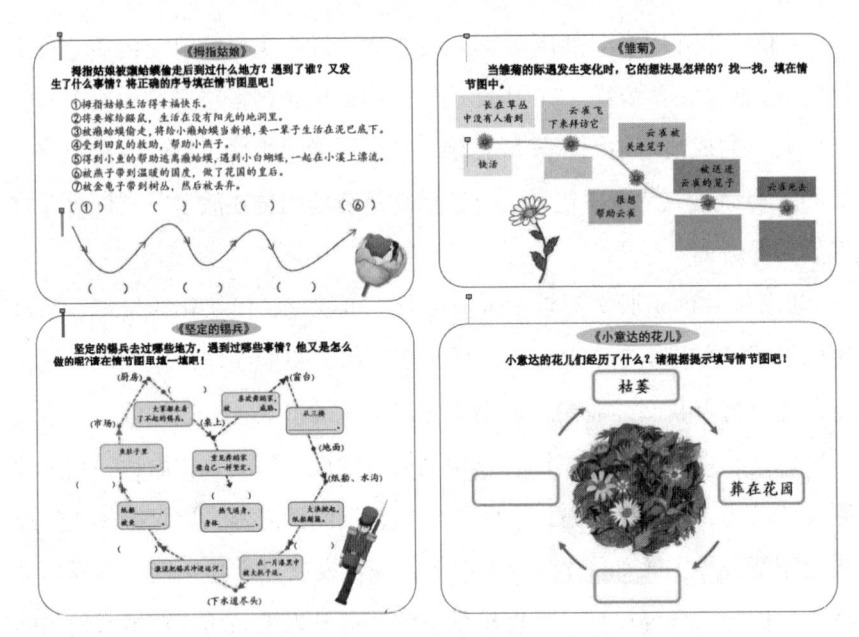

图4-2-4 《安徒生童话·学生共读手册》阅读活动页

本课程就是这样，读《安徒生童话》，不仅仅是要求学生把书读完，更通过完成一页页的共读手册，参与一次次的阅读活动，在自主阅读、合作分享、创意表达、思辨探究中，让学生的阅读习惯和想象力得到培养，阅读和讲述能力得到锻炼，精神世界和审美情趣得到发展。"有料"的课外阅读活动，就是有效的活动。

3. "有度"的阅读活动，让目标连起来

语文教学常被诟病是模模糊糊一大片，有料的阅读活动能不能做到清清晰晰的一条线呢？单次的阅读活动应该是有趣、有料的，一系列的阅读活动则应该进一步做到"有度"——不仅关注"这一次"，更要关注"这一次"与"下一次"之间的关系。"有度"的课外阅读活动，其序列是目标清晰、梯度明确的，是目标与目标之间不缺位、不越位、准时到位的阅读活动。

本课程中，三年级阅读《安徒生童话》时，会讨论"你最喜欢哪个人物"。四年级阅读《中国神话故事》时，会分享"你认识了哪些神话人物，他们的神奇之处在哪"。五年级阅读《西游记》时，会探讨"孙悟空是个怎么样的人"。六年级阅读《鲁滨逊漂流记》时，会探究"鲁滨逊人物形象的变化"。这些问题的讨论都会涉及学生对人物形象的感知，各年级达成的目标如何厘定？人物分析的程度有何区别？知识点呈现的前后次序如何排列？都需要有明确的序列设计。"人物与情节"序列线的提出，让每个年级在感知人物形象时，有了清晰的目标、明确的梯度；让每个学生在清清晰晰一条线中不断学习、不断实践、不断成长。

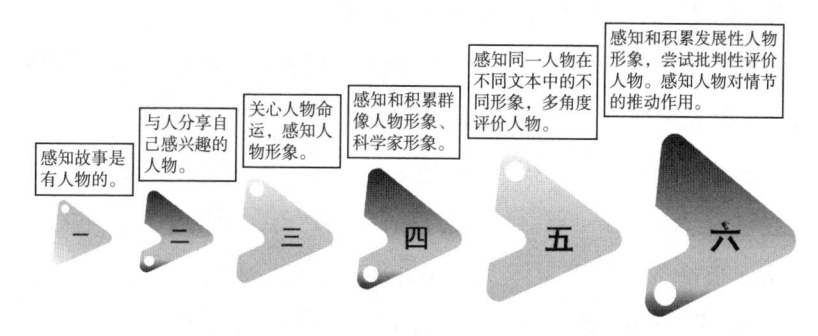

一	二	三	四	五	六
感知故事是有人物的。	与人分享自己感兴趣的人物。	关心人物命运，感知人物形象。	感知和积累群像人物形象、科学家形象。	感知同一人物在不同文本中的不同形象，多角度评价人物。	感知和积累发展性人物形象，尝试批判性评价人物。感知人物对情节的推动作用。

图4-2-5　人物与情节序列线（人物形象部分）

讨论《安徒生童话》角色时，要结合三年级的相应序列要求：能结合童话内容，简单分析人物形象——从一个方面讲清楚为什么喜欢这个角色。分享《中国神话故事》时，要结合四年级的序列要求：能结合神话内容，分析群体人物形象——讲清楚这是一群什么样的人，有什么共同特点。探讨《西游记》时，要结合五年级的序列要求：能结合孙悟空的具体故事，立体分析人物形象——从多个方面分析清楚其人物性格、技能特长、行为模式等。阅读《鲁滨逊漂流记》时，要结合六年级的序列要求：结合鲁滨逊的经历，尝试对人物进行发展性评价——评价鲁滨逊离开家乡时是个怎样的人，流落荒岛时是个怎样的人，拯救星期五时是个怎样的人，回到英国时又是个怎样的人。

这就是本课程12道序列线中的其中一条——"人物与情节"序列线

中——关于"人物形象感知"的内容，如图4-2-5所示。从低年级感知故事是有角色、有人物开始，到中年级能简单分析人物形象，到高年级立体分析人物的性格品质，并逐步向初中过渡，尝试进行发展性人物评价。本课程关注每一次活动的目标，也关注一系列活动的目标，更关注由12道序列线组成的课程序列体系。通过落实课程序列体系，让学生每一次阅读都能进步一点，最终形成梯度明确、序列清晰、各年级目标之间紧密衔接、前后勾连"有度"的课外阅读活动。"有度"的课外阅读活动，才是有效的活动。

4. "有伴"的阅读活动，让课程活起来

前进的道路总有坎坷，一个人独行，如果没有得到支持和鼓励，面对困难时就可能心生退意，会选择放弃，阅读的路途也是如此。让学生在自主阅读的基础上，积极参与小组合作，集体探究，并在交流和思辨中获得发现的快乐。那么哪怕阅读时遇到障碍，他也会在同伴的帮助下，坚定地读下去。"有伴"的课外阅读活动，是在自主阅读的基础上，强调亲子阅读、教师导读、伙伴共读的氛围式阅读活动。

本课程的育人目标之一，是培养"积极的分享者"。分享的内容从何而来？从阅读中来，从思辨中来，从活动实践中来。同时，积极地分享能在语言实践中，交流观点，获得启发，得到力量，促进阅读的进一步发生；也能提升思辨的能力和质量，培养理性思维、理性表达和理性精神；还能在解决实际问题（任务）中，综合运用各学科知识，调动各方面资源，培养团体合作和实践创新等综合素养。积极的分享者，将和主动的阅读者、灵活的思考者、自迩的学习者一道，构成本课程的育人目标体系。所以，"有伴"的阅读活动是本课程的必然要求。

| ① | ② | ③ | ④ | ⑤ | ⑥ |

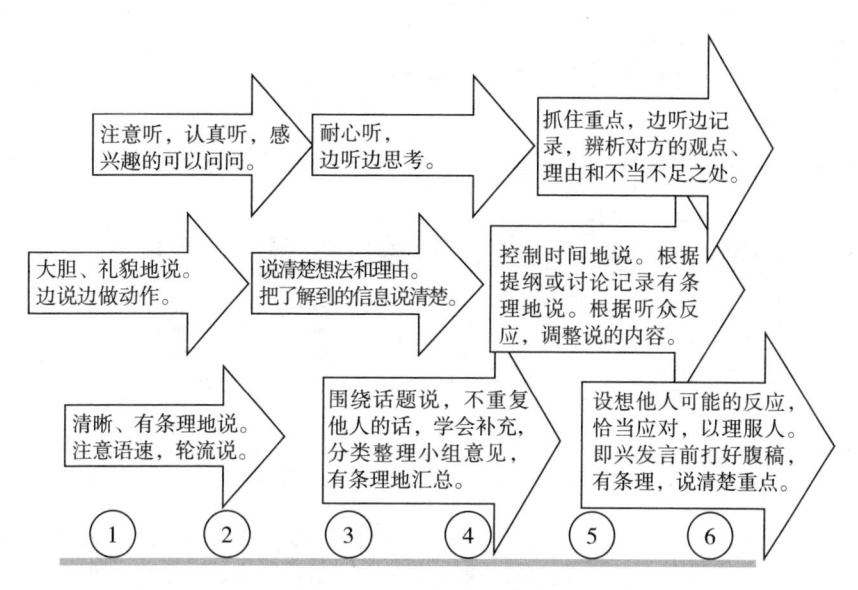

① 清晰、有条理地说。注意语速，轮流说。
② 大胆、礼貌地说。边说边做动作。
③ 围绕话题说，不重复他人的话，学会补充，分类整理小组意见，有条理地汇总。
④ 说清楚想法和理由。把了解到的信息说清楚。
⑤ 控制时间地说。根据提纲或讨论记录有条理地说。根据听众反应，调整说的内容。
⑥ 设想他人可能的反应，恰当应对，以理服人。即兴发言前打好腹稿，有条理，说清楚重点。

注意听，认真听，感兴趣的可以问。
耐心听，边听边思考。
抓住重点，边听边记录，辨析对方的观点、理由和不当不足之处。

图4-2-6 交流讨论序列线

本课程的序列体系中，有专项关注合作共读的"交流讨论序列线"，也有涉及合作共读的目标要求的"阅读品质序列线""阅读计划序列线"。"交流讨论序列线"（如图4-2-6所示）侧重从"听"和"说"的要求出发，明确讨论时学生要怎样听、怎样说才能让交流更有效、更顺畅。"阅读品质序列线"（如图4-2-7所示）中的"交流品质"部分侧重从"意愿"的角度出发，让学生知道积极分享能让阅读变得更有趣，让思考变得更深刻。"阅读计划序列线"（如图4-2-8所示）侧重从"制度"的角度出发，从中年级开始就要求把小组读书会纳入阅读计划中，并逐步进行团体阅读监控；同时，借助小组读书会的力量，反向要求个体进行更有效的自我阅读监控，从而提升全员的阅读效率。所以，"有伴"的阅读活动是本课程的必然内容。

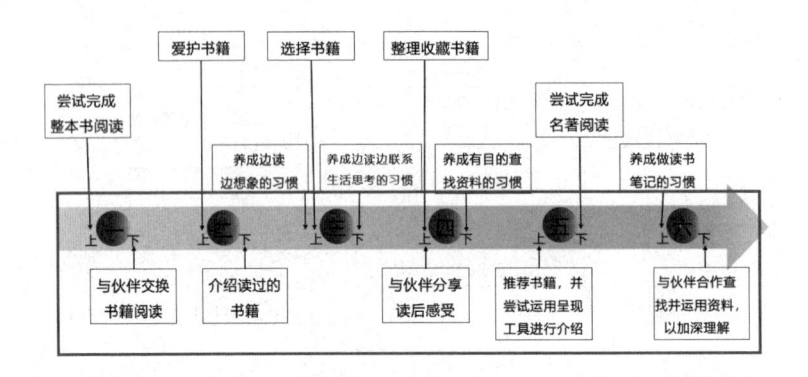

图4-2-7 阅读品质序列线

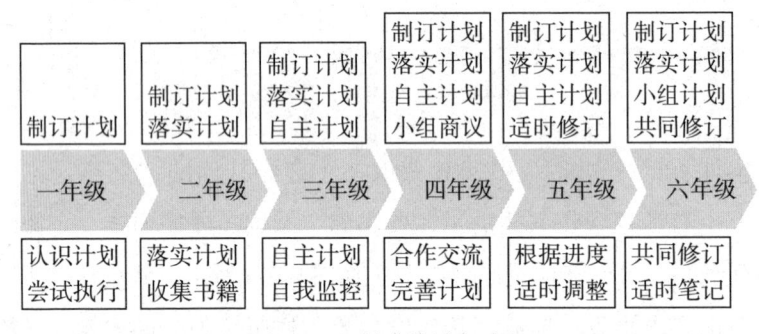

图4-2-8 阅读计划序列线

本课程从一年级开始,就极力倡导:在家里,父母和孩子一起阅读;在学校,阅读活动要围绕共读伙伴有序展开。本课程的载体由《学生共读手册》和《教师指导用书》组成。《学生共读手册》顾名思义,是在学生自主阅读后,促进其合作交流,深化其阅读理解,使其共同迎接挑战的一本工具书。手册中,有好玩有趣的"挑战",供共读伙伴一起实践;有各种各样的"问题",提示共读伙伴就某个话题发表意见;还有不留痕迹的"泡泡",暗示交流时可以使用的方法、要注意的规范。同样的,《教师指导用书》是提供建议、指导教师组织活动的工具书。在教师有效的组织与陪伴下,学生能更顺利地进入阅读的世界。所以,"有伴"的阅读活动是本课程的必然手段。

综上，有趣、有料、有度、有伴的活动化是嵌入式课外阅读课程的第二特征。本课程的阅读活动追求活动目标的有效、活动形式的新鲜"有趣"、活动内容的扎实"有料"、活动序列的井然"有度"、活动过程的协同"有伴"，为课外阅读活动的有效性提供了设计上的保障。

第三节　序列化

嵌入式课外阅读课程的第三个特征是不断指向学生"最近发展区",立体提升学生语文素养。此特征呈现本课程的序列体系。一本书是翻完的,还是读完的?是依据参考资料的道听途说,还是经过阅读思辨后的一家之言?怎么判别?这就要看能不能构建阅读活动中有梯度、成体系的语文要素序列体系了。本节将回答本课程怎样实现"自迩远行、立体生长的序列化"这一命题。

嵌入式课外阅读课程的序列化呈现出两个特点,一是自迩远行,二是立体生长。前者呈现语文要素的纵向序列特点——有统领全局的课程总目标,有梯次衔接,不断指向学生"最近发展区"的活动分目标;后者呈现语文要素的横向序列特点——多维度的阅读目标设定、多层次的阅读实践活动、多角度的阅读评价体系。所以,这一命题可进一步细分为:"什么是课外阅读序列化","什么是自迩远行的序列化",以及"什么是立体生长的序列化"三个问题。

一、梳理序列化的内涵

什么是序列?第七版《现代汉语词典》中,"序列"的解释为"按次序排好的行列"。美国教育心理学家罗伯特·加涅认为"学习能力的发展是一个渐进的过程,教学应当遵循两个序列:一是学生认知能力的发展序列;二是科学知识的逻辑结构序列"。也就是说,"序列"可理解为"是一种相对静态的操作基础，具有顺序性和逻辑性的特点。其相关内容的每一个要素在整体上和相互之间都具有适当的相关性和适应性"。

什么是序列化？在具体教学情境中，尤其在课外阅读教学范畴，"序列"一方面是指学生阅读能力的发展序列，另一方面指的是阅读教学的操作序列。"序列化"指的是通过对教学目标设定、内容选择、活动实施和成效评价进行的科学设定，使课外阅读从经验化、无序化状态走向科学、有序化状态。同时，"序列化"是一个不断发展、持续完善的过程。语文教师需要按照一定的顺序对语文要素进行排列，并据此对课外阅读的目标、内容、活动和评价进行厘定，使之符合学生认知发展的规律与语文课程的特点。课外阅读的序列化既是教师在教学中遵循的科学依据，也是学生在阅读过程中的有力指导，更是课外阅读课程不断探索的研究方向。

综上，本课程中的"课外阅读序列化"指的是课外阅读课程中，语文要素的梯度性排列和综合性推进的教学过程，其包括循序渐进的目标设定、基于教材的内容选择、立体发展的活动组织、多维多方的成效评价。

二、"自迩远行"的序列化

1."自迩远行"序列化的纵向延伸

《中庸》云："君子之道，辟如远行必自迩，辟如登高必自卑。""自迩"是从近处开始的意思，"自卑"是从低处开始的意思，句子意思是说：实践君子之道，就好像远行，必然从近处开始，就好像登山，必然从低处开始。远行时由近及远，学习时由浅入深，符合事物发展的一般性规律。

苏联教育家列夫·维果茨基提出的"最近发展区"理论认为："学生认知心理发展有两种水平：一种是学生的现有水平，指独立活动时所能达到的解决问题的水平；另一种是学生可能的发展水平，也就是通过教学所获得的潜力。两者之间的差异就是最近发展区。"本课程认为课外阅读教学应着眼于学生的"最近发展区"，为学生提供带有适当挑战难度的阅读与实践内容，以调动学习积极性，激发学习潜能。让学生在一次次可望可即的挑战中不断达到甚至突破其"最近发展区"，进而达到更高阶的发展区域。

基于事物发展的一般性规律和"最近发展区"理论，本课程提出"自迩远行的序列化"，持续进入"最近发展区"，谓之"自迩"；持续向课程目标发展，谓之"远行"。具体来说，即是依据学生认知发展规律与语文课程特点，建构纵向发展的阶梯型课程序列体系。此体系通过循序渐进的阅读实践落实语文要素，持续引导学生进入"最近发展区"，且持续向课程目标发展。

自迩远行的序列化呈现出语文要素序列体系的纵向特点——有统领全局的阅读课程总目标，有梯次衔接的阅读活动分目标。总目标引领分目标，分目标建构总目标；分目标之间存在梯度，不断引导学生踏出舒适区，进入"最近发展区"。自迩远行的序列化呈现出由近及远、螺旋上升的纵向发展方向，保障各语文要素和课程目标的整体实现。

2. "自迩远行"序列化的构建途径

让我们以"阅读计划序列"为例，用三个问题具体阐述自迩远行的序列化吧。三个问题分别是：什么是阅读计划？阅读计划有着怎样的序列？阅读计划序列化是怎样实现的？

什么是阅读计划？即"在阅读之前制订的读书计划"。读者可依计划进行自我阅读监控，从而提高阅读效率。制订阅读计划一般包括："①明确阅读目标和阅读目的；②根据阅读目的、内容和要求，选择相关书籍，列出清单；③写出时间分配计划；④倾听他人意见与建议"。在本课程的视野下，阅读计划即在课外阅读开始之初，通过导读活动引导学生了解将要阅读的书籍，使其明确阅读的目标，激发其阅读的兴趣；根据已知条件，自主制订计划，分配阅读时间；在具体实践中，进行自我阅读监控，适时修正计划，提升阅读效率，也可与共读伙伴一道制订、实施、修正、完成、反思阅读计划；在实施小组阅读计划过程中，相互扶持，共同探讨，丰富阅读趣味，完成阅读任务。

阅读计划有着怎样的序列？依据学生认知发展规律与语文课程特点，本课程把阅读计划分成6个层次，呈阶梯排列。见图4-2-8所示，图中上方方格次第呈现各年级要求达成的语文要素，下方方格重点呈现学生将要进入的"最近发展区"。

在此阅读计划序列中，一年级学生在本课程的帮助下，初步认识阅读计划，在阅读中，尝试执行计划；二年级学生在爱护书籍的同时，初步完成计划；三年级学生尝试自主制订计划，在阅读中，完成计划，并尝试依据计划进行自我阅读监控，提升阅读效率；四年级学生在自主制订计划后，要和共读伙伴分享计划，并听取他人的意见与建议完善计划，并开展小组读书会活动；五年级学生进一步强化自我阅读监控，根据阅读进度，适时调整计划；六年级学生则强化共读小组阅读监控，在阅读笔记的帮助下，进一步开展有效的小组读书会活动。随着年级的提升、阅读经验的积累，本课程在阅读计划方面对学生不断提出"跳一跳，可达成"的新要求。从制订计划到实施计划，再到完成整本书阅读，提升了目标的达成度；从自主制订计划到依据计划进行阅读监控，提升了阅读的效度；从协商制订共读计划，到适时调整计划，到组织小组读书会活动，拓宽了阅读的广度和深度。

阅读计划序列化是怎样实现的？《学生共读手册》是本课程序列体系的重要载体。每一册《学生共读手册》均有阅读计划页。页面通过可视化的情景创设营造阅读氛围，通过渗透式的人物对话暗示阅读要求，通过渐进式语文要素的系统排列，实现阅读计划序列化的呈现与落实。

共读活动：阅读计划我制订

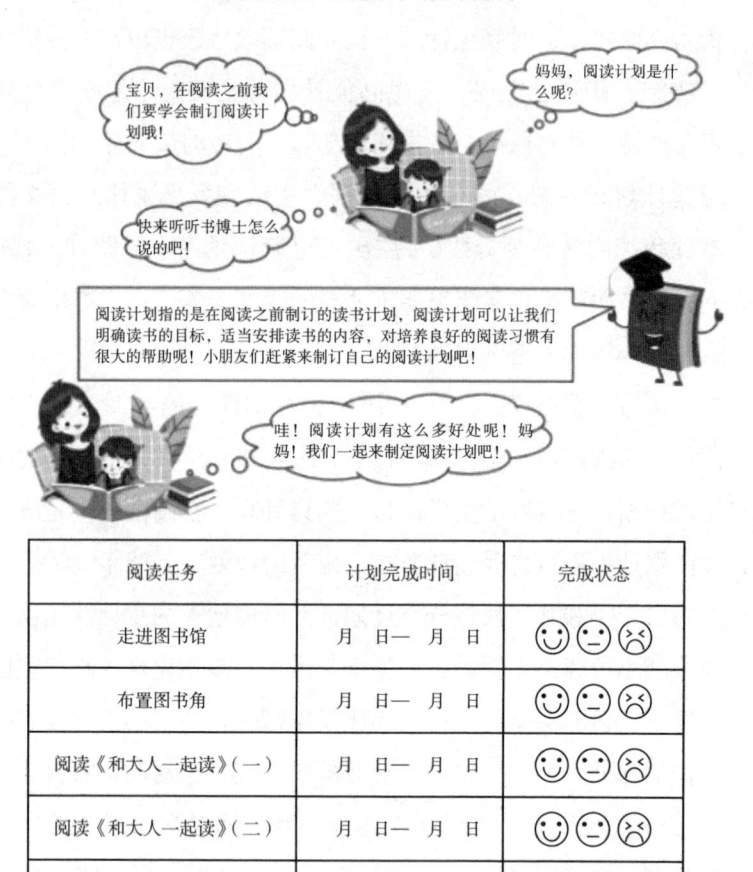

宝贝，在阅读之前我们要学会制订阅读计划哦！

妈妈，阅读计划是什么呢？

快来听听书博士怎么说的吧！

阅读计划指的是在阅读之前制订的读书计划，阅读计划可以让我们明确读书的目标，适当安排读书的内容，对培养良好的阅读习惯有很大的帮助呢！小朋友们赶紧来制订自己的阅读计划吧！

哇！阅读计划有这么多好处呢！妈妈！我们一起来制定阅读计划吧！

阅读任务	计划完成时间	完成状态
走进图书馆	月 日— 月 日	☺ 😐 ☹
布置图书角	月 日— 月 日	☺ 😐 ☹
阅读《和大人一起读》（一）	月 日— 月 日	☺ 😐 ☹
阅读《和大人一起读》（二）	月 日— 月 日	☺ 😐 ☹
阅读《和大人一起读》（三）	月 日— 月 日	☺ 😐 ☹
阅读《和大人一起读》（四）	月 日— 月 日	☺ 😐 ☹

图4-3-1 《和大人一起读·学生共读手册》阅读计划页

先以一年级上册《和大人一起读·学生共读手册》的阅读计划页为例，如图4-3-1所示。页面上方呈现出亲子共读的温馨场面。其间，通过妈妈和孩子的对话让学生了解什么是阅读计划，做好计划并依照计划执行有什么好处。对话在潜移默化中暗示了学生应该学习制订计划、执行计划。页面下方呈现出阅读计划的表格，包括阅读内容、阅读时间和完成程度。其中，阅读时间是学生自己定的，完成程度是根据实际情况填写的，起鼓励和提醒的作用。

图4-3-2 《安徒生童话·学生共读手册》阅读计划页

然后以三年级上册《安徒生童话·学生共读手册》的阅读计划页为例，如图4-3-2所示。页面呈现出三个板块，右侧主体位置是一页日历，创设出时光流逝的情景，左侧是《安徒生童话》中的11则故事目录，下方人物对话暗示了制订计划的要求。要求有两方面：一是自主制订阅读计划，要规划好阅读时间和阅读篇目；二是尝试进行自我阅读监控——在小组读书会活动之前，完成相应的阅读，做好相应的准备。对比可见，中年级的阅读计划页较之低年级的，在自主与合作的要求上有了阶梯式的适度提升。

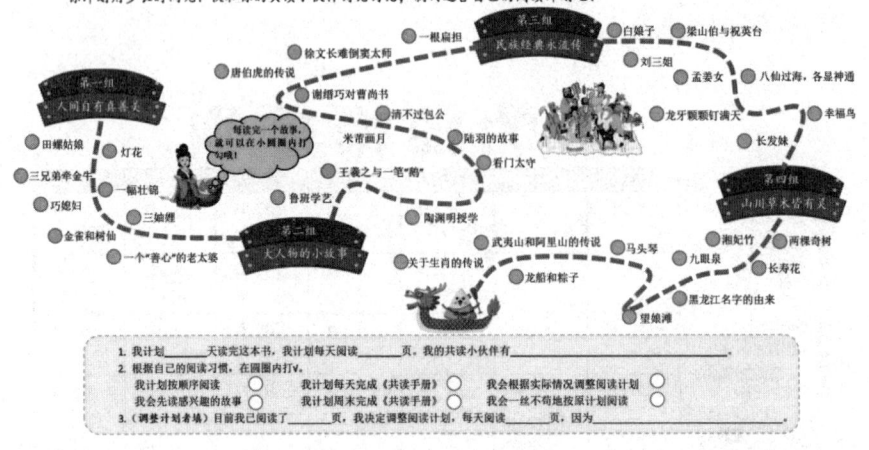

图4-3-3 《中国民间故事·学生共读手册》阅读计划页

再以五年级上册《中国民间故事·学生共读手册》的阅读计划页为例，如图4-3-3所示。页面上方以探索故事地图的情境，呈现出《中国民间故事》中的4组36则故事；页面下方的方框则提示学生一方面可以自主制订计划，选择适合自己的顺序、时间和方式进行阅读；另一方面可以根据实际进度，适时调整计划。对比可见，随着阅读难度的加深、阅读时间的加长，高年级更强调学生对自己的阅读进行持续的监控，可对计划和实际操作进行必要的互动调整。

各年级的《学生共读手册》阅读计划页依据阅读计划序列线综合编写，用情景化的版面、渗透式的聊天泡泡对应各年级语文要素的落实，引导学生一步步习得制订计划、执行计划、调整计划、完成计划的能力，引导学生在自主、合作中完成整本书的阅读。

就这样，循序渐进、螺旋上升，且持续进入"最近发展区"的语文要素排列，构成了本课程的纵向序列体系，挖掘了课外阅读的纵切面深度。自迩远行的序列化阅读，犹如一趟远行——心中是高远的目标，身旁有志同道合的伙伴，脚步持续向前，每次抬腿都有崭新的风景，每一转角都有可见的进步，每一回首都发现信步已过万重山。

三、"立体生长"的序列化

1. "立体生长"序列化的横向展开

"系统论"由美国生物学家路德维希·冯·贝塔朗菲提出，理论认为"整体功能大于各部分功能之和"。在系统论的启发下，科学家对各个学科开展了系统的组成及其功能的研究，学者普遍认为"系统是由诸元素及其有机联系组成的开放性、关联性、自组织性的整体结构，是许多要素保持有机的秩序，向同一目的行动的集合"。系统论根据系统、要素、结构、功能四个概念来研究事物的系统构成，认为"系统是诸要素的有机集合而不是简单相加"。

同时，马克思主义哲学认为"系统"的哲学特征表现为："首先，整体与局部相互依赖，互为存在和发展的前提；其次，整体对局部起支配、统率、决定的作用，协调着局部朝着统一的方向发展；再次，局部的变化也会影响到整体的变化"。系统和系统论告诉我们，既要拥有整体大局观，又要关注内部诸要素之间的有机联系，才能避免各年级课外阅读课程的割裂、重复和缺位，才能真正令课外阅读教学中"要素的完整"和"结构的整体"得到有效实现。

建构主义的提出者、瑞士心理学家让·皮亚杰认为："学习是学习者基于原有的知识经验生成意义、建构理解的过程，而这一过程常常是在社会文化互动中完成的。"建构主义强调学习者的主动性，认为阅读不是由教师把文本知识传递给学生，而是由学生通过阅读、思考、交流、实践，主动建构自己的阅读体系，自主建构学习的意义。

基于系统论和建构主义的视野，本课程提出"立体生长的序列化"。序列要素的系统排列，谓之"立体"；在课程指导下，学生自主建构学习体系，谓之"生长"。具体来说，即围绕立德树人的根本任务，强调培育主动的阅读者、积极的分享者、灵活的思考者、自迩的学习者，构建横向并行的生长型课程序列体系。此体系通过多维立体的阅读实践活动落实语文要素，持续引导学生整合自身阅读知识、阅读策略、阅读品质与阅读环境，建构属于自己的相互作用、有机统一的阅读体系。

立体生长的序列化呈现出语文要素序列体系的横向特点——四个维度的目标设定，覆盖阅读知识的积累、阅读策略的建构、阅读品质的培养和阅读环境的营造；四个层次的活动组织，包括整本书阅读活动、语文实践活动、跨学科综合实践活动和阅读环境营造活动；从四个角度关注成效评价，始终关注目标达成，关注阅读体验，关注活动过程，关注语文素养的可持续发展。

2. "立体生长"序列化的构建途径

让我们以"12道序列线"为例，用三个问题具体阐述立体生长的序列化吧。这三个问题是：分别是哪12道序列线？12道序列线是怎样体现语文要素的立体排列的？12道序列线是怎样促进学生建构自身阅读体系的？

分别是哪12道序列线？12道序列线分别是：

（1）语言风格序列线

（2）积累与梳理序列线

（3）人物与情节序列线

（4）阅读策略序列线

（5）阅读力序列线

（6）思维方法序列线

（7）阅读品质序列线

（8）阅读计划序列线

（9）讨论交流序列线

（10）文字表达序列线

（11）阅读空间序列线

（12）跨界阅读序列线

12道序列线相互渗透、有机统一，构成本课程立体生长的序列体系。

12道序列线是怎样体现语文要素的立体排列的？

12道序列线由本课程的课程目标派生而来，各语文要素依据课程目标聚合成这12道序列线，构成课程的序列体系。序列体系呈四维立体排列：阅读知识的积累、阅读策略的建构、阅读品质的培养、阅读环境的营造。序列体系注重语文要素的整体落实，注重语文素养的立体提升。

阅读知识的积累维度：在语文课程视野中，阅读知识指"阅读过程中，学生必须掌握和具备的关于阅读行为规律、阅读对象事实的知识"。在本课程序列体系中，包括（1）语言风格序列线、（2）积累与梳理序列线、（3）人物与情节序列线。

阅读策略的建构维度：在语文课程视野中，阅读策略指"阅读主体在阅读过程中，根据阅读任务、阅读目标及阅读材料的特点等因素，所选用的能增进有效理解的规则、方法和技巧"。在本课程序列体系中，包括（4）阅读策略序列线、（5）阅读力序列线、（6）思维方法序列线。

阅读品质的培养维度：在语文课程视野中，阅读品质指"指保证阅读活动顺利进行并有一定效率所具备的全部素质"，包括对阅读产生影响的思想品质、智力水平、习惯养成、兴趣倾向、技能储备等方面内容。在本课程序列体系中，含有（7）阅读品质序列线、（8）阅读计划序列线、（9）讨论交流序列线、（10）文字表达序列线。

阅读环境的营造维度：阅读环境指的是与阅读相关联的具体客观条件，包括阅读空间的打造、阅读氛围的营造、跨学科阅读的活动建设等方面内容。在本课程序列体系中，包含有（11）阅读空间序列线、（12）跨界阅读序列线。

12道素养序列线是怎样促进学生建构自身阅读体系的？

根据学生认知发展规律与语文课程特点，本课程序列体系依据四种序列方式——并列式序列、递进式序列、双螺旋式序列、汇入式序列——聚合语文要素,引导学生全面综合地建构自己的阅读体系。

并列式序列,即各语文要素呈现出不分主次、并排平列的排列方式,各语文要素之间没有交叉或者从属的关系。在本课程序列体系中,包括(1)语言风格序列线、(11)阅读空间序列线、(12)跨界阅读序列线。以语言风格序列线为例,如图4-3-4所示。

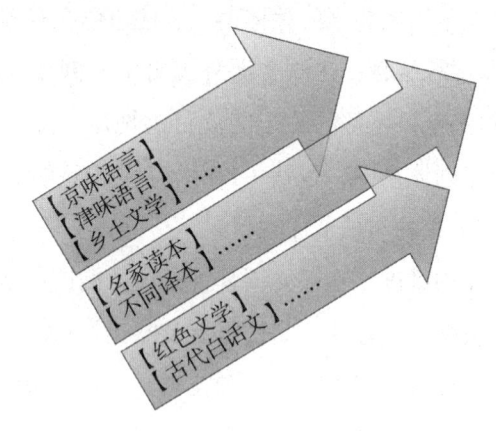

图4-3-4 语言风格序列线

序列中包含不同语言风格的语文要素,如《俗世奇人》的津派语言风格,《名家读本·老舍卷》《城南旧事》的京派语言风格,《小兵张嘎》《红岩》的红色文学语言风格,《中国民间故事》的乡土文学语言风格……各种语言风格均呈现出独立发展、互不隶属、自成一脉的并列式序列方式。学生可结合自身认知结构、兴趣倾向性,在潜心会文、朗朗诵读中感受、选择、模仿、习得各种语言风格,逐步建构自己的阅读-语言体系。

递进式序列,即各语文要素呈现出按照事理的发展规律或者逻辑关系,层层渐进的排列方式。在本课程序列体系中,包括(8)阅读计划序列线、(9)讨论交流序列线、(10)文字表达序列线。以讨论交流序列线为例,如图4-3-5所示。

```
①注意听，认真听，感兴趣的可以问问。 → ②耐心听，边听边思考。 → ③抓住重点，边听边记录，辨析对方的观点、理由和不当不足之处。

①大胆、礼貌地说。边说边做动作。 → ②说清楚想法和理由。把了解到的信息说清楚。 → ③控制时间地说。根据提纲或讨论记录有条理地说。根据听众反应，调整说的内容。

①清晰、有条理地说。注意语速，轮流说。 → ②围绕话题说，不重复他人的话，学会补充，分类整理小组意见，有条理地汇总。 → ③设想他人可能的反应，恰当应对，以理服人。即兴发言前打好腹稿，有条理，说清楚重点。
```

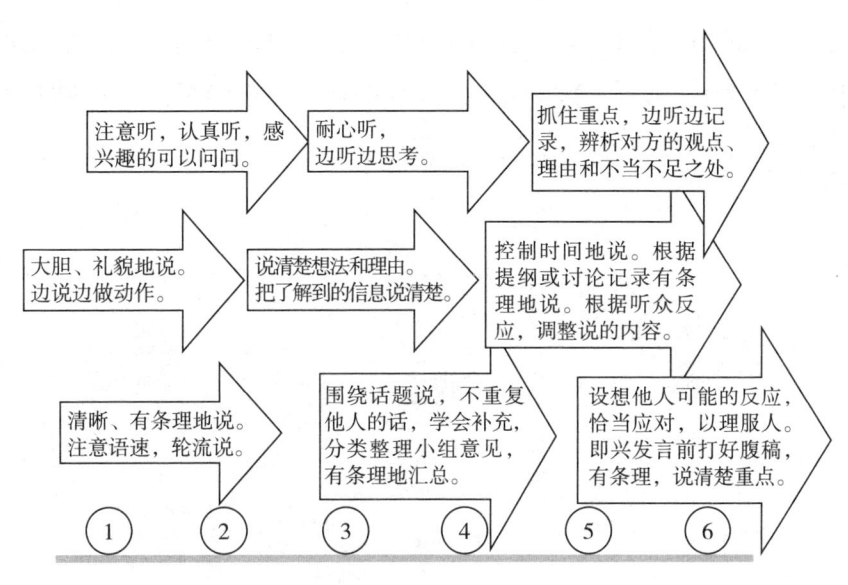

① ② ③ ④ ⑤ ⑥

图4-3-5 交流讨论序列线

序列中包含聆听和表达两方面的语文要素。如关于听的要求，低年级是"注意听，认真听，感兴趣的可以问问"，中年级是"耐心听，边听边思考"，到了高年级则发展到"抓住重点，边听边记录，辨析对方的观点、理由和不当不足之处"。又如关于说的要求，一年级是"大胆、礼貌地说，边说边做动作"，二年级是"清晰、有条理地说，注意语速，轮流说"，三年级是"说清楚想法和理由，把了解到的信息说清楚"，四年级是"围绕话题说，不重复他人的话，学会补充，分类整理小组意见，有条理地汇总"，五年级是"控制时间地说，根据提纲或讨论记录有条理地说。根据听众反应，调整说的内容"，六年级是"设想他人可能的反应，恰当应对，以理服人，即兴发言前打好腹稿，有条理地说清楚重点"。无论是听的要求还是说的要求，均呈现出循序渐进、步步落实、环环相扣的递进式序列方式。学生可结合自身积累、阅读背景，在一次次讨论交流活动中聆听、表达、应对、分享各种观点、想法，逐步建构自己的阅读—交流体系。

双螺旋式序列，即各语文要素呈现出双线交缠、螺旋上升的排列方式,双线的语文要素之间有着相互促进、互为基础的支撑关系。在本课程序列体系中,包括(2)积累与梳理序列线、(3)人物与情节序列线、(7)阅读品质序列线。以人物与情节序列线为例,如图4-3-6所示。

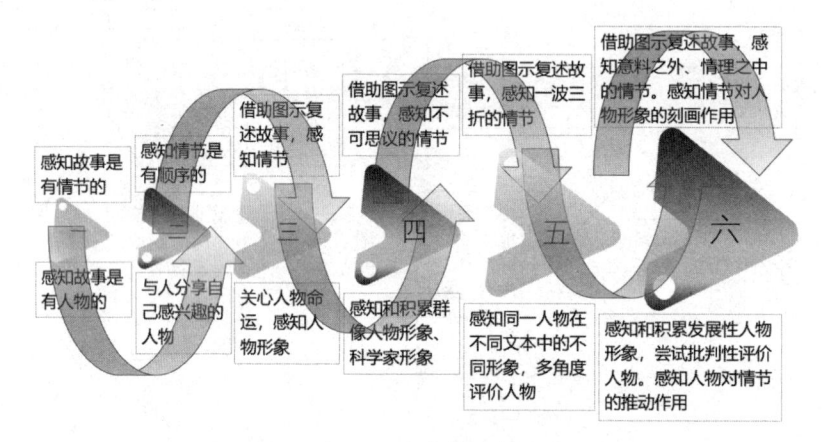

图4-3-6 人物与情节序列线

序列中包含感知人物形象、了解故事情节两方面的语文要素。低年级时,对人物和情节的要求大致停留在分别"感知和了解"的层次。到中年级时,开始初步感知其相互关系——"借助图示复述故事,关心人物命运,感知人物形象和故事情节"。到高年级时,则进一步感悟其相互作用——"借助图示复述故事,感知情节对人物形象的刻画作用;感知和积累人物形象,感知人物对情节的推动作用"。对情节的复述,是为了加深对人物形象的理解;同样,对人物形象的归纳,是为了预测情节可能的发展。人物形象和故事情节呈现出相互促进、互为支撑、交缠上升的双螺旋式序列方式。学生可结合自身对生活的理解、对文本的思考,在阅读—思辨—分享活动中感悟、归纳、推理、演绎各种人物形象和情节脉络,逐步建构自己的阅读—认知体系。

汇入式序列,即各语文要素呈现出溪流入江河、百川归大海的排列方式,各语文要素之间有着共融叠加、积少成多的汇聚关系。在本课程序列体系中,包括(4)阅读策略序列线、(5)阅读力序列线、

（6）思维方法序列线。以阅读策略序列线为例，如图4-3-7所示。

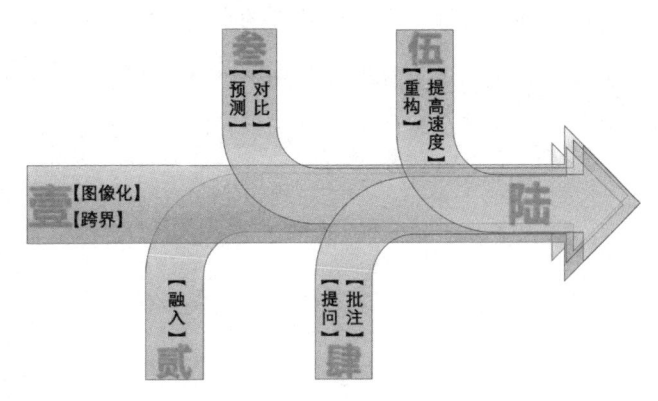

图4-3-7　阅读策略序列线

序列中包含多种阅读策略，如图像化、跨界、融入、预测、对比、提问、批注等。一年级时，依据学生认知发展规律，当着重培养学生边读边想象的图像化阅读策略，以及多感官并行的跨界阅读策略。二年级时，要着重发展学生代入角色、将心比心的融入阅读策略。三年级时，着重发展学生根据已知，推断未知的预测阅读策略，以及感知差异，发现矛盾的对比阅读策略……这时，一年级着重使用的图像化和跨界阅读策略是不是就不用或少用了呢？当然不是。这些基础的阅读策略不要说在六年级很有用，哪怕成年后，依然是重要的阅读策略。从前习得的阅读策略，不是不用，而是常用；不是管一时，而是管一世；只是不作为当下重点学习内容，只在日常自觉使用而已。这犹如一道大江，汇聚千万溪流，不断融合叠加。拥有了更多阅读策略的学生，面对不同的书籍，根据不同的阅读目的，根据不同的阅读环境，自然会选择最恰当的策略完成阅读。这就是积小流而成江海的汇入式序列方式。学生可结合自身的阅读经历、思辨深度，在不同文体、不同目的的阅读实践中了解、运用、熟练、提升各种策略，逐步建构自己的阅读—运用体系。

就这样，12道序列线组成多维立体的序列体系，引领多层次的阅读实践活动，关注多角度的阅读成效评价，构成了嵌入式课外阅读课程的横向序列体系，拓展了学生阅读体系的横截面广度。立体生长的序列体系犹如一片生机勃勃的大地，在郁郁苍苍的书籍丛中，有一道道序列线如拔节青苗，生生不息，携手发展；有不同区域、不同水平的学生在本课程的帮助下，如一树繁花，向更深处扎根，向更高处绽放。

第五章

嵌入式课外阅读课程的内容开发

嵌入式课外阅读课程内容主要以"阅读单元"的形式组织和呈现，阅读单元的开发与实施流程符合教育科学，符合少年儿童认知心理。在这一章中，我们将以六年级上册"成长小说"阅读单元为例，阐述课程内容的开发路径——首先确立桥梁式阅读主题，厘定阅读主题相关的语文概念和学科思想，让阅读课程连接真实生活；其次，运用逆向设计思路组成素养型阅读单元，制定评价量规，促发学生的学习式评价，让评价成为再学习的起点；第三，创设生活化实践情境，让学生在"真实—拟真"的情境中进行"语言—操作"实践，引导学生解决生活中的真实问题；最后，设计氛围式阅读任务，强化学生合作解决问题的意识，引导学生在独立思考的基础上，通过合作、探究的方式完成任务，提升解决问题的能力，强化本课程的生活价值。

第一节　确立桥梁式主题，连接课程与生活

什么是桥梁式阅读主题？阅读主题，是指课内外阅读的学习主题。主题是学习的核心，围绕主题的结构化内容是学习的对象。学习主题的理念源自杜威的进步主义学派，他强调"从做中学"，以学习主题引领学习活动，强调以问题的解决作为学习的主轴。桥梁式阅读主题，要求阅读主题对阅读内容具有概念上的统摄力，具有应用的价值，也应具有生活价值，能在阅读生活、当下和未来之间，形成迁移的桥梁。只有阅读课程与真实生活建立迁移联系，课程对学生的生活有运用价值的概念、观念和论题，才具有长久的生命力，才可能在日常具体情境中反复使用，且不断提升阅读主题的可迁移性和生活价值。

一、桥梁式主题的学习价值

怎样的阅读主题能起到桥梁式的连接作用呢？单元主题必须含有三个特点：素养型观点，让学习者的核心素养得到渐进发展；专家式思维，让学习真实且深度发生；高通路迁移，让概念性理解能在"具体—抽象—具体"的循环中连接阅读与生活。

1. 从知识到观点，让核心素养渐进发展

什么是知识？一般意义上的知识，是"认识论意义上的，是以表层

符号呈现的学科认知，成果是知识创生者在实践探索中形成的，他外在于学生"。教材是学生学习知识的重要来源，教材中的知识一般以知识点的形式显性呈现。在课外阅读中，知识则以人物形象、情节发展、语言风格、人生哲理等的隐性形式藏匿于课外阅读文本中。

什么是观点？知识驻留在文本内容的表层，观点揭示了阅读内容的本质，"深入到知识的内部，形成对知识的概念性理解，即超越具体的事实或现象，在抽象层面（概念原理或理论）上把握事物间的联系、机制或变化的深层次理解"。观点是概念性理解的深度表达，具有统摄力的观点能够实现对知识深刻透彻的认识。知识和观点不是简单的数量差别，而是代表了不同思维层次的维度差别。所以，只有将各种显性的或隐性的知识转化并统摄成上位的观点，即把文本知识提炼成素养化观点，才能为生活中的运用和迁移创造条件。

什么是核心素养？核心素养是学生在持续的学习中逐步形成的关键能力、必备品格与价值观念。获得符号化知识不等同于形成核心素养，中间还应有素养化观点的内化过程。知识是素养化观点形成的基础和载体，活动是素养化观点形成的过程和路径。知识的学习和活动的参与是素养化观点形成的双腿，两者稳健，方能行稳致远。也就是说，只有当学生主动运用知识，调动积极情感，解决真实问题，把符号化的知识转化为统摄逻辑关联的一组知识时，一个素养化的观念才得以内化，学生的核心素养才得以发展。这就是本课程的素养化知识观，借助课程的力量将符号化的知识转化为素养化的观点，最终发展学生的核心素养。

综上，本课程的阅读主题是一种桥梁式学习主题，而不是人文、内容或者技能主题。一些学者把这样的"学习主题"称为"大概念"教学。"大概念"的"大"，不只是范围的广、程度的深、内容的多，而是指这一概念"能反映专家思维方式的概念、观念或论题，它具有生活价值"。同样的，桥梁式阅读主题就是连接阅读课程和真实生活，让课程学习具有了生活价值。

举个例子。小说《哈利·波特与魔法石》中，"哈利·波特为人善良、勇敢，待人真诚，意志坚定"，"罗恩为人友善、忠诚，大智若愚，精于对弈"，"赫敏是学霸的代表，聪明而高冷，冷静且做事果决"。以上均是写在阅读文本中的点状的、符号性的知识，获得这些现成的知识对学生的学习和生活并没有太多的指导意义，最多在聊天的生活场景中，表达出"我已经读过《哈利·波特与魔法石》，也知道了几个主角的人物形象和性格特点"而已。至于《哈利·波特》系列丛书到底精彩在哪儿？为什么它能风靡全球？人们从书中能获得了什么，特别是对正处于青春期，对世界充满各种好奇和幻想的青少年，能从书中获得怎样的精神力量和成长启示，更是不甚了了。也就是说，表层的泛泛而读只能获得印象般浮光掠影的知识，只有通过参与连接生活的主题阅读活动，才能将阅读推向深入——在阅读《哈利·波特》系列丛书的过程中，概念性地理解"怎样欣赏成长小说"这一阅读主题。在"阅读—实践—反思—再阅读"的过程中，体会到"欣赏成长小说"应该从小说的人物形象、情节发展和环境营造三个方面进行解读和理解，体会成长小说呈现出的生活多面性与多重性，关注主人公的命运发展，可获得深切真实的人生体验与启示，为自身成长提供积极参考。这是一个能够指导生活、具有生活价值的观点；同时也具有迁移能力，能被应用到别的成长小说欣赏中去，如被应用到《童年》《小兵张嘎》的阅读中。

2. 从结论到思维，让深度学习真实发生

结论与思维有什么不同？我们常说"不要教教材，而是要用教材教"。"教教材，是指只教印在书上的专家结论，而用教材教，指的是通过专家结论来建立学生的专家思维。"识记专家结论，只能解决学校范畴下的学习问题，以应付诸如提问、复习、测验、考试等学习情境；只有发展专家思维，形成高通路迁移，才能把在课堂上、教材中获得符号知识和专家结论，运用在日常生活中解决真实问题，让学习连接现实世界，服务于生活情境，即"像科学家一样思考，像文学家一样写作"。

　　什么是深度学习？深度学习，顾名思义是"有深度的学习"。但具体是学的程度更深，还是学的难度更大，抑或是学的广度更辽阔呢？刘徽博士在《大概念教学》一书中提出："深度学习和真实性学习的概念内涵是相通的，都指向培养学生解决真实问题的素养，教会学生像专家一样思考。"也就是说，深度学习强调在现实世界中，迁移运用专家思维，进行批判性思维和创新创造。专家思维包含批判性思维和创新能力，批判性思维是基础，继而发展出创新能力。一个只会复制粘贴、搬字过纸的学生是不会具有批判性思维的；一个没有凡事思考"为什么""为什么不""怎样才能更好"的学生，也不可能具有创新能力。所以，不仅要在学习中获得知识结论，更要在学习中发展专家思维，才能让深度学习真实发生，培养学生的批判性思维和发展其创新能力。

　　举个例子吧。统编教材六年级上册"快乐读书吧"中写道："外祖父粗野自私，经常毒打孩子们，曾把阿廖沙打得失去知觉"，"外祖母的爱，仿佛黑暗中的明灯，照亮了阿廖沙的心"，"善良、乐观、富于同情心的'小茨冈'，忠厚老实的老工人格里高利，献身于科学的知识分子'好事儿'……都让他感受到了人世间的温暖和美好，让他面对苦难依然保持着对生活的勇气和信心"。这些人物角色、人物形象是教材给出的结论，印刷在了教科书上显性呈现了出来，是课堂提问、测验考试的内容与依据，在学校的学习情境中流转。至于"为什么外祖父是粗野自私的""除了粗野自私，外祖父还有别的什么方面的人物形象""粗野自私的外祖父对阿廖沙的成长起到了什么样的作用""善良温暖的外祖母、敏捷仗义的'小茨冈'、忠厚老实的格里高利、充满求知欲的'好事儿'又给阿廖沙的成长提供了怎样的力量"，以及"怎样阅读《童年》，才能使其给处于成长关键期的青少年带来精神的力量和成长的启示"……这些需要学生经历分析与综合、分类与比较、抽象与概括的思维过程，才能内化为自身的概念性理解，才能在生活情境中指导自己的成长——在成长遇到挫折、挑战的时候，用阅读中获得的人生启示和精神力量克服成长的障碍，追求有意义的人生。

要让个性化的阅读进入深度学习状态，就需要阅读在活动化课程的支持下，引导学生关注"怎样欣赏成长小说"这一阅读主题——要理解小说营造的环境，借助资料了解作品反映的自然环境、社会环境，作者的人生经历、创作背景；主人公在大时代中的种种信仰选择、人生抉择等。聚焦专家思维的形成过程，有利于学生感悟人物的精神人格，获得成长的力量，并将其迁移到同样描绘大时代中的小人物——《小兵张嘎》《小英雄雨来》等成长小说的阅读中去。如此，深度学习才能真实发生。

3. 从传递到迁移，让终身学习成为可能

迁移是深度学习的关键词。珀金斯和所罗门认为迁移有高、低两种通路。低通路迁移，即新任务和原任务的任务情景、思考方式是相似的。如题海战术——只是在海量的、相似的任务情景中，运用相近的解题思路去解答同一类型的题目。为什么要提倡高通路迁移？高通路迁移，即新任务和原任务的任务情景、思考方式是不相似的。例如要成为一位名教师，必经的一个关卡就是"反思"——只有不断对自己的和他人的课堂进行回顾——这节课的精彩之处在哪？不足之处是什么？教学目标有效落实了吗？有没有更好的操作方式……这样的教师才能在专业的道路上不断进步、不断提升。高通路迁移就是这样，是从具体的教学中进行抽象提炼，又运用抽象提炼出来的方法策略指导下一次的教学行为。不断地从具体到抽象，再由抽象指导具体，就能形成高通路迁移。可见，"高通路迁移在一定程度上形成了反映专家思维的认知结构，而低通路迁移只是在表面上掌握了专家结论"。

高通路迁移的价值何在？知识爆炸的时代背景呼唤终身学习的教育理念，高通路迁移是终身学习的能力前提。《中国高考评价体系》指出："素质教育培养出合格的人才，应该能够学以致用，能够探索并解决日常生活、学术科研、国家发展乃至人类社会所面临的各种问题。"常言道"要想教给学生一杯水，老师必先有一桶水"，这说明了学校教育历来承担着传递人类知识火种的历史任务。教学知识，或者说传递知识，是学校教育的主要教学形态。但在科技日新月异的信息时代，知识却以迅捷的速度迭代。"唯变不变，未来已来"已经成为各界共识。飞速变化的生活需要学生从符号化教材走向真实世界，在实践中学会实践，在问题中解决问题。迁移能力是树立和落实终身学习理念的根本。因此，让学生学会学习，在社会情境中实现迁移是学校教育新的目标指向。

综上，只有在学校教育中让学生既习得专家结论，又内化专家思维，才能使学生建立终身学习的理念，习得终身学习的能力；只有在学校教育中让学生将知识和技能在生活中融会贯通，学以致用，才能满足学生终身发展的需求，才是完整地、真正地完成学校教育的新使命。

举个例子吧。在六年级上册阅读"成长小说"《童年》时，学生通过"微课剧场""巡回画廊""聊聊高尔基""高尔基和他的战友们"等系列学习活动——如，理解到了"一边阅读，一边查找资料"之于小说阅读的意义。在教师的指导、鼓励和帮助下，自主查资料、小组合作整理资料能够有效培养学生的问题意识，提升其动手和解决问题的能力；也能够有效激发学生的求知欲，加深理解、发展思维、拓宽知识面。可以说，在《童年》《哈利·波特与魔法石》等"成长小说"的阅读过程中，学生逐步掌握了对资料的运用能力。到六年级下册阅读"历险小说"《鲁滨逊漂流记》时，课题组的教师欣喜地发现，学生能主动运用查找资料的方法完成阅读任务。在撰写"船长朋友圈"时，同学们通过阅读了解到鲁滨逊第二次航海成功赚到了五磅盎司的金沙。有同学通过查找资料，换算出大约是2523克，再按照现时（2023年5月）金价450元人民币/克计算，鲁滨逊这次成功的航海贸易赚到了超过113万元的人民币。当时的鲁滨逊还只是一个个体商贩，一趟从英国到西非的贸易旅程就能赚取过百万的利润，如果是一整艘船的货物呢？如果是一支航行向中国的船队呢？通过资料的查找，再经过简单的换算，同学们真真切切地感受到了地理大发现时期，资本主义发展的狂飙突进，感受到了欧洲人对探索、贸易、征服和殖民的趋之若鹜。

回顾两次阅读活动，学生在学校的学习情境中感知、体会到"一边阅读，一边查找资料"之于小说阅读的作用，并在之后的阅读活动中主动使用，有了新的发现和感悟。相信这批学生在将来的阅读，以及更广阔的生活情境中，会继续迁移"一边……一边查找资料"的实践策略，解决更多的问题，突破更多的挑战。如此，促发学生进行更多高通路迁移的嵌入式课外阅读课程的学习，促进学生的终身学习。

二、桥梁式主题的开发策略

桥梁式阅读主题的开发有着怎样方法和策略呢？课程开发的过程要从三个维度进行规划——以生活为课程起点，确立阅读主题的概念；从教材中出发，厘清阅读主题方向；整体观照嵌入式课外阅读课程，梳理阅读主题脉络。科学的起点、明确的方向、清晰的脉络，使得桥梁式阅读主题上下延绵、不断生长。

1. 以生活为起点，确立阅读主题概念

阅读主题与现实生活有着怎样的关系？语文学习源于生活，服务生活。小学生正处在身心发育的关键期，小学高年级学生更是即将或者已经进入青春期。随着学业和升学压力的增大，青少年的人际交往会变得复杂，他们开始更关注与同伴之间的关系，相对减少和父母师长的沟通，这对青少年的情绪管理能力提出了更高的要求。这一时期的青少年不但自我意识日渐增强、思维越发活跃、身心发展不平衡、心理素质不稳定，而且习惯于用理想化的目光看待世界和生活，身体和心灵处于剧烈变化阶段。一方面智力和学识的快速增长，令青少年对身边的人和事产生好奇或者质疑；另一方面，缺乏生活经验和人生经历，又容易让他

们困惑和焦虑。两者在荷尔蒙的催化下，更容易产生强烈而深刻的情感体验。生活中的一切都会给小学高年级学生带来新的心理冲突和成长烦恼。

基于这样的生活现实，成长小说应运而生。成长小说，是"对世界和人生进行个人式重新体验、感受和认知的文学表达"。成长小说是青少年课外阅读的重要题材之一。阅读诸如《童年》《哈利·波特与魔法石》《小兵张嘎》等脍炙人口的中外成长小说，能在潜移默化中给予青少年积极的精神状态，使他们在字里行间获得成长的力量。

怎样从现实生活中提炼出阅读主题？课程开发者必须关注青少年在学习与生活中遇到的问题，保持对问题的敏感。举个例子吧。深入阅读《哈利·波特》系列小说，再对照生活，同学们自然而然便会日渐明白友谊是弥足珍贵的，选择是极其重要的，希望是人生的灯塔。首先，哈利·波特从来不是一个人在战斗。七集系列故事中，哈利·波特始终拥有情感相连、至死不渝的伙伴，他们会互相打趣恶作剧，也会互相支持，给予彼此力量，更会共同面对生活中的艰难困苦与恐惧挑战。其次，人如何定义自己？很多时候就在于几次关键的选择。生活中总有善恶、义利、逸劳、进退等二元选择。因为每次都坚定选择成为更好的自己，哈利·波特才真正赢得了伙伴的信任支持，才不断遇见更好的自己。第三，无论处于何种境遇，都必须心怀希望，即使处在至暗时刻，也要心怀向阳花木，让希望的暖阳给我们带来无尽的奋斗力量。成长小说关注青少年成长过程中的种种疑惑，对他们的焦虑给予建议和启示，让青少年在文本和生活的对照中获得成长的信心和力量。从一定程度上说，成长小说的阅读过程，正是天真懵懂的少年逐步走向成熟的过程。

综上，从少年儿童的生活需求出发，建立起课外阅读主题的清晰概念，将能搭建起连接阅读和生活的桥梁。

2. 从教材中出发，厘清阅读主题方向

阅读主题与统编教材有着怎样的关系？2017年9月起，全国小学和初中起始年级统一使用教育部组织编写的义务教育语文教材（简称"统编教材"）。统编教材总主编温儒敏教授认为，我们讲素质教育、人文教育，归根结底还是要读书。因此，语文课要把培养学生的读书兴趣与习惯当作头等大事。温儒敏教授进一步提出设想：让语文教学贴近学生的生活实际，让阅读教学由课内向课外延伸，让课堂内外的阅读相互交叉、渗透、整合，连成一体。基于这样的思想，从教材出发，厘清课外阅读主题的选择方向，是提升学生的阅读兴趣、帮助学生养成良好的阅读习惯的重要突破口。现行的每一册统编教材都设置有课外阅读专栏，一年级是"和大人一起读"，二年级是"我爱阅读"，三至六年级是"快乐读书吧"。

怎样从统编教材中提炼出阅读主题？六年级上册的"快乐读书吧"的阅读主题是"笑与泪，经历与成长"。设计目的是引导学生阅读与儿童成长相关的中外经典小说，同时也是对"小说"单元的拓展和延伸。学生通过阅读，可以走进小说主人公的成长生活，与主人公一起分享欢笑和喜悦，经历磨难与痛苦，从中汲取成长的智慧和力量。成长小说都是描绘少年儿童生活的，贴近少年儿童的认知，而且情节生动、趣味性强，适合六年级学生阅读。

六年级上册的"小说"单元围绕着三项语文要素编排：一是通过关注人物的语言、心理、行为活动等体会人物形象；二是通过厘清人物关系网络，通过人与人的互动来更好地认识、了解、体会立体而生动的人物形象；三是引导学生运用小说阅读的基本方法，思考情节发展方向和环境营造这项元素是怎样塑造人物形象的。此外，还要做好整本书阅读的规划，能有计划、有目的地阅读。

阅读小说《童年》，教师应该与同学们一道，从人物的言行入手，着眼于人物关系网络，立足情节和环境这两项小说要素的出发点，理解和体悟小说《童年》中各形各色、鲜活灵动的人物形象。阿廖沙4岁到11岁的悲惨的童年生活中，多是黑暗的境遇。但即便如此，也总会有或如煌煌大日、或如点点萤火的人物出现——给了阿廖沙生活力量的外祖母，一个慈祥善良、友善能干、永远热爱生活、永远胸襟宽广的人；给了阿廖沙生活启示的小茨冈、"好事儿"，一群虽然普通卑微，但顽强乐观、心怀善意、仗义出手的人。正是这样的一群普通人，把各种生活的知识、阅历赠送给了阿廖沙，使他心灵丰富，选择善良，相信科学，茁壮成长。

综上，从教材单元的内容和主题出发，明确课外阅读主题选择的方向，将能建立起连接阅读和教材的桥梁。

3. 观照课程整体，梳理阅读主题脉络

阅读主题与本课程有着怎样的组合关系？嵌入式课外阅读课程体系，主要由文体单元组成。文体是文本构成的规格和模式，不同文体在信息编码过程中，呈现出不同的语言组合格式、框架结构和思维图式，培养学生的文体意识在语文教学中具有重要地位。文体单元通过课程化的阅读活动，引导学生与生活、与文本、与自我和师友进行交互对话，领悟不同文体的不同编码规则，欣赏各种文体的表达目的、美学规范和审美情趣，为其写作提供了可供遵循的文体秩序，为文体表达创新提供了可能。

本课程是怎样规划阅读主题的？结合统编教材，嵌入式课外阅读课程体系梳理出了"怎样读小说"的主题脉络。五年级下册的阅读主题是"少年读西游"，教师在系列阅读活动和《学生共读手册》的引导下，陪伴学生阅读《西游记》《悟空传》。六年级上册的阅读主题是"笑与泪，在苦难中成长"，引导学生阅读《童年》《哈利·波特与魔法石》《小兵张嘎》三本成长小说。六年级下册的阅读主题是"探索与发现，拓展人类新边疆"，引导学生阅读《鲁滨逊漂流记》《海底两万里》《爱丽丝漫游奇境》三本历险小说。如此，一条覆盖"怎样读小说"的主题学习脉络将清晰地浮现在学生面前——小说阅读入门，从"平视—融入—迁移"的认知角度切入阅读；小说阅读进阶，从"小说三要素"的文体特点切入阅读；小说阅读深化，从不同的"赏析角度"切入阅读。什么是入门式小说阅读？课内单元教学从"平视"切入，初步了解"阅读方法"；《西游记》再次"平视"进入，不断运用"阅读方法"，进而形成"阅读策略"，并尝试进行高通路迁移（即重构创新）；《悟空传》提供"高通路迁移"的示例，触发学生大胆创作的信心和欲望。什么是进阶式小说阅读？《哈利·波特与魔法石》从人物切入，《童年》从环境切入，《小兵张嘎》从情节切入。什么是深化式小说阅读？《鲁滨逊漂流记》从"纪实与虚构"（即现实主义）切入，《海底两万里》从"科学与幻想"（即科幻题材）切入，《爱丽丝漫游奇境》从"逻辑和想象"（即荒诞题材）切入。当学生用三个学期，完成了8本经典小说的阅读之后，他们对小说的文体特点、阅读策略的理解应用将得到相当程度的提升。

综上，从嵌入式课外阅读课程体系出发，明晰课外阅读主题发展的脉络，将能建立起连接阅读和教材的桥梁。

综上所述，以生活为起点，从教材中出发，整体观照嵌入式课外阅读课程后，本桥梁式阅读主题确定为：成长小说的阅读与欣赏。

在确立阅读主题的基础上，进一步提炼出阅读主题概念为：

理解成长小说是描绘青少年主人公在经历磨难后，思想人格逐步成长完善的一种小说类型。体会成长小说呈现出生活的多面性与多重性，阅读可获得深切真实的人生体验与启示，为自身成长提供参考。从不同的小说要素切入赏析成长小说，比较主人公们在各种境遇中所做出的人生选择与奋斗，思考顺境、逆境之于成长的意义，并在语言实践中分享自己的观点和想法。

这一阅读主题与相关概念，将指引着课题组在课外阅读与学生生活之间建立起紧密的联系。

第二节　组成素养型单元，
　　　　促发学习式评价

什么是素养型阅读单元？素养型阅读单元即单元指向阅读素养的达成，也可以说，阅读素养的达成是在单元的学习过程中完成的。什么是"学习式评价"？"学习式评价"即是让学生在学习中学会评价。学习式评价着重培养学生的自我评价能力，也有利于学生阅读素养的形成和发展。

一、素养型单元的学习价值

什么样的阅读单元能促使学生自主阅读，使学生成为一名自我促进的学习者呢？单元设计必须做到两点——联结课程与课时，让课时—单元—课程整合成有机整体；促发学习式评价，让学生在学习中学会评价，在评价中自我发展。

1. 联结课程与课时，达至阅读素养育成

阅读素养的培养与发展需要怎样的课程设置？嵌入式课外阅读课程以单元为基础单位进行课程的组织和实施，单元向上连接着课程，向下统摄着课时，即所谓"单元设计既是课程开发的基础单位，也是课时计划的背景条件"。素养型单元，即单元组织指向素养达成，也可以说，素养的达成是在单元的学习过程中完成的。借用刘徽博士的定义来说，

单元就是"素养达成的单位,是围绕大概念组织的学习内容、学习材料和学习资源等的集合"。嵌入式课外阅读课程视域下的素养型单元,不是单纯聚集数量多、范围广的内容单元,而是建立在概念性理解基础上的,以素养目标为线索来组织和实施的素养型单元,并在持续的迭代中,积累形成更宏大的具有生活意义的认知网络。

单元和课时二者是一组辩证的关系。各课时依据桥梁式主题组合成单元,课时是教学的基本时间单位;单元借助桥梁式主题引领课时,单元是教学的基本意义单位。只有平衡好单元和课时的相互权重,把握好宏观而隐性的单元目标与微观而显性的课时目标之间的统属关系,才能彰显单元和课时自身的学习价值——用内含逻辑、有机串联的课时,运用"概念性理解引领""生活化情境营造""统摄性问题启发""实践性任务驱动""学习式评价回顾"等课程组织,引导学生除了关注点状的符号性知识外,更要关注学习策略、思维意识、学科思想的建构,继而开启高通路迁移,解决生活问题,让阅读素养持续发展。

举个例子。欣赏成长小说时,若只读必读的《童年》是不够的,必须组成"成长小说阅读单元",才能让学生在阅读活动中发展自身语文素养。应文本特点,本课程把《童年》《哈利·波特与魔法石》《小兵张嘎》组合成"成长小说"阅读单元,专门回答"怎么样欣赏成长小说"的命题。阅读单元内的三本小说各有侧重又有机联系,用一项概念性理解回答这一命题——读者可从人物塑造刻画、情节推动、环境营造这三方面欣赏成长小说。阅读《哈利·波特与魔法石》时,读者可以关注小说的人物关系网络,借助思维图示标注人物形象和个性发展,描绘人物关系和相互影响。这有利于读者透析成长小说的主旨,获得成长的意识。阅读《童年》时,读者可以关注小说描绘的环境,借助资料了解作品反映的自然环境和社会环境,知道作者的人生经历、创作背景等。这有利于读者感悟人物的精神人格,获得成长力量。阅读《小兵张嘎》时,读者可以关注情节的巧合与冲突,借助思维图示展示矛盾的累积和冲突的解决、故事的抑扬对比和尾声的照应回响。这有利于读者感悟人物在磨难中所作出的选择，获得成长的启示。

三本小说的阅读，让通俗读本和红色文学相互嵌入融合，也让中外成长智慧整合成有机整体，为概念性理解的构建和丰盈，也为阅读素养的形成、发展和提升，奠定了坚实的基础。

2. 促发学习式评价，达至阅读素养育成

阅读素养的培养与发展需要怎样的评价价值取向？在嵌入式课外阅读课程的视域下，阅读单元目标指向学生素养的发展，继而遵循嵌入融合的评价逻辑，在问题情境中衡量学生的素养水平，从而培养出主动的阅读者、积极的分享者、灵活的思考者、高效的学习者。在实践化问题情境中进行评价，包括学习性评价、学习的评价和学习式评价。学习性评价，是为了推进学习而进行的评价；学习的评价，是为了评定学业水平而进行的评价；学习式评价，是为了让学生在学习中学会评价而进行的评价。

学习性评价，类似于形成性评价，注重具体可测量的"标准"，评价的目的是为学习的推进提供依据，越是具体的学习性评价越能够促进学习。学习的评价，又称为终结性评价，最重要的属性是"公平"，评价的目的是依据阶段性学习成果对学生进行评定、分类和筛选。而学习式评价是最接近表现性评价的——现实生活中每一个人都会接受评价，也需要学会评价，不只是评价他人，更重要的是评价自我。因为现实世界中，必定会获得他人的种种评价，待等到他人的差评时，往往为时已晚，所以人们需要不断地进行自我评价，以修正自己的言行举止、思维方式和处事方法。所以学习式评价最重要的标准是"自省"，"评价的目的是让学生在学习中学会评价，着重培养学生的自我评价能力，从而使学生调整学习方法，反思学习过程，并设立更为合理的学习目标"。从某种程度上说，学习式评价是各式评价中价值最高，也是最根本的评价方式。

举个例子。在小说《童年》的阅读过程中，研究团队依据单元目标——第一，阅读成长小说可获得深切真实的人生体验与启示，为自身成长提供参考；第二，从不同的小说要素切入赏析成长小说，比较主人公们的选择与奋斗，思考顺境、逆境之于成长的意义，并在语言实践中分享自己的观点和想法——制定出阅读任务"辩论会堂辩成长"。相应的评价标准是在教师的指导下，学生合作制定，以促进学生自我评价。在辩论之前，每一位同学都清晰地知道自己的评分包括两个部分：团体评价和个人评价。团体评价内含五项评价指标"审题""论证""辩驳""配合""辩风"，各占12%的评分比例；个人评价内含两项评价指标"论"和"辩"，各占20%的评分比例。在完成第一轮辩论"外祖母/外祖父对阿廖沙的成长影响更大"后，教师将组织各个辩论队伍进行自我评价，反思个人自我和己方团队的整体表现、优势所在和不足之处。在充分反思和复盘之后，再开启第二轮的辩论"顺境/逆境更有利于青少年成长"。

两轮辩论的语言实践和反思复盘，让目标与评价相互配套，也让实践与反思相互嵌合，能真切扎实地让学生在学习中学会评价，在实践中调整，在复盘中反思，在评价中持续培育素养。

二、素养型阅读单元的开发策略

素养型阅读单元的设计有着怎样方法和策略呢？阅读单元的组合与设计要从两个方面进行规划——第一方面犹如人造卫星俯瞰大地，从宏观到微观逐级聚焦，能总览阅读课程的宏伟蓝图；第二方面犹如地铁列车穿梭于各个站点，有清晰的节点，有明确的终点，能梳理阅读单元的来龙去脉。两方面相互作用、相互协调，才能设计出促进学生持续发展的素养型阅读单元。

1. 从宏观到微观，鸟瞰单元的纵横脉络

怎样理顺阅读单元的纵横脉络？鸟瞰，即是鸟儿在高空俯视大地，先是宏观整体，观其大略；继而逐渐聚焦，定格于细微处。进行素养型单元的课程开发，也是这样的思维过程。首先教师的脑海中应该有一个"从宏观到微观可层层放大、逐步精细的总体架构"。通过这一"放大"的过程，教师将超越微观单元的狭窄视野，在脑海中形成与目标单元前后关联、左右并行的一条条、一道道独立发展、相互交错或并行不悖的阅读单元发展脉络，建立从宏观到微观的总体阅读框架。这样即使教师在实际教学中进行着课时教学，心中也铺展着"宏图画卷"。只要心中装着整体愿景，教学就有明确的目标、清晰的轨迹，师生就始终知道自己从哪儿来，立足在何处，将要去向何方。

纵向上看，"成长小说阅读单元"从属于"小说阅读单元"，上承"经典名著阅读单元"，下启"历险小说阅读单元"，三者是时间轴上的承接关系。横向上看，"小说阅读单元"与"童话阅读单元""童诗童谣阅读单元""科普文章阅读单元""寓言阅读单元""神话阅读单元""民间故事阅读单元"六个文体阅读单元一样，是嵌入式课外阅读课程体系的构成部分，各线是象限图中的并行关系。从更大的尺度看，七个文体阅读又与一个习惯阅读单元、两个题材阅读单元呈并列关系。当教师在组织和指导《童年》的阅读活动时，心中能有这左右铺展、层层放大的鸟瞰式画卷，就能通过高位的概念性理解的引领，达成深度学习，发展阅读素养了。

2. 从表层到内核，挖掘单元的深层架构

怎样挖掘阅读单元的深层架构？挖掘，即向内深挖。结合着统编教材内容与嵌入式课外阅读课程体系，向内深挖能够逐步明晰阅读单元的组成元素和结构序列，了解单元设计的步骤。在嵌入式课外阅读课程的视野下，单元设计包括三个基本步骤——目标设计、评价设计、过程设计。素养目标决定了阅读单元的设计方向，设计团队以概念性理解为抓手，充分重视深度理解后的迁移运用。评价设计应该前置，以评价保证素养目标的落实，而过程设计要紧密围绕素养目标与评价达成来展开。

当研究团队将目光投向微观的时候，团队认为只读必读的《童年》

是不足以达成"获得成长的启示和力量""在语言实践中表达自己的观点和想法"这些单元素养目标的，必须组成"成长小说单元"，借助整合的力量，才能让学生在系列阅读和活动中发展素养。同时，结合《童年》的文本特点，成长小说单元一开始就安排读《童年》，难度过高，趣味也是缺乏的，必须将较为通俗有趣，且同样描写青少年懵懂成长的外国流行文学《哈利·波特与魔法石》放置到《童年》的阅读之前，让学生有一个阅读进阶、挑战升级的过程。当完成《哈利·波特与魔法石》《童年》这两本外国文学的阅读之后，再把目光回投中国，阅读同样描述在硝烟和苦难中成长的《小兵张嘎》。当掌握足够多"成长案例"的时候，学生才能将生活中、阅读中的案例与"成长概念"相互联系，相互印证，加深对单元主题的理解，深刻"获得成长的启示和力量"，不断"在语言实践中表达自己的观点和想法"，最终促进其专家思维的形成，培养其阅读素养的发展。

综上所述，确立"怎样欣赏成长小说"素养型阅读单元，阅读内容包括：《哈利·波特与魔法石》《童年》《小兵张嘎》。

第一册，阅读成长小说《哈利·波特与魔法石》。阅读时关注小说的人物关系网络——借助图示标注人物形象及人物个性发展，描绘人物关系和相互影响——有利于透析小说的主旨，获得成长的意识。

【阅读目的】

1.1 理解成长小说是描绘青少年主人公在经历磨难后，思想人格逐步成长完善的一种小说类型。

1.2 绘制小说的人物关系网络，并借助人物关系网络讲述主人公的成长经历，分享获得的成长启示。

第二册，阅读成长小说《童年》。阅读时关注小说描绘的环境——借助资料了解作品反映的自然环境和社会环境、作者的人生经历、创作背景等——有利于感悟人物的精神人格，获得成长力量。

【阅读目的】

2.1 理解成长小说是青少年生活的现实映射，体现了青少年现实生活和成长过程的多样性、立体性。

2.2 理解环境是小说的三要素之一，分为自然环境和社会环境，并认识环境之于刻画人物形象和表现小说主旨的作用，积累语言。

2.3 收集整理作者的人生经历、创作背景等资料，并借助其他文化资源（如"巡回画派"的风景油画、风俗油画），了解作品反映的自然和社会环境，理解小说人物的行为选择，感悟其精神力量。

2.4 积极对自己的阅读行为进行监控，进行批判性人物评价，并与共读伙伴分享收获的成长启示，尝试在辩论会上进行语言实践，恰当应对，以理服人，作有条理、有重点的发言。

第三册，阅读成长小说《小兵张嘎》。阅读时关注情节的巧合与冲突，并借助图示展示矛盾的累积和冲突的解决、故事的抑扬对比和尾声的照应回响。这有利于感悟人物在磨难中所作出的选择，获得成长的启示。

【阅读目的】

3.1 能理解青少年主人公的精神人格是在磨难和挑战（情节的矛盾冲突）中不断成长完善的。

3.2 能捕捉小说中体现矛盾冲突的关键情节，感悟关键情节对刻画人物形象、促进人物成长的作用，并分享获得的成长启示。

第三节　创设生活化情境，驱动问题的解决

什么是生活化实践情境？情境，是学校教育中为发展学生解决现实问题素养而创设的空间和任务的集合，具有生活化和实践性。生活化实践情境是因应情境的生活化和实践性而提出的，目的是在贴近生活、强调实践的学习情境中，培养学生解决问题的能力。这有利于学生在将来的日子里，解决社会生活中更开放、多元和复杂的现实问题。

一、生活化情境的学习价值

什么样的情境创设能促使学生主动阅读、积极学习，成为一名高效的学习者呢？情境创设必须含有两方面元素——融入生活化元素，让情境成为育人的阵地；强调实践性元素，让情境成为阅读任务的载体。

1. 生活化情境是阅读任务的运行载体

情境是学生完成阅读任务，参与活动过程的背景，有效的情境创设有利于发展学生的思维深度、实践能力和综合素养。《义务教育语文课程标准（2022年版）》指出"在日常交际情境中"，学语言；"在真实的语言文字运用情境中"，学习和梳理汉字；"在具体语言情境中"，进行沟通交流；"在语言文字运用情景中"，发现和感受语言文字的魅力；"在真实的语言运用情境中"，培养语言文字运用能力，综合培养

文化自信、语言运用、思维能力、审美创造等核心素养。多处"在……情境中"的表述，可见《义务教育语文课程标准（2022年版）》非常强调情境的创设。让生活化实践情境成为学生阅读任务的场景，让各项阅读要素"在真实的语言运用情境中"落实，是嵌入式课外阅读课程的要求。

　　生活化实践情境强调情境的"真实性"。"真实性"不仅仅是真实，依据《义务教育语文课程标准（2022年版）》的分类，包括"真实情境""还原情景"和"拟真情境"。"三种情境的共同特点是强调'真'，但真的程度和场景有显著区别。"生活化实践情景所说的真实客观，强调"物理逼真度"。例如："辩论会堂辩成长"是小说《童年》的阅读活动之一。活动是以学生自己的真实生活经历和阅读感悟为语言材料，进行的真实的辩论赛。"还原情景"着重于还原生活，用表演展示、分享描述的形式，在课堂上再现现实生活的场景，强调"功能逼真度"。例如："船长朋友圈"是小说《鲁滨逊漂流记》的其中一项阅读活动。活动是在课堂中再现微信朋友圈的生活场景，让在学生用鲁滨逊的口吻进行朋友圈写作，描述自己的经历和感受；用其他文学形象（如探索海底两万里的尼摩船长、蓝色海豚岛主人卡拉娜）的口吻在评论区与鲁滨逊进行互动，为他点赞。"拟真情境"着眼于模拟现实世界可能遇到的，或者虚拟文学作品创设的情境，强调"心理逼真度"。例如："童话剧场"是《安徒生童话》的一项分享活动。活动以课堂戏剧的方式，再现童话中神奇美好、不可思议的魔法场景，触发学生的想象力和文学感受力。

　　生活化实践情景强调情境的"实践性"。《义务教育语文课程标准（2022年版）》指出，学习情境"可以从个人、学校、社会等角度设置"。其意义在于情境的创设具有实践性，能突出学生在个人成长、校园学习、社会生活中遇到的问题和场景。三种情境均强调"实践"，但"实践"的范围和方向有所不同。"个人情境"更关注个体内心，引导学生面对成长中的疑惑、烦恼和挑战，让学生通过学习实践学会与自己交流，幸福成长。例如，"阅读教室"是小说《童年》的一项阅读活动。活动是通过欣赏小说中的环境描写范例，感悟环境描写的表达效果，积累环境描写的文辞表达，是一场通过欣赏语言文字而与自己心灵对话的过程。"学校情境"更关注同伴相处，引导学生在人际交往中与同龄人相处，相互学习，相互合作，使学生通过合作实践学会与他人交往，共同成长。例如，"绘制人物关系网"是小说《哈利·波特与魔法石》的阅读活动之一。活动要求学生与共读伙伴一起，依据小说中的人物不同的关系、阵营绘制出人物关系网。这是一次通过完成小组任务，与同伴求同存异、合作交流的对话过程。"社会情境"更关注多元社会，引导学生思考纷繁复杂的社会问题，运用跨学科的知识储备和能力素养，尝试提出解决问题的方案，发展创新思维，承担社会责任。例如，"巡回画廊"是小说《童年》的推进活动之一。活动中学生通过欣赏和分享俄罗斯"巡回画派"的油画，感知诸如列宾、麦考夫斯基等一批沙俄末期青年画家的时代责任感和拳拳赤子心，从而加深学生对高尔基写作《童年》的创作动机的理解，进一步使学生明确青少年对国家、对民族应抱有的责任与态度。

综上，强调真实性，崇尚实践化的情境创设是阅读任务的有效载体。有效的生活化实践情境有利于激发学生的阅读兴趣，维持其阅读专注力，以及持续提升阅读活动的学习效能。

2. 生活化情境是润物无声的育人阵地

生活化实践情境具有育人功能——身处文质兼美的阅读情境，能对心灵成长起着润物无声的滋养作用；阳光积极的阅读活动，也能对健康人格养成起着潜移默化的导向作用。

《义务教育语文课程标准（2022年版）》中有"美好情境""感人情景"的提法，强调文质兼美的文学作品能营造出美好感人的阅读情景，为读者带来愉悦的审美感受。嵌入式课外阅读课程会根据文学作品的文本特点，挖掘其中的育人因子、美好因素和感人氛围，创设出"美好""感人"的活动情境。例如，在小说《童年》的阅读活动中，研究团队创设"回溯历史长河"的拟真活动情境，引导学生游历历史长河中的"阅读教室"和"巡回画廊"，感知小说描绘的俄罗斯茫茫荒凉的自然环境和沙俄末期黑暗压抑的社会环境；继而让学生用色彩和语言描绘阿廖沙所处的沙俄末期社会，结合网络资料发现黑暗的社会现实中，也有希望的火光在闪烁，也有革命的力量在积聚。"回溯历史长河"的活动情境，为学生思考顺境与逆境对成长的意义提供了丰富的思维材料，也为其打下了向善的认知基础。阅读活动中的"美好情境"与"感人情景"，让学生身处文质兼美的阅读情境，滋养其心灵的成长，使其感受到虽千万人吾往矣，向黑暗发起冲锋的情感体验，感受到悲剧般震撼而又崇高的审美，在春风化雨中感染学生的心灵，在润物无声中激励学生的成长，在潜移默化中塑造学生正确的人生观和价值观，促使学生形成向善向上的生命追求。

嵌入式课外阅读课程的活动推进和分享评价，会创设积极向上的活动情境，形成价值导向作用。活动情境本身是具有价值观的，良好的情境氛围能传递积极向上的力量，能陶冶情操。身处积极情境中，学生所表现出来的情感态度和语言能力，会受到积极情境的价值导向。例如，在小说《鲁滨逊漂流记》的阅读活动中，研究团队创设"漂流归来博览会"的拟真活动情境，组织学生为鲁滨逊撰写"船长朋友圈"，描述自己的生存经历和心路历程，为"我的故事"展厅提供实物展品。学生参加"荒岛小工匠"实践活动，为鲁滨逊绘制生存物品制作说明书，并动手实践，制作生存物品的实物或者模型，为"荒岛岁月"展厅提供实物展品。学生参加"海岛绘图师"实践活动，为鲁滨逊绘制海岛的地图，并合作制作海岛模型，为"光辉足迹"展厅提供实物展品。最终，同学们共同参观"我的故事"展厅、"荒岛岁月"展厅、"光辉足迹"展厅，推荐整个"漂流归来博览会"的最佳展品。整个阅读活动过程，学生始终身处与鲁滨逊一起历险，一起"漂流归来"，一起筹备和举办"博览会"的拟真情境中。这种"积极求存、勇于探索、不断拓宽人类新边疆"的积极情景，对学生的人格形成起着无声无息的导向作用，让学生身处实践化情境中健康成长。

综上，嵌入式课外阅读课程创设身处文质兼美的生活化实践情境，对学生的心灵成长起着润物无声的滋养作用；又通过阳光积极的阅读活动，对学生的人格形成起到潜移默化的导向作用。可以说，守好立德树人育人阵地，是时代对嵌入式课外阅读课程的必然要求。

二、生活化情境的开发策略

生活化实践情境的创设有着怎样的方法和策略呢？情境创设的过程要从三个维度进行规划——围绕单元主题，融合式整体规划；整合生活资源，解决真实性问题；运用多种手段，创设生活化情境。

1. 围绕单元主题，融合式整体规划

课外阅读是课内阅读教学的延伸和拓展，课内阅读教学有其单元主题，生活化实践情境创设与课内阅读教学嵌套融合，结合学生生活中的真实资源，交互形成共生式学习情境。

《义务教育语文课程标准（2022年版）》在"教学提示"部分提出"根据学生的年龄特点和认知规律，紧密联系学生的生活实际，选择适宜的学习主题，创设学习情境"；在"课程实施"部分，提出"学习情境的设置要符合核心素养整体提升和螺旋发展的一般规律""创设情境，应建立语文学习、社会生活和学生经验之间的关联，符合学生认知水平"；在"教材编写建议"部分提出，"教材编写体例和呈现方式，要围绕学生生活实际和认知需求创设学习情境"。可见，生活化实践情境设计要符合学生的年龄特点、认知水平、生活经验与心理特征，要适合于教材内容、学习主题和文本特点，并将学生本体生活经验和阅读学习建立联系，形成桥梁。此外，生活化实践情境创设还要重视学生语文核心素养的螺旋提升，从动态发展的角度，创设适切性的阅读情境，为学习主题和阅读内容服务。

统编教材《语文》六年级上册第四单元是一个小说文体单元，综合选编了《桥》《穷人》《金色的鱼钩》三篇小说。小说以现实生活为题材，刻画了平凡人物在困境面前所迸发出的人性光辉。本单元的语文要素是"读小说，关注情节、环境，感受人物形象"。经过五年多的阅读学习，学生已经能通过关注人物的言行心理来感悟人物形象，专门设置小说文体单元的学习，目的是引导学生理解小说借助情节发展和环境描写来塑造人物形象。在这一组课内小说单元的基础上，嵌入式课外阅读课程将进一步设置"成长小说"阅读单元，创设欣赏小说，反观生活，分享成长烦恼，获得成长启示的活动情境。所以，活动情境的创设应该从课内单元主题出发，课外阅读沿着小说三要素——人物、情节和环境——欣赏小说；并渐渐感悟三要素之间相互依存、相互推动的辩证关系——情节的发展和自然、社会环境共同塑造了人物形象，人物形象反向推动了故事情节的发展，展现着自然和社会环境。

2. 整合生活资源，解决真实性问题

语文学习源自生活，服务生活；生活是语文学习的源头活水，生活也是学习情境创设的资源宝库，生活化实践情境关注于生活问题的呈现与解决，培养学生解决问题的意识、能力和综合素养。

《义务教育语文课程标准（2022年版）》在不同的章节为活用生活资源，创造活动情节作出了提示——课程实施方面，教师应该利用"无时不有、无处不在的语文学习资源与实践机会"来创设学习情境；课程资源运用方面，教师应该"多角度分析、使用课程资源，善于筛选、组合课程资源"，"利用课程资源创设学习情境"；在评价要求方面，教师应该"贴近学生生活经验和情感体验，抓住社会生活中常见但又值得深思的真实场景"，"创设新颖、有趣、内涵丰富的情境"。可见，整合生活资源是活动情境创设的出发点，解决真实问题是活动情境创设的终点线，两者都以促进学生实践为基本追求。

从出发点着眼，研究团队认为生活化实践情境开发有三个关键点。一是"资源"，情境资源应来自多姿多彩的生活，来自生活中源源不断的问题，教师应善于发掘、捕捉和定格生活资源以丰富活动情境的创设。二是"整合"，生活中的学习资源和真实问题一般是零散的，以碎片化的形式呈现的，这需要教师有意识地进行整合，进行"多角度分析""筛选、组合"以整合成典型的、有代表性的活动情境。三是"实践"，无论创设什么样的情境，促进学生的动手实践、语言实践、思维实践，都是目的和方向所在，只有强调实践，才能连通学生的生活经验，激活其情感体验。从终点线看，《义务教育语文课程标准（2022年版）》提倡情境开发指向解决真实问题——在课程实施方面，情境创设要"服务于解决现实生活的真实问题"；在教学建议方面，情境创设"应整合关键的语文知识和语文能力，体现运用语文解决典型问题的过程和方法"；在评价要求方面，情境要"创设新颖、有趣、内涵丰富的情境，设计多样的问题或任务"。可见，情境创设的目的是通过设置有限复杂、内涵多样的实践化活动情境，帮助学生提升分析、理解和解决生活中真实问题的意识、能力和素养。

诚如前文所述，小学六年级的学生多已或者即将进入青春期，成长烦恼随之增长，自我意识日渐增强，情绪波动越发激烈，越来越多的心理冲突和人生困惑在内心积聚——为什么我会出生在这样的家庭，而不是更美好、更优秀的家庭？为什么我用心提出的观点，大家却激烈地反对，甚至报以嘲笑？为什么我总是倒霉，总是遇上逆境，每件事情都不顺利，每个人都不友好？为什么……有太多的为什么，而能理解、能接受的答案又太少，是青春期少男少女成长烦恼的来源。作为教师，简单、直接、重复地说教显然不是好选择。作为语文教师，要带领学生进入成长小说的世界，通过有趣、有料、有度、有伴的阅读活动，帮助学生寻找、发现、理解、认同生活中的解决之道、成长中的有效答案，正是语文老师的学识任务和职责所在。

3. 运用多种手段，创设生活化情境

源自生活、服务生活的活动情境必定是丰富多彩的，围绕单元主题，整体有序规划的活动情境也必定是多层次多维度的，所以创设生活化实践情境的方式和手段必定是多样而灵活的。

广州花都语文教研员杨和平提出"多样化的手段有利于创设丰富多彩的学习情境"，包括"直观化""数媒化""资源化""生活化"四种情境创设手段。"直观化手段"——借用教具、实验等手段，将抽象的知识具体化、形象化为直观可感的眼前事物，通过情境创设为学生学习提供支持。"数媒化手段"——探索数字技术与传统教学相融合的方法，为学生还原、模拟或者创造出现实不易体验到的场景。"资源化手段"——通过筛选和组合课内外的生活资源，创设出更典型、更凝练的教学情境。"生活化手段"——可直接借用真实生活的场景，用语言描述或情境模拟方式再现生活场景。再现生活场景，不是原封不动地生搬照套，也不是不经加工地平铺直叙，而是在维持生活元素"真实性"的基础上，进行必要的次序重整、细节增补、艺术留白等活动设计，让创生的情境更能激发学生的兴趣，更能开拓学生的思维发展，更能促进学生的语言实践。

"怎样欣赏成长小说"阅读单元的阅读内容包括《哈利·波特与魔法石》《童年》《小兵张嘎》，其中《童年》是单元学习的重点和难点。《童年》的故事发生在距离学生相当遥远的国度——沙俄末期的俄罗斯；描写了城市学生相当陌生的主题——黑暗社会中的苦难童年；文体语言是学生相当不熟悉且拗口的表达——俄罗斯文学重视繁琐的细节描写，混杂各种尊称、敬称、昵称、简称的俄式人物长名字……这一切都对刚刚涉足外国文学阅读的学生展现相对不友好的一面。所以教师应借助多样化手段，帮助学生完成阅读，提升其阅读质量。如利用"直观化手段"，借助俄罗斯著名的"巡回画派"油画，为学生展现出一幅幅

直观可感的画面——伏尔加河上的纤夫，小酒馆中的舞者、乐手和快乐的观众，课室中认真学习的学生，原野上自由却又贫苦的村野孩童……一幅幅精美的油画丰富了学生的认知，使之能运用图像化策略进行阅读。如用"数媒化手段"，借助嵌入式课外阅读课程开发的系列微课，向同学介绍一则则"冷知识"——"为什么俄罗斯人的名字很长，还常常重复""为什么伏尔加河被称为俄罗斯民族的母亲河""为什么封闭的外祖父会遇上法国军官""为什么俄罗斯的国土面积那么大"……一则则声像生动的数字化微课，让学生在身临其境的同时，也解决心中疑难，扫除阅读障碍后他们就更能理解晦涩文字背后的思想光辉了。

综上所述，围绕单元主题，整合生活资源，运用多种手段，本课程确立"怎样欣赏成长小说"的生活化实践情境为：同学们，在这个"卷不赢"遭遇"躺不平"的时代，在这个"青春期"叠加"小升初"的时刻，我们总有着各种各样的成长烦恼——或关乎理想，或关乎友情，或关乎境遇，或关乎未来……朋友，让我们一起阅读成长小说，一起思考成长困惑，一起在辩论场上争鸣，一起在成长的道路上寻找成长的答案吧！

第四节　设计氛围式任务，强化合作的需求

什么是任务？任务是人们在日常生活、工作、学习等活动中所进行的带有目的的活动。什么是氛围式阅读任务？氛围式阅读任务是旨在促进学生通过合作探究，依靠团队的力量主动完成的，指向发展学生阅读素养的任务链条。嵌入式课外阅读课程视野下的氛围式阅读任务，将在桥梁式主题的指引下，素养型单元的组合内，实践化情境的环境中，以阅读学习为主线，组合阅读内容，使学科逻辑、学习逻辑、生活逻辑彼此协调，综合设计强调共读、合作与探究的阅读任务。这种着重营造团队氛围的任务设计思路，研究团队称其为"氛围式"阅读任务。氛围式阅读任务有三个关键要素：一是促进主动学习；二是促进团队合作；三是发展阅读素养。

一、氛围式任务的学习价值

什么样的阅读任务能促进学生合作共读、积极分享、灵活思考，使其成为一群终身阅读的践行者呢？阅读任务必须达到三个方面：灵活团队组织，促进共读小组主动学习；形成共读机制，促进共读伙伴合作学习；借助课程力量，驱动共读团队探究学习。

1. 活化组织形式，促进主动学习

《2017地平线报告（基础教育版）》指出："教育范式从被动学习转变为主动学习，才可以帮助学生发展原创思想、提高信息保持能力、建立高阶思维技能。"氛围式阅读任务的设计目的之一，即是通过学习团队的力量强化学习个体的学习意愿，以阅读任务组合而成的阅读学习，引领学生持续经历阅读与理解、表达与交流、梳理与探究等学习活动，经历深度阅读、积极思考和主动合作，将"要我学"的被动学习状态，转化成"我要学"的主动学习状态，促进学生学习方式的变革。

氛围式阅读任务有利于化被动学习为主动学习。嵌入式课外阅读课程强调创设新奇有趣、内涵丰富的阅读任务，激发学生的阅读动力，持续阅读的欲望和合作探究的氛围。只有一系列具有挑战性的阅读任务，才能持续激活学生的求知欲、好奇心和想象力，促使学生进行自主阅读基础上的合作学习和探究活动。

氛围式阅读任务有利于变抽象学习为实践学习。知识是从现实生活中高度抽象凝练出来的经验和结论，单纯的知识学习必定是抽象的、被剥离了生活意义的。要引导学生进行氛围式阅读任务，链接生活、反映现实的真实任务才能将学习导向解决问题能力的培养，强调阅读任务与解决问题的联系，突出了学习任务之于问题解决的教育意义，也突出了学习方式向着生活化、实践化转变。

氛围式阅读任务有利于本体知识向迁移式学习转变。指向交往、强调合作的阅读任务让本来是个体的阅读，具有了言说、思考、分享、聆听、应对和综合反馈的现实意义。这种体现语言实践和思维发展的学习，有利于学生阅读知识和能力迁移，有利于学生阅读素养的生成和发展。知识和能力迁移包括两个方面。一是将生活知识经验迁移到新的学习任务，解决新的学习问题。阅读任务的设计应该关注学生的生活，激发他们的生活积累，使他们的生活经验和新学知识建立关联，从而完成迁移式学习。二是将已习得的知识能力迁移到新的生活中，尝试解决生活中的问题，学生在设定的氛围式任务中，能够更深刻地理解现实问题与所学知识能力之间的关联，进而能举一反三，完成迁移式学习。

综上，当学生和他的伙伴处在指向生活、强调合作的阅读任务中时，氛围式阅读任务将促进学生学习方式的变革——化被动学习为主动学习，变抽象学习为实践学习，本体知识向迁移式学习进行转变。

2. 助力课程建设，驱动探究学习

嵌入式课外阅读课程的阅读单元，不仅有桥梁式主题以指引方向，更有氛围式阅读任务作为达成目标的具体教学路径，任务设计包括各个阅读任务的内容、要求、方式和评价量规等。阅读任务作为学习活动的驱动模块，能充分激发学生的阅读兴趣，维持其阅读的积极性和主动性，调动其生活和学习的经验以进行探究性、创造性的语言分享和文字表达。可以说，阅读任务让课外阅读课程化有了推手、有了可依循的"式"、有了可操作的"法"。氛围式阅读任务依照其学习功能，可以分为"过关型任务""拓展型任务""挑战型任务"和"探究型任务"。

"过关型任务"旨在引导学生关注阅读文本的本体性学科知识，指向提取信息、综合推断等较为基础方面的阅读能力和阅读任务。如《童年》的阅读任务"阅读连线"即是一种"过关型任务"。让我们看看任务中的一个学习活动吧：

［多选］在阿廖沙眼中，外祖母是他一生的朋友，是他最亲近、最珍贵的人。结合小说内容说说，外祖母喜欢（　　　）。

　　A. 讲故事　　B. 唱民歌　　C. 吸鼻烟　　D. 穿黑衣

活动的设计目的除了了解学生的阅读进度和精度外，还尝试通过学习活动，帮助学生在脑海中勾勒外祖母的外貌特征，帮助学生更顺畅地运用图像化策略，一边阅读一边想象画面，让外祖母的人物形象在学生的脑海中生动丰盈起来。

"拓展型任务"旨在引导学生不仅要关注阅读文本，更要连接课堂内外,将阅读的世界拓展到现实世界,从而丰富语言文字运用的范围和适用性。如《童年》的阅读任务"巡回画廊"即是一种"拓展型任务"。分享任务中的一个学习活动——《苦难的生活》:

  同学们,100多年前的俄罗斯正是沙皇统治的最后时期。当时的俄国政治混乱黑暗,人民生活艰难。有一个画家组织,自称"巡回画派",他们主张艺术应该为普通人服务,艺术应该是描绘人民心中的理想和渴望,画作应该是以写实的笔触表现了人民艰难的生活。画派中的许多画家,以直观朴质的方式表现人民的生活,表现了美丽的俄罗斯。列宾、列维坦、麦考夫斯基兄弟是画派的中坚力量,其中伊里亚·列宾最负盛名。……小伙伴们,听完了《伏尔加河上的纤夫》背后的故事后,请继续欣赏巡回画派画家弗拉基米尔·麦考夫斯基的《打拐子游戏》,并和伙伴们分享你看到的画面,说说你了解到的沙俄时期人民生活是怎么样的。

  活动的设计目的一方面向学生展示100多年前沙俄时期纤夫的真实生活,建立其感性认识,将其认识范畴从文本阅读拓展到油画欣赏;另一方面让学生从另一个侧面了解外祖父的成长经历,从而使其能多角度地理解人物,将人物评价从点和面拓展到立体多元。

  "挑战型任务"旨在激发学生的思维,使其产生学习的动力。挑战型任务是一种高水平认知需求的学科任务,一般具有思维难度上的挑战性,思维路径上的开放性和所运用知识能力、思维方式、学科图式上的综合性。如《童年》的阅读任务"辩论会堂"即是一种"挑战型任务"。展示任务中的一次学习活动——辩论:

  外祖母/外祖父谁对阿廖沙的成长影响更大。

  要在辩论场上取得胜利,学生必须经历数道思维上的挑战:第一,理解层面——《童年》中,沙俄末期是一个什么样的社会?在这样的社会中成长需要什么样的力量?谁能提供这些力量?外祖母和外祖父分别给予了阿廖沙怎样的成长影响?谁的影响对阿廖沙的成长起主导作用?

阿廖沙最终成长为了什么样的人？第二，立论层面——我方观点是什么？我方观点应该从哪几方面进行论述？《童年》中有什么材料可以支撑我方观点？《童年》外还有什么材料可以支撑我方观点？我方辩手应该怎样分工，怎么配合？第三，驳论层面——对方观点是什么？预计对方观点可以从哪几方面进行论述？《童年》和生活中，有什么材料可以支撑对方观点？我们应该从哪些方面进行攻讦？预计对方会从哪些方面进行攻讦？我方应该如何应对？可见，挑战型任务是挑战性、开放性、综合性的统一。其不仅能很好地使学生夯实语文学科知识，整合阅读材料，链接现实生活；还能促进学生思维能力、实践能力、探究能力和交往能力的综合提升。

"探究型任务"旨在引导学生运用已有知识技能和学科思维，解决生活和学习中的问题，通过资料搜索、资源整理、观察分析、猜想测试等方式获得问题解决的思路和方法，实现问题的解决。如果说"挑战型任务"有一个明确的任务目的——获得胜利或者正确解题的话，那么"探究型任务"则更强调向着未知边疆进行探索，指向对事物规律的探究；甚至可以说"探究型任务"没有明确的目的，更关注探索的过程。如《童年》的阅读任务"畅想人物未来"即是一种"探究型任务"。活动要求是这样的：

阿廖沙未来可能会成长为怎样的人？大胆展开想象，用关键词的方式来介绍阿廖沙的未来吧！

让我们列举任务中的学生分享——"革命斗士阿廖沙"，阿廖沙虽然成长于黑暗的沙俄时期，但他既得到了来自外祖母、"好事儿"、小茨冈等的正面力量，激活了潜藏于他内心的向上向善的力量，使他成长为一个为民族为国家而奋斗的理想者；又得到了来自外祖父、舅舅们、彼得大叔等的负面力量，锻炼出他内心和体格上的坚忍顽强，让他不仅有理想、有信仰，更有追求信仰、实现理想智慧的大脑和强健的体格，使他最终成长为"革命斗士阿廖沙"。"不幸夭折阿廖沙"：阿廖沙成长的沙俄社会过于黑暗，身为中产染坊主、行业会长的外祖父最终沦为乞丐；身负长技、性格善良、人缘极好、勇敢智慧的外祖母不得不成为女仆；更不要说格里高利大叔、小茨冈、"好事儿"、彼得大叔等一大批小人物了，几乎没有好下场。那么柔弱的阿廖沙凭什么能在黑暗的社会里自保呢？他大概率是不幸夭折。可见，"畅想人物未来"这种"探究型任务"，不是简单、机械、被动地让学生接收文本信息，而是引导学生积极、主动地选择、整合、完善、综合、分享、反馈各种来自文本的、课堂的、生活的信息，进行知识结构的调适、能力体系的建构和素养系统的持续完善。

综上，连续多个由"过关型任务""拓展型任务""挑战型任务"和"探究型任务"次第串联、组合而成的氛围式阅读任务链，既能指向文本内容，发展学生的语言文字理解和表达能力，又能聚焦语文学科的概念性理解，综合发展学生的语文素养，使其形成积极向善的价值取向。

3. 形成组织保障，促进合作学习

学习不只是对客观事物建立认知的过程，同时它也具有很强的社交属性。学生会在教师的讲解与伙伴的合作中，不断构建、完善自己的认知体系。诸如批判性思维、创造性思维等高阶心理过程，也都是在合作交往、分享讨论中得到发展的。比起独自一人学习，从合作交往中习得的知识更稳固，学习状态也更持久。诚所谓：独行快，众行远。所以，《义务教育语文课程标准（2022年版）》明确提出"积极倡导自主、合作、探究的学习方式"，通过推行语文学习任务群落实"自主、合作、探究的学习方式"。

有效的合作学习建立在五个要素之上。一是有效的互动交流，成员间的语言、神态、肢体语言都是交流信息的重要媒介；二是积极的情感联系，成员间需要彼此理解、支持和相互帮助；三是主动承担职责，成员有明晰的角色、任务和责任，体现各自的作用与价值；四是合作的能力，成员能够在团队里全程全员参与，提供建设性意见，综合各方信息，取得共识，监控进度等；五是自我评价，评估合作成果，优化合作方式，提升合作效率。每一项合作要素的培养都需在合作交往中发展，正如只有在水里，才可能学会游泳一样。嵌入式课外阅读课程的阅读任务都在促进学生合作交往，任务的挑战属性、探究属性为的是激发学生的社交属性，只有通过合作，才能完成任务，获得成功，赢得胜利。例如小说《童年》的阅读任务"辩论会堂"。任务必要需要四位辩手通力合作，各司其职——资料的收集与整理，论点的理解与分析，论据的选择与排列，论证方法的呈现与表达，赛前的分工，赛时的配合，赛后的复盘，都促进着团队成员合作素养的发展。再比如阅读任务"阅读教室"。任务是通过教师与学生的对话交流，让学生渐渐了解环境描写之于小说的意义；通过学生与学生的分享讨论，了解到俄罗斯自然环境的苍茫、沙俄时期社会环境的黑暗；然后积累自己最欣赏的环境描写语段，对其进行临摹誊抄，在班级中分享自己的收获和感悟，分享自己的仿写作品。

综上，氛围式阅读任务必将通过任务设计，营造团队出谋划策、合作交流、相互调适、分享讨论、共同迎接挑战、共同闯过难关的合作氛围，让学生在合作中学会合作，在任务中进行深度阅读。

二、氛围式任务的开发策略

氛围式阅读任务的设计有着怎样的方法和策略呢？任务设计的过程要从两个方面进行规划——首先依据生活化情境，设置统摄性的氛围式主任务；接着依据氛围式主任务，构建细化环环相扣、前后勾连的阅读任务链。

1. 依据生活化情境，设置氛围式主任务

依据单元主题创设指向学生现实生活的情境——

在阅读成长小说的过程中，一起看他人成长的经历，获得成长的启迪；分享自己成长的困惑，讨论解决的对策，寻找成长的答案吧！

研究团队创设了氛围式阅读主任务——

常理说真理越辩越明，让我们来到百家争鸣的"辩论会堂"，在一场场的辩论中，各抒己见，碰撞观点，相互补充，共同进步；让我们在阅读与思考中获得启迪，在分享和争鸣中收获成长吧！

辩论分为两场，第一场的辩题是：外祖母/外祖父谁对阿廖沙成长的影响更大。第二场的辩题是：顺境/逆境哪个更利于青少年成长。

面对这样能激发学生阅读兴趣，促进学生合作交流的氛围式主任务——辩论会堂辩成长，我们应该在哪个时间节点出示任务呢？在这之前，又应该构建哪些阅读活动作为学习支架呢？

2. 依据氛围式主任务，设计阅读任务链

主任务应该在什么时间节点出示呢？小说《童年》的阅读课程不同于其他年级的课程，不会在一开始就布置主任务，而是随着阅读的逐渐深入，随着活动的逐步开展，才展示一个个阅读任务。因为在教学实践中，研究团队发现，《童年》这本小说对学生而言是有一定阅读难度的，一开始布置太多的阅读任务，不仅不能激发学生的兴趣，反而会适得其反，把学生吓着了，所以研究团队根据学情对活动次序作出了整体规划。在导读活动《从俄罗斯人的长名字谈起》和推进活动（一）时，学生主要是按照共读计划进行阅读，并进行"阅读连线"和"人物广角镜"两项阅读任务。到推进活动（二）和（三）的时候，阅读上了轨道，任务就开始转向，进行"环境显微镜"和"高尔基和他的战友们"两项阅读任务，着重引导学生的思考、讨论和实践，适时适度地把阅读引向纵深发展。在所有铺垫完成之后，才最终呈现"辩论会堂辩成长"这一氛围式阅读主任务。

怎样为辩论会这个大任务搭建教学支架呢？为了让学生在最后的辩论活动中能够辩得精彩、辩出水平，研究团队创设了三组任务支架。

第一组任务支架指向人物形象的把握、小说主题的感悟。对应的课程设计是推进活动"人物广角镜",以及《学生共读手册》中一共6章的阅读练习,共10道的思维图示练习。阅读活动和阅读练习都能从不同的侧面帮助学生感悟人物形象,明晰小说主旨,为主任务"辩论会堂"提供论据上的支撑。《学生共读手册》中阅读练习的题型主要是连线、判断、选择和绘制思维图式,简洁的题型能减轻学生和教师的负担,思维性的练习为的是激发学生对人物关系的梳理、人物形象的感悟。图5-4-1所示的选择题则从侧面告诉学生,阿廖沙的妈妈是一位个性独立、追求自由的新女性形象,母亲明显区别于外祖母那贤妻良母型的传统妇女形象。

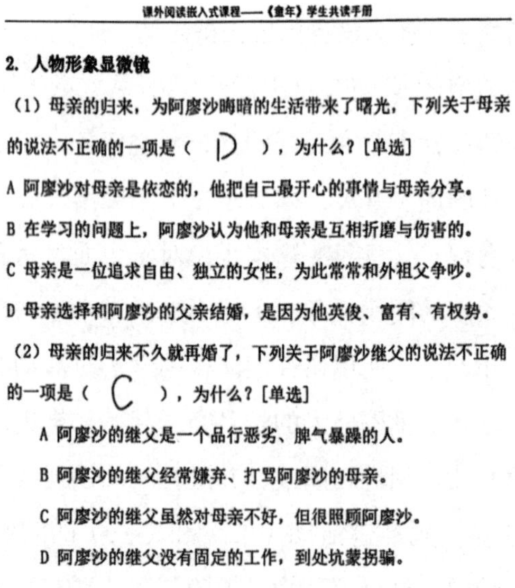

课外阅读嵌入式课程——《童年》学生共读手册

2. 人物形象显微镜

(1)母亲的归来,为阿廖沙晦暗的生活带来了曙光,下列关于母亲的说法不正确的一项是(D),为什么?[单选]
A 阿廖沙对母亲是依恋的,他把自己最开心的事情与母亲分享。
B 在学习的问题上,阿廖沙认为他和母亲是互相折磨与伤害的。
C 母亲是一位追求自由、独立的女性,为此常常和外祖父争吵。
D 母亲选择和阿廖沙的父亲结婚,是因为他英俊、富有、有权势。

(2)母亲的归来不久就再婚了,下列关于阿廖沙继父的说法不正确的一项是(C),为什么?[单选]
A 阿廖沙的继父是一个品行恶劣、脾气暴躁的人。
B 阿廖沙的继父经常嫌弃、打骂阿廖沙的母亲。
C 阿廖沙的继父虽然对母亲不好,但很照顾阿廖沙。
D 阿廖沙的继父没有固定的工作,到处坑蒙拐骗。

图5-4-1 《童年·学生共读手册》阅读活动(1)

再如图5-4-2所示的思维练习,着重锻炼学生思维的全面性和灵活性,让学生习惯从不同的角度思考问题。泡泡中的题目注重引导学生用简练的话表达自己的观点。用简明扼要的语言表达观点,不仅辩论中需要,在生活中也很有用处。

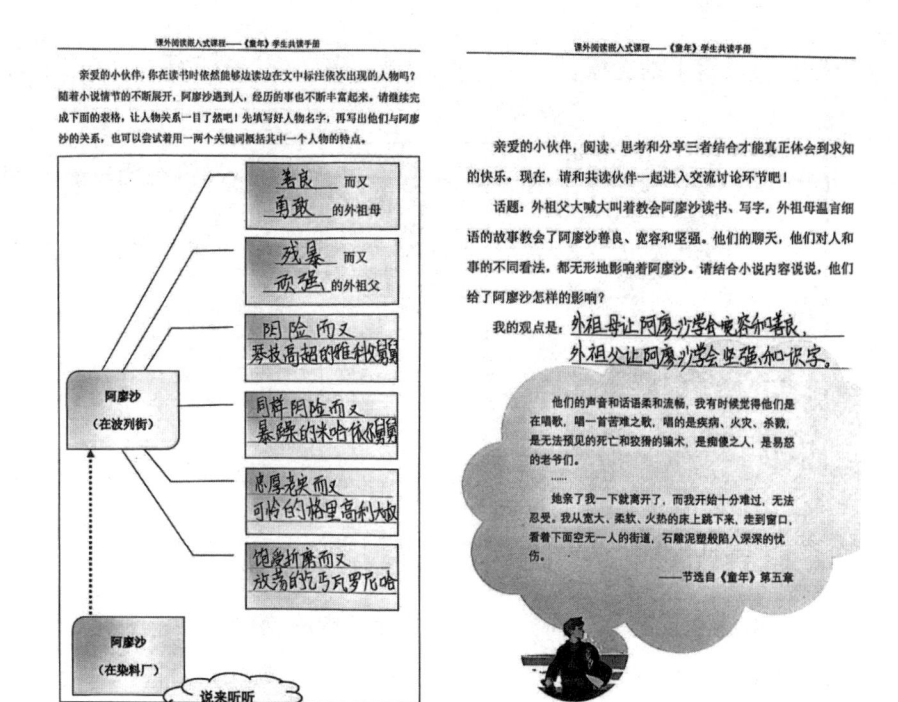

图5-4-2 《童年·学生共读手册》阅读活动（2）

第二组任务支架指向环境描写的认知、精彩句段的积累。研究团队安排了"环境显微镜""高尔基和他的战友们"两次推进活动，以及《学生共读手册》4则时空对话。时空对话指的是小读者和作者高尔基通过小说《童年》进行的对话。在《学生共读手册》的引导下，同学们将感受作者精彩的环境描写、细致的人物刻画，以及富含人生哲理的抒情议论。任务引导学生在阅读欣赏、朗读感悟的基础上，誊写自己的书法作品，内化语言，积累语言。

让我们一起看看同学们的感受吧！正如各位所看到的，即使选择的是同一幅插图，有的同学选择摘录和点评环境描写的句子，有些同学选择积累和感悟哲理深刻的句子。他们所撰写的点评也是根据自身对文本的不同感悟，而形成不同的言语表达（图5-4-3）。可见，第二组任务支架主要是帮助学生构建自己的知识系统和语言体系，为之后的"辩论会堂"提供语言上的支撑。

图5-4-3 《童年·学生共读手册》阅读活动（3）

第三组任务支架是指向异域文化感受和国际视野拓展。为此，设计团队安排了四堂教学微课——《俄罗斯、伏尔加河和高尔基》《伏尔加河上的纤夫》《伏尔加河畔的风光》《希望与新生》，任务支架也结合着《学生共读手册》安排了5次巡回画廊介绍——"伏尔加河与高尔基""苦难的生活""快乐的聚会""俄罗斯的自然风光""希望与新生"，以及5则俄罗斯冷知识——"为什么俄罗斯名字很长，也常常重复""为什么伏尔加河被称为俄罗斯的母亲河""为什么外祖父会遇上法国军官""为什么俄国的国土面积那么大""有趣的俄罗斯习俗与传说"。在这一组任务支架的最后，是"印象俄罗斯"的小组展示活动。各小组根据共读伙伴的兴趣爱好，收集整理了关于俄罗斯的信息，制作成PPT，向同学展示自己眼中的俄罗斯。有意思的是，男生的目光大多集中在俄罗斯人战斗民族这一特点上，介绍的多是与军事相关——有的介绍了2022年俄乌冲突，有的聚焦第二次世界大战中希特勒入侵苏联的苏德战争。女同学更多关注俄罗斯的艺术与文化——有的介绍俄罗斯音乐，如《喀秋莎》以及柴可夫斯基，有的介绍了俄罗斯文学，如俄罗斯文学之父普希金和世界三大短篇小说家之一的契科夫。

一共三组的任务支架帮助学生提炼了辩论时所需要的论点，积累了能支撑论点的论据，习得了有次序、有逻辑地运用论据证明论点的论证方法，更拓展了同学们的文化感受和国际视野，潜移默化地建立了学生的文化自信，提升了其国际认知水平。经过了近两周的小说阅读之后，教师才最终发布单元阅读大任务——辩论会堂辩成长。

嵌入式课外阅读课程的阅读任务有个明显的特点——可组合性。依据研究团队编写的《学生共读手册》和《教师指导手册》，一线教师可以组织16次的课堂活动，陪伴学生完成《童年》的阅读，也可以只组织其中的4~6次活动。一线教师可以根据真实学情和课程实施情况，适时增加、减少、调整、拓展课堂活动，组合成适宜的阅读任务。只要能借助氛围式阅读任务，陪伴学生一起把书读完，一起把书读懂，任务的目标就达到了。无论是完整地组织16次课堂活动，抑或是只实施其中的一部分，《童年》阅读课程都是依据前文所述的三组任务支架——指向人物形象的把握、小说主题的感悟；指向环境描写的认知、精彩片段的积累；指向异域文化感受和国际视野拓展——安排教学实施的。三组支架的搭建，为的是帮助每一个学生读懂小说《童年》，使他们获得精神成长。

综上所述，确立"怎样欣赏成长小说"氛围式阅读任务安排，具体如下：

【主任务】在成长的路途上，我们总有着各种各样的疑问——为什么我会出生在这样的家庭，而不是更美好、更优秀的家庭？为什么我用心提出的观点，大家却激烈地反对，甚至报以嘲笑？为什么我总是倒霉，总是遇上逆境，每件事情都不顺利，每个人都不友好？为什么……我们的心里总有太多的为什么，而答案又太少太遥远。有人说真理越辩越明，朋友，让我们走进"辩论会堂"，让一场场的辩论帮助我们解答这些成长的问题吧！

辩论第一场。正方观点：外祖母对阿廖沙成长的影响更大。反方观点：外祖父对阿廖沙成长的影响更大。

辩论第二场。正方观点：顺境更利于青少年成长。反方观点：逆境更利于青少年成长。

【任务一】导读活动"从俄罗斯人的长名字谈起"——这是一本磨脑子的书，让我们一起迎接挑战吧！

环节一：观看微课《俄罗斯、伏尔加河和高尔基》，交流分享高尔基的资料，逐步丰富小说的知识背景。

环节二：绕口令游戏；结合《学生共读手册》了解俄罗斯名字背后的意义。一方面继续拓宽学生的文化视野，另一方面也帮助学生扫除阅读障碍。

环节三：组成共读小组，结合"学生共读手册"制订共读计划，为阅读推进提供组织保障。

【任务二】推进活动（一）"人物广角镜"——从不同阅读角度，深化人物理解。

环节一：根据句段线索猜人物，回顾感知人物的方法，加深对小说主要人物的理解。

环节二：结合《学生共读手册》评价练习，完成人物关系网的绘制，继续加深对角色形象及人物间关系的理解。

环节三：观看微课《伏尔加河上的纤夫》，从社会环境的角度进一步理解人物形象，特别是立体地发展性地对外祖父进行评价，为"辩论会堂"做好论据上的准备。

【任务三】推进活动（二）"环境显微镜"——比较、探讨小说自然环境和社会环境的表达效果。

环节一：观微课《伏尔加河畔的风光》，感受小说《童年》的自然环境描写，探讨其表达效果，进一步感受苍茫孤寂、辽阔严酷的自然环境对俄罗斯民族性格形成的作用。

环节二：剪刀锤子布游戏（一）：以集体互动比赛的形式，辨析和感受小说的社会环境描写；探讨社会环境描写对小说主题、气氛烘托、情节推动、人物刻画的表达效果。

环节三：为小说插图配文，并书写自己的理解感受，以积累优秀语言。

【任务四】推进活动（三）"高尔基和他的战友们"——探讨作者的创作目的，发现小说社会环境描写中蕴含的向上向善的力量

环节一：为沙俄社会配上颜色，并阐述配色的理由；同时，小组合作回顾小说情节和人物，进一步感受沙俄末期黑暗的社会环境。

环节二：观看微课《希望与新生》，集体讨论：高尔基为什么要描写这黑暗腐朽的社会呢？感受社会中的善良闪光、新生力量，感受高尔基和他的战友们尝试用文学、用绘画、用音乐唤醒俄罗斯人民，激发人民的革命理想和斗争热情。

环节三：结合小组整理的资料，再次分享高尔基和战友们的故事，感受被黑暗社会所压抑的光明力量。

【任务五】分享活动"辩论会堂辩成长"——语言实践中，把阅读与思考内化为自身成长的营养，提供成长的力量

环节一："书画展厅"分享任务——分享每一位同学的语言积累成果。

环节二：剪刀锤子布游戏（二）：辩论规则知识竞赛。

环节三："辩论会堂辩成长"辩论任务——正方：外祖母对阿廖沙成长的影响更大；反方：外祖父对阿廖沙成长的影响更大。

第六章

嵌入式课外阅读课程的活动设计

嵌入式课外阅读课程围绕"有趣、有伴、有序、有料、有质、有度"六个指标设计有效活动，将导读、共读、推进、读写、分享、拓展等阅读活动，嵌入课内外阅读教学的实施过程中。在有效活动的陪伴下，学生的学习方式得以转变：与伙伴一起，围绕任务进行头脑风暴，寻求路径解决问题，主动建构知识体系，培养阅读素养。新鲜有趣的活动形式、扎实有料的活动内容、井然有度的活动序列、协同有伴的活动过程，让阅读进阶的过程充满了乐趣、挑战、荣誉和友情，为阅读进阶提供了情感保障。

第一节 导读活动"有趣"：
趣味唤醒阅读动力

嵌入式课外阅读的导读活动目标指向是通过开展活动，带领学生走进阅读的世界，其定位在于激发学生阅读的兴趣，帮助学生快速走进文本内容。

导读活动的目的主要有两点：一是激发学生阅读兴趣；二是传授学生阅读方法。整本书导读的起始尤为关键，因为学生还没有开启阅读，导读活动是否能够吸引学生进一步阅读，是否能够传递一些阅读策略方法，为后续的阅读汇报分享做充分的准备，都是导读活动设计需要重点关注的内容。

一、活动内涵意蕴

1. 目标引航，让阅读有方向

叶圣陶曾经说过："教师当然须教，而尤宜致于'导'。"对于中年段小学生，陌生状态下的阅读是一项艰难的学习任务。学生在没有激发兴趣前，容易停留在查看图画、注重情节，不易读到书中最有趣、最让人感动的地方，也就无法将文字的描述转化为更直观的感性认知。教师如果放任自流，让学生漫无目的地翻阅书本，进行"放养式"阅读，不仅无法让学生汲取书本的养分，反而会让学生在阅读中走弯路。导读活动课中，教师要有目的地激发学生的阅读热情，有目的地引导学生阅读，指导学生以"任务单"驱动阅读。如此以目标引航，才能使阅读有方向。

2. 策略助读，让阅读有质量

小学生课外阅读致力于发展学生的阅读技能，培养学生终身阅读的能力。阅读导读活动中，教师巧妙地将阅读策略的引导隐含其中，并且在后面的章节阅读或小主题探讨中反复涉及，达到回环往复，最终学生在习得阅读策略的同时，认知和理解能力也得到提升，从而使故事能够穿越生命，达到育人目的。

3. 整体规划，让阅读有章法

由于小学生的年龄特点，阅读带有很大的随意性和盲目性，往往有什么书就看什么书，看一本是一本，阅读内容、阅读时间、阅读空间均没有规划，是没有计划的阅读，直接导致了阅读的无效性。导读活动中，教师要带领着学生自主制订阅读计划，包括要阅读的书籍、阅读时间的安排、计划完成的读书单、伙伴相互督促到位等。按照计划进行整本书阅读，对学生的阅读给予科学指导，使学生的课外阅读更有目的性和针对性。共读活动中不定期组织学生对照阅读计划盘点自己读书的情况，使阅读有章法。

二、活动设计策略

何为"导读"？"导"，指因势利导，是教师作为引领者，根据学生学情之"势"，引导学生阅读的行为。"读"是作为课堂主体的学生在教师的引导下进行的阅读实践。具体在活动时要怎么设计呢？下面笔者以统编教材四年级"快乐读书吧"课外阅读课程为例，谈谈具体的实施策略。

1. 导趣，窥视阅读之窗

兴趣是阅读的起点，导读课最重要的目标——"导兴趣"，即激发孩子阅读的兴趣与欲望，这是衡量一节导读课成功与否的关键。根据作品特点的不同，导趣有不同的着眼点，游戏导入、封面目录、情节内容、人物形象、悬念设置、预测激趣、语言风格等，都是引发兴趣的点。下面列举几个兴趣点加以说明。

游戏导入激趣：《十万个为什么》导读课伊始，便以"一站到底"的游戏进行阅读前的预热。《中国神话传说》的导读课则以游戏竞猜唤起学生的阅读期待。在游戏中孩子们兴趣高涨，一下子就拉近了与书的距离，激发了学生探索的欲望，唤起了学生对阅读的期待，一起开启探秘之旅。

封面目录激趣：此做法是比较常见的导入方法，每一本图书的封面信息量还是不少的：书名、作者国籍、译者、图作者、出版社、封面插图等。此外，引导学生浏览目录，有助于学生窥视本书全貌，明白板块结构，了解编排特点。

悬念设置激趣：小学生具有先入为主的概念。很多时候，在课外阅读导读中，如果问题无法第一时间抓住他们的眼球，那么，导读课的功能将大打折扣。因此，教师要善于在导读课上抛下诱饵，通过阅读悬念设置，吸引学生进入文本找寻宝藏。

比如在《十万个为什么》导读活动中，授课教师引导学生阅读文段"纸成了大赢家"后引进了造纸视频资源，让学生直观地了解造纸的过程，然后话题一转：除了造纸，米·伊林在这本书里讲了不少有趣的实验过程，你们想知道有哪些小实验吗？希望一睹为快吗？想尝试着自己动手做一做吗？书里还有更多精彩等着你去发现哦。诱饵抛下，只需等学生走进书本的世界了。

语言风格激趣：毋庸置疑，风趣幽默的语言特别能激发起读者的阅读兴趣，尤其是对于中年段的小学生而言，他们往往首先通过精彩的语言、扣人心弦的情节走进本书。导读活动课中，可以选取精彩片段先让学生"浅尝即止"，激发学生继续阅读的欲望。而面对整本书，如何在一节课的时间里，让学生了解更多的书本信息，如何让学生体会到阅读的乐趣，产生阅读兴趣，让他们箭在弦上、蓄势待发呢？教学材料的取舍就显得尤为重要了。《十万个为什么》导读活动课中将书籍原文与"百度知道"的文本进行对比，出示不同版本引导学生了解推荐书目的特点。让学生先睹为快的片段，语言幽默风趣，一下子就走进了学生的心，拉近了学生和书本的距离（见图6-1-1）。

| 为什么奶酪存放很久都不会变质？

奶酪存放很久也不会变质，这是因为奶酪有一层外皮，它能确保奶酪不变干，并防止有害细菌入侵。

据说，瑞士有这样一种习俗：孩子出生的当天，家人要做一个奶酪，并在奶酪上写下新生儿的名字和出生年月日。

每逢重要日子，瑞士人总要把这块奶酪摆到桌上。它伴随主人终生，从摇篮到坟墓。临终前，奶酪的主人把它传给自己的后代。

很多瑞士报纸上都报道过一块"高龄"奶酪，它已经满一百二十岁了。不久前，人们切开了它，并吃掉了这块"爷爷辈"的奶酪。据说，它的味道还很好。 | 为什么奶酪存放很久都不会变质？

奶酪中没有太多的水分，不会被细菌侵染，细菌不易存活。而且奶酪表面有一层氧化层能防止内部氧化变质。

有一种白霉奶酪，其表皮覆盖着白色的真菌绒毛，食用时可以保持表皮的霉菌。

——百度知道 |

图6-1-1　奶酪久放不变质的原因

在导读活动中，无论运用哪一种导趣着眼点，均应该依据读本的兴趣点、学生的兴奋点，设计简单而有趣的阅读活动。切不可为所谓的"广度""深度"，让孩子觉得阅读这本书难度重重而心生畏惧，失去阅读的兴趣。

2. 导法，敲开阅读之门

课外阅读课程需关注学生阅读策略的习得、阅读品位的提升，课程应该为学生提供一个阅读策略得以巩固、延伸的空间。因此，导读活动课需要引导学生紧扣从课文中习得的阅读策略，走进课外阅读。

嵌入式课外阅读课程主要特征之一便是体现序列化。四年级为中年段向高年段过渡的时期，在小学阶段具有承前启后的重要地位，如何在阅读导读中凸显序列，符合小学中年段的学情，使学生既不延后又不拔高，习得阅读策略，提升阅读能力，为高年段的阅读打下良好的基础呢？

笔者对一至六年级统编教材进行了研读，发现"快乐读书吧"均围绕"激发阅读兴趣、培养阅读习惯、初步习得方法、乐于分享成果"展开，且每学期的要求各有侧重，阅读策略延伸呈现出一个梯度螺旋上升状态（见表6-1-1）。

表6-1-1 "快乐读书吧"一至六年级推荐阅读内容、阅读要求及阅读策略

年级		内容	书目类别	阅读习惯/方法	策略延伸
一年级	上册	可使用《和大人一起读》	童谣、儿歌	1. 主动阅读，借助图画和拼音阅读； 2. 学会分享，交换图书。	—
	下册	可使用《读读童谣和儿歌》			
二年级	上册	《孤独的小螃蟹》《小狗的小房子》《"歪脑袋"木头桩》《小鲤鱼跳龙门》《一只想飞的猫》	儿童文学	1. 注意看封面的书名和作者，爱护图书； 2. 学会看目录。	
	下册	《一起长大的玩具》《神笔马良》《七色花》《愿望的实现》			
三年级	上册	童话故事	童话、寓言	1. 想象； 2. 把自己代入故事； 3. 联系生活经验。	预测
	下册	寓言故事			
四年级	上册	神话故事	神话、科普文	1. 想象； 2. 用学过的方法理解科学术语； 3. 学会进一步质疑和探索。	提问
	下册	科普作品			
五年级	上册	民间故事	民间故事、古典章回体小说	1. 了解故事结局的意义； 2. 了解章回体的特点，学会看回目。	提高阅读的速度
	下册	中国古代四大名著			
六年级	上册	长篇小说《童年》《小英雄雨来》《爱的教育》	成长小说	1. 用较快的速度阅读长篇小说； 2. 带着目的阅读，让书中的智慧指导自己的现实生活。	有目的地阅读
	下册	世界名著《鲁滨逊漂流记》《骑鹅旅行记》《爱丽丝漫游奇境》《汤姆·索亚历险记》			

继"预测"后,四年级对应的阅读策略是"提问"。围绕着"提问策略",统编教材安排了相关的学习单元:四年级上册安排了"提问策略"单元,让学生学习"尝试提问""学会从多个角度提问"及"筛选并尝试解决最有价值的问题"。下册引导学生"提出不懂的问题,并试着解决",两处"提问策略"能力点呈梯度上升,从"学会提问"到"提问后尝试解决"。

在导读活动课中,需要给学生提供阅读支架,比如引导学生回顾习得的阅读方法,带着方法走进阅读,保证阅读的质量。教师在《中国神话传说》的导读课中,充分运用了提问策略引发阅读期待,并且指引学生带着问题进行阅读。在教学片段中,教师指导学生紧扣目录提出问题,紧接着在课堂上留白,腾出时间让学生带着问题走进文本阅读,激发起学生的阅读期待。而《十万个为什么》中的目录就是一份问题清单,让学生直面最感兴趣的问题,直截了当。如此反复训练,学生自然而然能习得阅读策略,提升阅读品质。随着提问策略的引导,在后续的推荐活动、分享活动中,引导学生关注问题的质量,进一步把提问策略落在实处。

此外,可以引导学生结合"快乐读书吧"和本书中提供的阅读方法走进阅读。比如**预测**:看到标题,可以猜测正文的内容;看到开头,猜测下文内容;根据前文,猜测下文内容。预测是否准确,可从阅读文本得知。预测文本的发展能帮助学生投入阅读,有利于学生读思结合,提高阅读兴趣,更有助于锻炼阅读者的创造力。

批注:批注是整本书阅读常用的策略,具体方法有提出问题、抒发阅读感受、点评写法、做阅读卡片等。在具体实践时,我们可以从教材出发进行读法迁移,引导学生边读边批注。

想象:小学生的想象力丰富,教师在导读活动中要注意引导,拓展学生的想象思维空间,帮助学生找到与文本对话的方式方法。阅读策略让学生阅读有抓手,从而顺利走进阅读。

3. 导读，开启阅读之旅

"快乐读书吧"要真正落地，体现其层次性和序列性，就需要全面布局、整体规划。阅读计划的指导是导读课的核心环节，教师要围绕"如何读整本书"对学生予以方向的指引，确保学生在阅读过程中以正确的方式阅读整本书。一是阅读时间的合理安排。教师需要根据本书的篇幅来合理安排阅读进度。二是阅读任务的合理安排。三是根据书的不同类型，鼓励学生制订自主性阅读计划。在《中国神话传说》的导读课中，教师就如何制订阅读计划制作了一堂微课，并且给学生提供了一个阅读计划表格范例，清晰了然地让学生掌握如何定计划，明确何为"自主性"（见图6-1-2）。学生掌握了主动权，阅读的兴趣也随之而来。

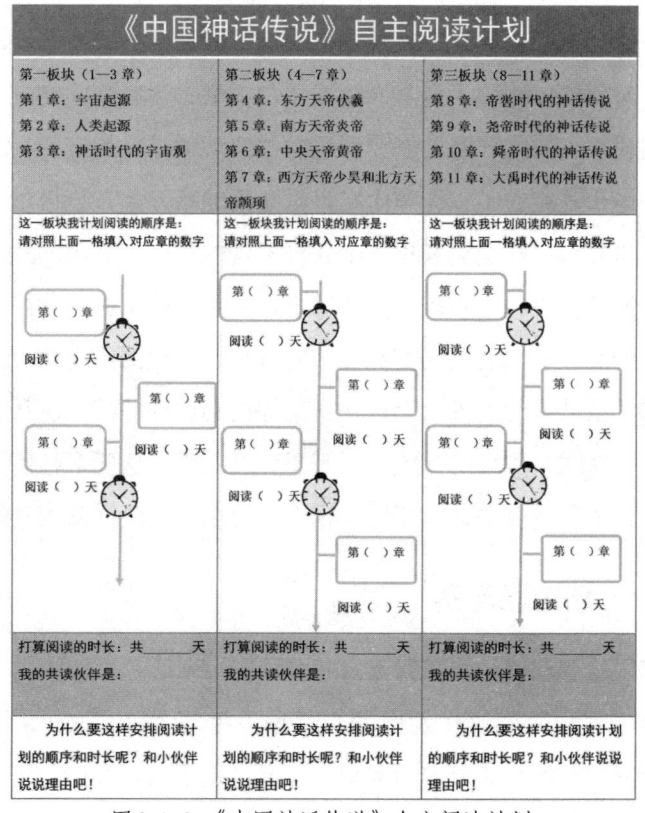

图6-1-2 《中国神话传说》自主阅读计划

第二节 共读活动"有伴"：
依托阅读共同成长

"共读"理念源于20世纪60年代新西兰著名教育家Don Holdway提倡的"分享阅读"。"共读"就是创造大家共同拥有的语言和密码，在约定的一段时间内，相关人员共同阅读同一本书，读后共同交流、共同分享、共同成长。嵌入式课外阅读课程的共读活动是在约定的一段时间内（一周到一个月左右），让学生在自主阅读的基础上，积极参与小组合作、集体探究，并在交流和思辨中获得发现的快乐。共读的意义在于学生阅读时遇到障碍，会在同伴的帮助下，坚定地读下去。共读活动强调"有伴"的属性，通过共同交流、共同分享，深化阅读理解，实现共同成长。共读活动着力体现三个统一：从课内到课外的统一，从学校到家庭的统一，从线上到线下的统一。基于交互共生，构建最佳阅读生态，让童年阅读留下最美的共读印迹，积极推动全民阅读活动的开展。

一、活动内涵意蕴

1. 开展主题阅读，加强阅读方向引导

阅读的目的是感悟作者作品、提升读者文化理解力与认同感。所以，阅读后的交流就有着非常重要的意义。由于阅读经验、人生阅历等原因，学生初读过程中所获得的体验自然有宝贵的价值，但也会有不当之处。共读活动通过主题阅读的开展，教师积极介入助读，尊重学生的阅读初感，通过有效"点拨"和"点化"，使学生形成"观山则情满于山，观海则意蕴于海"的阅读心境，领略语言文字的魅力，将阅读的主题步步深化、文化理解力层层提高。这样的共读活动有着明确的目的性、引领性和计划性，规避了网络资源丰富广泛却质量参差不齐的弊端。共读中要对学生的网络阅读进行合理的规范和节制，避免学生在阅读中顾此失彼、方向不正确等问题。

2. 引导伙伴共读，提升学生阅读能力

开展伙伴共读活动，把阅读兴趣与爱好相同的学生组成一个小组，组织者根据阅读计划选择一本（一组或数本）作品，通过线下与线上相结合的方式开展阅读活动。学生利用社区留言、跟帖等方式，发表自己的见解与感悟，或与他人就观点与建议进行磋商，或在网络社交平台书写自己的阅读心得，通过线上交流与讨论，实现民主、多元的对话，提升学生阅读的深度与广度。

3. 依托阅读社区，构建学生阅读共同体

学生成长对阅读的需要与实际阅读效益低下的矛盾，是多年语文教学改革的首要出发点。解决这一问题，需要一个学生喜欢的阅读平台和丰富的阅读资源，而网络阅读社区恰好具备了这两个条件。建立网络阅读社区，将学生阅读与互联网紧密结合，走"互联网+阅读"之路，为学生搭建一个资源丰富、吸引力强、自由开放、易于交流的阅读（甚至是终身阅读）平台。这样，就可以把阅读教学由课内向课外延伸，由单本向群文拓展，由被动阅读向主动阅读发展，让学生通过线上线下阅读、线上随时交流的方式，提高阅读效率，拓展阅读的深度和广度，从而达到激发学生阅读兴趣、增强学生阅读意识、培养学生阅读品质、开发学生审辨思维、快速全面提升学生语文素养的目的。

二、活动设计策略

1. 基于阅读实践，让共读的开展动起来

受新媒介的影响，学生阅读浅表化的问题较为突出，学生阅读内容碎片化、阅读方式浏览化，弱化了学生思维能力的发展。基于阅读实践的共读活动是改善学生阅读浅表化状况，提高课外阅读活动质量的有效途径之一。设计多种驱动性任务，为学生持续阅读提供动力。多元评价，回顾总结阅读收获，激励学生保持阅读习惯。

读来想想。共读的过程如果没有思考，就只是停留在表面。嵌入式课外阅读课程更需要"读来想想"，以切身经验对意义形成新的建构。这就意味着共读过程中父母要有父母的理解，孩子有孩子的想法，教师有教师的思考，要让不同的阅读思维互相碰撞、互相激励、互相促进，提升思维层次。

说来听听。"说来听听"是一种无压力的交流，旨在让每个参与者的想法近距离地碰撞。亲子之间、同伴之间、师生之间要有一种自觉的意识，不定时间，不拘形式，随时随地都可以围绕共读书籍"说来听听"。

做来比比。"做"是最好的实践方式，父母和孩子在"做来比比"的过程中深化共读感受，提升共读境界。可以做思维导图来梳理共读内容；可以做富有个性的"读书小报"来展示共读收获；还可以做富有创意的好书推荐卡来推荐好书……父母要和孩子一起"做"、一起经历实践，让"做"的过程同样充溢着共读的情趣，闪烁着共创的光芒。

写来看看。共读共写会让亲子、师生、同伴之间的情感交流得以充分展开，相互的认同感得以成倍增加。"写来看看"的方式多种多样，可以是简单有效的"顺着主题来写""共读感受来抒写"等，也可以是富有创意的"体验迁移来拓写""大胆猜想来续写""假设想象来改写""对比联系来串写""好书漂流来荐写"等。采用什么方式来共写，可以根据不同的共读书籍来进行选择。

2. 基于阅读序列，让共读的过程亮出来

嵌入式课外阅读课程的序列体系中，专门设置了"交流讨论序列线"。在交流讨论过程中，注重"听"与"说"，使交流过程中的交流更加有效、更加顺畅。另外还设置了"阅读品质序列线"，其中涉及的"交流品质"部分，以"意愿"为重点，让学生明白，主动与他人分享，可以令读书更有趣味，也可令思维更深入。另外设置的"阅读计划序列线"以"制度"为重点，三年级起，将学生群体读书活动融入读书项目，并逐渐加强对学生群体读书活动的监督；与此同时，团体读书俱乐部，反过来又需要个人对自己的阅读进行更好的监督，以提高整个团队的读书效能。在此基础上，以一套完整的阅读顺序为基础，使共同阅读的进程更加稳定（见图6-2-1）。

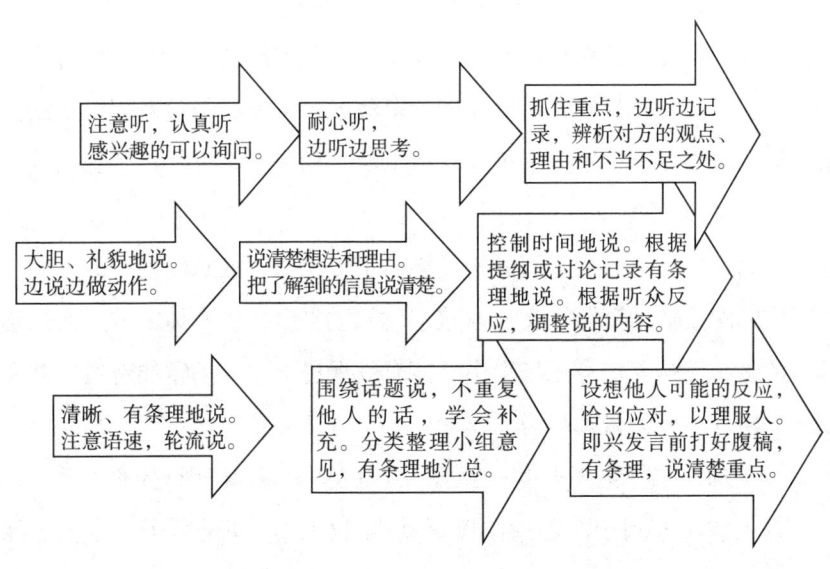

图6-2-1 交流讨论序列线

自小学一年级起，我们就大力提倡：家长与儿童在家中共同读书；在校园里，以共同读书伙伴为中心，依次开展读书活动。嵌入式课外阅读课程以《学生共读手册》《教师指导手册》为教学资源,帮助师生进行共读活动。《学生共读手册》正如其名,它是一本在同学们独立读书之后,用来加强同学间的协作与沟通,增进对彼此的了解,并与同学们一起面对学习与生活考验的阅读工具书。在这本小册子里,设置了趣味盎然的"挑战"活动,让大家共同阅读,共同练习;通过多种"问题",让共同阅读的同伴对某一主题进行评论;也有一些没有留下任何蛛丝马迹的"泡泡"提示,这些都是在提醒学生进行沟通时可以采用的方式、需要留意的标准。《教师指导手册》也是一本类似的参考书,它为教师提供了一些建议,并指导他们如何组织自己的阅读教学活动。在教师的指导下,同学们可以更加顺畅地进入自己的阅读中。在此教学资源的基础上,进一步推动共读的深入开展。

3. 基于交互共生,让共读的印迹沉下来

(1) 构造"生活—书籍—网络"学习空间,汲取阅读能量

嵌入式课外阅读课程的共读活动紧跟时代发展,通过家校社合作,在生活中打造阅读环境,让优质阅读资源触手可及:教室有阅读书籍,图书馆有海量藏书,家庭书柜有经典书籍,新华网、广州市智慧阅读平台等数字化平台提供"可选择、可交流、可展示"的阅读资源。"生活—书籍—网络"学习空间的构建突破了传统阅读的封闭性,既开发传统纸质的阅读辅助资源,又连通数字化阅读平台,将个体需求、阅读信息、情感交流纳入信息化场景中,能有效促进学生与书籍的对话,使阅读成为精神成长的自觉行为。

(2) 构建"师生—生生—亲子"交互空间,优化阅读体验

嵌入式课外阅读课程的共读活动强调阅读活动是师生、生生、亲子交流的平台,有效的阅读活动会促进每一位参与者的成长。教师是学生阅读进阶的引路人,会呈现出不同的定位:导读者介绍书籍,说明任务;伴读者分享经验,提供资源;喝彩者组织分享,肯定收获。同伴是学生阅读进阶的同路人,会呈现出不同的角色:因阅读共鸣而成为伙

伴，因任务竞争而成为对手，因水平出众而成为榜样。父母是倾听和见证者：在阅读陪伴中倾听孩子的阅读感受，见证孩子阅读进阶的成果。

"师生—生生—亲子"阅读交互空间的构建，凝聚了各方之力，能有效推动学生在愉快的阅读体验中，培养阅读习惯，提高阅读素养。

（3）构筑"课堂—430—家庭"共生空间，延续阅读场域

自"双减"政策实施以来，嵌入式课外阅读课程的共读活动广泛服务于各层次学校的430，实现了"课外阅读课程化"，让课外阅读有序开展，在有效减轻学生学业负担的同时实现了学习的提质增效。在家庭阅读中，家长可借助《学生共读手册》，轻松实现高质量亲子阅读，帮助孩子巩固阅读方法和成果。本节研究的方法能满足不同场景、不同对象的阅读需求，打通和延续了阅读场域，在课内教学、430课后服务、家庭中架构出温馨科学的阅读共生空间。

第三节 推进活动"有序"：
任务提升阅读深度

在阅读指导中，推进活动往往可以发挥出前后联系、方法引导和启发后续阅读的功能。嵌入式课外阅读课程的推进活动，强调"有序"的特点，注重"任务驱动"在阅读活动中的运用。通过一项或多项特定的任务，让学生在真实的任务中进行探索学习，这样他们就可以从更多的书籍和资料中获得更多的知识，从而提高他们的阅读能力，并使他们更好地掌握所学的知识。学生在强烈的问题动机的驱使下，深入阅读文本，分析、讨论任务，积极地运用学习资源，进行自主探索、交互合作。最终通过完成任务，对所参加的课外阅读活动进行意义建构的方式，达成有序推进阅读活动的目的。

一、活动内涵意蕴

1. 培养持续阅读的兴趣和习惯

根据学生阅读的进度和阅读收获，采用讨论、朗读、读书笔记分享、舞台剧展演等形式，每次选取情节、人物、主题、写法中的一两个角度，围绕有思辨价值的问题展开师生、生生对话，加深学生对共读书籍中情节起伏性、人物形象丰富性、小说主题深刻性的感知和体悟，能培养学生持续阅读的兴趣和习惯。比如，在《草房子》阅读推进活动中，聚焦关键事件、关键人物，加深学生对故事情节、人物形象及小说主题的认识，可以借助重要事件，梳理故事内容。引导学生读《草房子》的第五章《红门（一）》和第八章《红门（二）》，按照小说情节的推进过程，把杜小康每一个阶段的重要事件用小标题的形式提炼出来（尽量选择书中的词语），然后试着说一说人物的成长经历，围绕"红门败落对杜小康来说是好事还是坏事"这一问题展开思辨讨论，获得成长启示。

2. 推进阅读的深度和广度

学生阅读时遇到的问题，可能来自人物在特殊情境中的表现，可能来自文本独特的表述方式，可能来自某一类文体表达的主题精神，等等。"问题解决式"推进课以解决阅读中产生的疑难问题为导向，遵循"回顾收获—解决困惑—展示方法—任务拓展"的流程，推进阅读的深度和广度。学生读了《鲁滨逊漂流记》三分之一的章节后，就会产生疑问：鲁滨逊和我们一样是普通人，怎么能独自在荒岛上活下来？教师引导学生回顾鲁滨逊流落荒岛时的情形，进行深入阅读，从外在行动和内在心理两个方面了解鲁滨逊是怎样解决问题的，关注解决方法，感受人物智慧。教师可引导学生比较《骑鹅旅行记》《汤姆·索亚历险记》与《鲁滨逊漂流记》叙述的方式，使学生发现《鲁滨逊漂流记》的作者笛福采用第一人称叙述的视角，用质朴简洁的语言，写出了在特殊情境下真实的人性和心路历程，拉近了读者与作者的距离。

3. 提升阅读效率和思维水平

方法是无形的工具，工具是有形的方法。以让学生掌握阅读方法为目的，教师根据学生的阅读情况，分层设计阅读任务，辅以"学习任务单"等学习工具，实现思维可视化。学生通过阅读一本书学到的阅读方法，可以迁移运用到不同书籍的阅读之中，从而提升阅读效率和思维水平。以《西游记》中"三打白骨精"这个故事为例，可引导学生经历"自我提问—进行追问—寻找依据—得出结论"的阅读过程，获得人物形象品析的阅读策略及方法。

二、活动设计策略

1. 基于任务驱动，推进阅读多维融合

"任务驱动"在阅读活动中的运用，是将所要培养的阅读能力与阅读知识的获得隐含在一个或几个具体的任务中，让学生带着真实的任务在探究中学习，在问题动机的强烈驱动下，对文本开展深度阅读，对任务进行分析和讨论，通过对学习资源积极主动地占有和应用，进行自主探索和互动协作，最后通过完成任务实现对所参与的课外阅读活动的意义建构。

（1）任务点燃内在动力，"一石激起千层浪"

任务设置能在短时间内激发学生精神世界的共鸣，这将是教师能否快速推动学生走进阅读世界的关键。阅读活动中任务驱动不应设置成为专题学习，所谓"驱动"，应该调动学生的主观能动性。那么，任务能够真正驱动学生，甚至是"撩动"学生、"打动"学生，也是驱动任务设计的衡量标准之一。因此，把任务设计成贴近学生生活的新颖形式十分关键。如《中国古代寓言》是统编版小学语文三年级下册"快乐读书吧"栏目的推荐书目，故事内容涵盖古今中外，大多简短精练，蕴含哲理。阅读起始，大多数孩子粗略浏览，泛泛而读，对寓言有大概的认识，但不够深入。教师以走进神奇的"寓言魔袋"为主题，设置了阅读任务：寻找"魔袋"里的奇人奇事，让学生首先从人物大观园入手，聊聊印象最深的人物，引导学生感知人物的特点，继而来个人物寻"亲"大发现，让学生在寓言中找到相似的人物，联结对比，找到相似之处，反思人物的行为。通过这样的阅读推进任务，激发了学生深入阅读的兴趣，推进了阅读深度发展。

（2）任务设置情境化，"一江碧水至此回"

阅读"任务驱动"情境化，就是设置情境阅读任务。这个"情境"创设需要紧扣读物，更关键的是要紧密联系当下生活，有时代感。在这样的情境下所提出的阅读任务才能够真正激发出孩子们内心深处的积极参与感，而不是虚假没有价值的阅读认知和体验。例如《中国古代寓言》的嵌入式课外阅读课程，设置如下的情境化任务驱动：1.《中国古代寓言》大多带有讽刺、劝诫的寓意。故事中有不少"傻人"的形象：只信尺码不信自己脚的郑国人，截竿入城的鲁国人，"写"万字的傻儿子等。这些主人公的行为滑稽可笑，他们犯下的错却让人深思。请你为寓言魔袋设计一个愚者排行榜，并备注这样排列理由。2.《中国古代寓言》中也有很多智者：《塞翁失马》中的父亲，《远水不救近火》中的犁鉏，《歧路亡羊》中的杨子，《种树》里的郭橐驼。请你在书中找到一位你最欣赏的智者，为他设计一个智者档案袋，向全班同学介绍他。这两个阅读任务，按照传统问题来说，其实就是对人物形象的分析。现在变换了一下形式，以当下有时代感的情境来变相提出阅读任务，学生的读书欲望被点燃。任务新颖时尚，与学生时代同步，学生对"情境化阅读任务"特别感兴趣，感兴趣就想做，想做就会努力。如要设计愚者排行榜，就必须认真仔细地阅读文本。要完成这些阅读任务，在深入阅读文本的同时，还要有知识整合能力、独到的构思和见地，这对学生能力的发展和提升大有裨益，能进一步推动阅读多维融合。

2. 渗透阅读策略，推进阅读思维提升

当前阅读活动分散地强调理解、感悟、渗透、熏陶、内化等这些说不清、道不明的零碎的学习行为，少有明确性的、清晰化的技术层面的阅读策略和方法指导。阅读过程中，阅读者往往要利用一种或多种认知策略来帮助自己进行文章整合，促进对篇章的理解，这就是阅读策略。阅读策略主要有预测、推论、诠释、联结、摘要、提问、图像化、做笔记等。它是阅读者面对不同类型的阅读材料时，为了能有效、准确地获取和理解原文的信息、意思，而相应采取的一系列具体方法、步骤，是一种内在心理活动和外在行为表现的总和。阅读策略对于儿童阅读能力的发展有重要作用，在阅读推进中渗透阅读策略，让学生透过阅读，对所读材料进行有深度的思考。

（1）基于阅读策略，全面统整设计

中国台湾著名教育者柯华葳曾说过：学生的阅读能力不是教师讲出来的，而是在"学阅读"和"从阅读中学习"的过程中形成的。大规模的教室实验表明，只增加儿童的阅读时间是不够的，还要提醒学生运用阅读策略才对理解有帮助。阅读活动往往是在多种阅读策略、阅读方法的混合使用下才能得以顺利进行的。运用恰当的阅读策略，如预测、复述、表演等来增强学生的阅读乐趣，推动学生的阅读活动，同时引导学生在真实的阅读活动中主动运用阅读策略，逐步成长为积极的阅读者，是阅读推进活动的风向标。如：六年级上册"快乐读书吧"《童年》嵌入式课外阅读课程设计中，在阅读推进活动中特别设计了在师生共读中引导学生提炼阅读方法。如：阅读长篇作品时，要提高速度。快速阅读时要学习默读，要逐句逐行地阅读，不能逐字逐词地读。长篇文学作品可以先略读、跳读、粗略地快速阅读了解主要的内容和大意，再运用有目的的阅读策略，通过参与共读课程，开展跨界阅读，从沙俄时代的著名油画中了解当时的社会背景，联想小说主人公命运多舛的人生经历，深刻理解人的成长与社会环境有着重要联系，引发学生对人物命运的深层次思考。根据共读活动的指引，判断是否有阅读价值，从中能否提取关键信息。

（2）聚焦年段目标，强化策略运用

推进活动中，阅读策略的运用不宜过多，太多策略的实践，会导致学生无所适从。阅读策略的指导运用，要基于年段目标，有的放矢地进行阅读推进。例如米·伊林所著的《十万个为什么》是四年级下册第二单元"快乐读书吧"推荐阅读书目。这个单元的课文都是科普作品，旨在引领学生阅读科普作品。单元训练点是"阅读时能提出不懂的问题，并试着解决"，阅读《十万个为什么》是单元阅读训练的延续。《十万个为什么》的文本就是以提问的方式，引发学生思考，再借助故事讲述，阐明科学道理。基于单元阅读训练点，在课文学习中，学生已经学习了如何提出自己不懂的问题，运用多种方法去解决。阅读推进活动中，可以引导学生进一步迁移"阅读提问"方法，运用提问策略深入阅读并思考、提问，用多种方式解决问题，将阅读引向更深处，能做到课内学方法，课外用方法，更好地促进阅读策略的落实，提高学生运用策略的能力。统编教材五年级上册第二单元是阅读策略单元，"学习提高阅读速度的方法"是这一单元的语文要素，教材做了有层次、有梯度的安排，辅之相应的提高阅读速度的方法，让学生在阅读实践中循序渐进地落实教学目标。在"快乐读书吧"民间故事集的阅读活动中，除巩固课内提及的速读方法，还要从其他角度提示学生快速阅读的方法。民间故事中有很多结构相似的故事，学生把握这种回环式的文章结构，就能快速掌握故事线索脉络；学生还可以通过抓住关键语句迅速把握课文内容。同时，学生在阅读的过程中要建立目标意识，学会在读中思考，带着问题阅读故事，有针对性地提取关键信息，做积极的阅读者。学生将从阅读策略单元学到的阅读方法，综合运用到"快乐读书吧"栏目的整本书阅读，在原有基础上提高阅读速度，从而提升阅读理解能力，逐渐达到阅读速度和阅读理解能力的双重提升，最终提升学生阅读素养。

3. 拓展创意读写，推进阅读领悟表达

阅读作为学生掌握语言知识的重要途径，属于主要输入性活动。习作不管是写整篇文，还是写片段，都是重要输出性活动，是个体素养的重要体现。阅读的推进需要依托推进活动，融合阅读和习作，积极探索充满创意的读写融通路径，帮助学生"双向打通"：向内，建立精神内核；向外，与世界连接，凝练思想，创意表达。

（1）读写多元整合，"思似迎风乐无穷"

"碎片化阅读"以及"线性阅读"成为阅读推进活动中常见的阅读现象，使得阅读的推进无法深入实施。学生在阅读中缺乏积极思考、寻求解决问题途径的思维品质。阅读推进活动不仅要注重阅读吸收，更要关注观点表达，尤其是有创意的表达，从而进一步在表达中激活学生思维，提升学生阅读思维品质。通过创意纷呈的推进活动、多种形式的读与写多元整合，让学生爱上阅读、善于表达。如五年级下学期"快乐读书吧"《西游记》嵌入式课外阅读课程推进活动，在学生通读基础上，以人物为活动研究主题开启推进活动。通过如下创意读写活动推进学生深入思考，不只停留在浅层次阅读层面：①语言对比阅读，感受人物性格魅力；②情节对比阅读，感受一波三折；③妖怪对比阅读，感受神魔精彩纷呈。《西游记》中，神仙众多，妖怪各异，但若只做浏览，则人物不免面谱化。推进活动有创意地将具有一定关联的情节、人物、描写进行对比参照，让学生在相似中寻找细微的、本质的区别，发现其隐秘的联系，这样潜移默化地让学生深入文本，感悟人物形象，感受情节的结构，继而布置学生完成创意阅读表达任务。①西游故事新编：对比阅读"三打白骨精""三调芭蕉扇"，感受"一波三折"叙述手法的运用，通过一波三折的故事结构创编一个西游除妖的故事。②制作妖怪名片：选择自己感兴趣的西游形象，在研读文本的基础上，将对象用自己独特的方法呈现出来，包括人物的基本形象、名称、别号、个性特征、武器、出处、战斗力等。通过战斗力的对比、人物形象的梳理，表达自己对人物的理解，这样富有创意的读写多元整合，能更好地让学生走进西游，领略文学作品的魅力。

（2）拓宽读写视界，"未成曲调先有情"

嵌入式课外阅读推进活动中，拓宽学科边界、突破纸质媒介的综合阅读，因开放性、实践性和探究性而深受师生关注。如六年级上学期外国名著的课程阅读设计中，考虑了外国文学作品对于小学生来说具有一定的难度,且由于国家生活和文化的不同,相对而言难以触动学生内心,引发共鸣。相当一部分学生只关注情节的精彩和曲折,对小说创作作背景、人物命运发展等较高层次的问题探讨不够深入,阅读时囫囵吞枣、一目十行。这样的阅读状态不能达到"快乐读书吧"栏目的阅读目标。由此,课程设计组制定了"苦难中勇敢,历练中成长"的主题阅读。作为六年级上学期阅读课程的补充,选择《童年》为共读书目,开展整本书阅读活动,有创意地以"走进俄罗斯风光"为切入口,引导学生进行跨界阅读:比如文本与油画的跨界,由欣赏俄国名画切入,让学生初步感受 19 世纪俄国底层人民的悲惨生活,了解《童年》的创作背景。引导学生根据小说文本描述,走进俄罗斯风光,绘制一幅幅俄罗斯风情图,从而进一步了解俄罗斯风俗人情,拓宽学生的视野。再如:让学生观看相关的影片片段,把影片情节和小说做对比,看看电影主要展示了哪些内容,又忽视了哪些内容,引导学生思考:如果做导演,你会选择哪些场景拍摄成慢镜头,哪些场景拍摄成快镜头;如果你作为一名演员,你最希望选择哪一个人物角色进行演绎,选择演绎哪一个精彩的情节等。又如:根据环境描写进行绘画,画一画伏尔加河畔的美丽风光等。例如:策划一场俄罗斯风情展,从文本阅读走向活动策划。这样的创意读写从课内走向课外,综合调动了学生的阅读兴趣,均有助于学生的阅读走向深入思考。

第四节 读写活动"有质"：
有效提升阅读表达

一、活动内涵意蕴

1. 促进学生的语言发展

阅读是运用语言文字获取信息、认识世界、发展思维、获得审美体验的重要途径，写作是运用语言文字进行表达和交流的重要方式，是认识世界、认识自我、进行创造性表述的过程。语文，离不开语言。语文教学的任务就是引导学生学习、积累并运用语言文字。语言文字的学习、积累过程是阅读的过程；运用的过程是写作的过程。阅读和写作对学生掌握语言文字、学习语文有着决定性和根本性的影响。

读写活动将阅读和写作两大内容融合在一起。在阅读活动中开展读写活动，其根本目的是促进学生阅读和写作水平的提高。阅读是输入：通过阅读，学生能够学习写作的语言、积累阅读的素材、体会情感的表达。阅读是帮助学生学习和积累语言的一个过程。只有通过一定量的阅读，才能有足够的积累，学生才能熟练掌握并运用语言。写作是输出：通过写作，学生能够把在阅读中学到的方法、技巧、素材等运用在写作之中，提高自身运用语言文字的能力。写作也是检验学生阅读水平的一个重要手段。

读写活动将阅读和写作有机地结合起来，是帮助学生学习积累、运用语言的一个循环过程。在阅读中及时进行写作练习，通过写作检验阅读的水平，能够缩短学习运用语言的时间，准确找到自身在学习和积累语言过程中的不足，并及时进行改正。通过学习、积累和运用三个循环往复的过程，能有效促进自身的语言发展，提高语言的学习、积累和运用水平。

2. 提高学生的语文素养

语文素养，是学生在语文中表现出来的稳定的、符合发展要求的能力、知识、情感和价值观。它既包括听、说、读、写等基本的语文知识和能力，也包括审美、情感、思维、修养、观念等个人品质。在阅读活动中开展读写活动，加强阅读和写作之间的融合，就是综合学习和运用语文知识，提升个人修养的过程，能够全面提高学生的语文素养。

一方面，实施读写活动能够帮助学生学习语文的基本知识，提高基本技能。阅读和写作本身就是综合运用语文知识的过程，将阅读和写作融合在一起，就是把语文中听、说、读、写四个方面的内容联系起来，将四项语文基本的知识和能力融合在一起进行教学。阅读的过程，就是学生学习基本知识的过程，学生能够从中积累常识、丰富语言、学习技巧、培养语感等；写作的过程，是学生综合运用和提高技能的过程，是学生听、说、读基本能力的体现，也是不断提高写作技能的手段。这四项基本知识和技能融合在一起进行培养，自然可以全面提升学生的语文素养。

另一方面，在读写活动中，可以借助阅读文质兼美的信息拓宽学生的视野、锻炼学生的思维。通过优秀文化的熏陶培养学生热爱祖国的情感，提高学生的审美情趣和思想修养，塑造学生优秀的品质和乐观的态度，使学生树立正确的世界观、人生观和价值观。同时，写作的过程也是学生再次学习和进行模仿的过程。学生在运用阅读案例的同时，能够加强对知识的内化，再次接受优秀文化的熏陶，充分吸收传统文化的精髓，使个人修养和品质得到全面提升。因此，通过读写活动，学生既能够学习和运用基本知识与技能，又可以养成健全的人格，全面提高自身的语文素养。

3. 培养学生的语文整体观

语文整体观就是在整体性教学理念指导下，在语文教学中进行的整体性教学。它对学生全面掌握知识、系统地吸收知识具有重要作用。在阅读活动中开展读写活动，就是将阅读和写作相融合，在阅读中提高学生的写作水平，在写作中提高学生的阅读能力，二者互相促进。其实质是整体性教学理念的体现，凸显了语文教学中整体性的特点。开展读写活动，需要教师着眼于全局，从整体出发，综合考虑阅读和写作的要求，将阅读和写作融合成一个整体进行设计。由于阅读和写作自身具有较强的综合性，读写活动其实也是对整个语文教学内容的整合。在活动开展中，学生受到教师潜移默化的影响，随着阅读的深入和知识的内化，整体性意识不断提高。在知识的学习上，学生可以发散思维，形成自己的知识网，看到一个知识点就能够联想到另外一个与之相关的内容。比如看到一篇阅读材料就会想到其中所隐藏的写作方法和技巧，以及能够进行写作的素材和知识点；看到一个词语可以联想到与之相类似的词语，推动学生的知识网不断扩大，逐渐养成整体的语文学习观。

同时，这种整体性的学习观还体现在知识的运用上。阅读和写作本身就具有较强的综合性。在阅读过程中学生需要调动自身的想象力、理解力、观察力和创造力等，对阅读材料进行分析；而写作是学生听、说、读、写能力的综合体现。读写活动就是学生综合运用知识和能力的过程，对学生整体学习观的培养具有重要作用。

二、活动设计策略

1. 以文学阅读为支架，让表达更丰富

文学阅读是创意表达的基础，创意表达又可以提升文学阅读的质

量，两者相辅相成。以文学阅读为支架，可以助力创意表达。比如，统编教材六年级上册第四单元小说创编，用好文学阅读支架，可以让学生习作走进"创意表达"的自由王国。

一是主题阅读，类比规律。该单元是小说单元，阅读《桥》《穷人》《金色的鱼钩》三篇小说，学习关注情节、环境，感受人物形象。同时，教师可以推荐阅读课外小说，设计导读单引导学生进行类比阅读，发现规律。如阅读"快乐读书吧"中高尔基的小说《童年》、日记体小说《爱的教育》、少年成长故事《小英雄雨来》等，加深学生对小说阅读的理解，让学生感受小说生动的故事情节，理解环境描写对人物形象塑造的作用。

二是对比阅读，比较异同。设计学习单，要求"比较本单元三篇小说在写法上各有哪些特色"，让学生自主探究，填写预习单，让学生通过比较阅读，破解小说阅读的密码。读《桥》这篇小说时，重点关注关于雨、洪水和桥的环境描写衬托了老支书大公无私、舍己为人的形象。读《穷人》时重点关注桑娜复杂的心理描写，了解桑娜善良高尚的品质。读《金色的鱼钩》时重点关注对话和心理的细节描写对突出老班长形象的作用。

三是读写结合，迁移运用。每课设计微型小练笔，将文学阅读中学到的小说写作方法迁移运用到小说创编中去，如环境描写微练习、心理描写微练习、对话描写微练习、设计情节曲线图。再把从三篇小说中学习到的小说写作方法运用到本单元习作中去。有了微习作的铺垫，小说创作变得轻松自如。有的学生创作了《天使》，赞颂疫情中的医生；有的学生写了《最后的世界》，呼吁人们保护人类的家园；有的学生写了《雨中的外卖员》，描述了特殊时期小人物的大情怀。学生在创编小说时设计了生动曲折的情节，运用了环境、心理描写以突出人物形象。

2. 以数字媒介为支架，让表达更生动

数字媒介可以是图片、音乐、视频、微课等，合理地运用可以生动形象地呈现具体的内容，可以激发学生兴趣，拓宽其创意表达的思路，突破习作的难点，从而让学生的表达更生动。视频的选择要与教材相关联，精选片段，助力创意表达。内容可以是革命电影的精彩片段，开发有价值的文学阅读资源，如《狼牙山五壮士》《小兵张嘎》等影视剧片段；可以是优质的纪录片，拓宽学生的知识面，如人与自然主题的《美丽中国》《世界文化遗产》等；还可以是少年成长主题的经典电影片段，如《鲁滨逊漂流记》《骑鹅旅行记》等。教学中，如何用好视频呢？例如，在教学统编教材六年级上册第二单元习作"多彩的活动"时，可以巧用视频资源，为习作教学提供助力。

一是内容上丰富选材。可以选取阅兵仪式上气势恢宏的方阵视频，也可以选择学校运动会各班精彩纷呈的入场式表演视频。

二是情感上激发兴趣。创设"多彩活动小主播"情境任务，通过直观生动的视频，展现多彩活动的精彩场面和愉快氛围，激发学生主动表达的愿望。

三是表达上突破难点。针对习作难点"点面结合"，可以录制微课，也可以利用教育资源平台中的微课。如，先教学生如何写好场面，再指导"点"的描写，最后指导学生如何灵活运用点面交叉的描写方法。这样能化难为易、化枯燥为生动，将"点面结合"三步走的方法教给学生，帮助学生解决习作学习中的困难。

3. 以过程评价为支架，让表达更有效

《2022年版课标》指出，"文学阅读与创意表达"学习任务群的学习评价应围绕学生阅读文学作品的过程性表现进行。在过程评价中，好的读写评价表能成为有效表达的支架。

读写评价表的设计要与情境任务相匹配。比如，统编教材六年级下册第三单元习作"让真情自然流露"的情境任务是制作学校六年级组"真情时光"毕业纪念册和征集最难忘的真情文章。因此，要围绕"抒写真情"来进行评价。

读写评价表要有相应的评价标准。习作"让真情自然流露"应从选材、构思、表达、语言等方面进行评价。要选择典型事例来表达情感；要借思维导图写清心情变化，理清写作思路；要运用融情于人、融情于景、内心独白等多种情感表达的方法；语言要通顺生动。读写评价表用等级量化，评价有依据，并有引领作用。运用读写评价表要注意以下三点：

一是评价的主体是学生。学生在推进系列主题阅读，完成相关读写任务后，根据读写评价表，自主评价、交流。学生自评后，小组成员之间互评并交流，在此基础上进行二次修改，然后由教师点评引导。

二是将自评和互评相结合。学生可以用读写评价表自评和修改，也可以用评价表评价他人的读写作品。通过读写评价表引路，学生在自评、互评、全班交流的过程中，提升了自我修改的能力，也提升了评价他人读写作品的鉴赏能力。

三是评价要有激励性。要肯定学生读写作品的闪光点，发现习作中的不足，让学生进行讨论、修改，充分尊重学生个体，强化激励引导作用。

第五节　分享活动"有料"：
共享交互阅读成果

阅读分享活动是一种全新的阅读模式，它是以分享和交流为核心内容的一种阅读活动。嵌入式课外阅读课程阅读分享活动，强调"有料"的属性，即学生可以充分地表达自己的阅读感受和体会，也可以和同学一起分享自己的阅读收获。学生在活动中能够培养自身的情感、意志、毅力，还可以提高自己的学习兴趣，培养自己的综合能力。在教育改革不断深入的背景下，教师越来越重视学生阅读素养的培养，而阅读分享活动作为培养学生阅读素养的有效手段，逐渐在语文教学中得到推广和应用。通过阅读分享活动，学生可以从不同视角了解作者的思想，有利于提高学生的思维能力，也有利于提升学生对作品的鉴赏能力。教师应从小学语文教学角度出发，合理设计阅读分享活动，让学生在分享中掌握知识、提升素养。

一、活动内涵意蕴

1. 转变阅读理念，激发阅读兴趣

在小学语文阅读教学中，阅读分享活动是教师提高学生阅读素养的有效途径之一，也是学生对阅读产生兴趣的主要方式之一。因此，教师在开展阅读分享活动时，要注重转变阅读理念，将学生作为阅读活动的

主体，让学生能够自主地参与到阅读活动中，积极主动地进行学习。通过开展阅读分享活动，可以激发学生的学习兴趣和热情，帮助他们在阅读中发现更多乐趣，同时也能让他们养成良好的学习习惯和行为习惯。例如，"三打白骨精"阅读分享活动，可以让学生了解到唐僧师徒四人取经路上遇到了很多妖怪，妖怪都被打败了。其中白骨精是一个非常狡猾的妖怪，她想要吃掉唐僧，但是没有成功，最后而被孙悟空识破并打死。因此，学生在了解了故事情节之后应该会产生疑问：为什么白骨精不直接吃掉唐僧？而是要变成一个人呢？在这个时候教师就可以组织学生展开讨论和交流。在交流过程中教师可以先让学生说说自己对白骨精这个人物形象的看法，然后引导学生讨论为什么白骨精会有这种想法。在学生讨论交流之后，教师再让他们说说他们认为白骨精这个人物形象是怎样的，是不是很狡猾，然后让他们围绕这个问题进行小组讨论交流。通过开展这样的活动可以让学生对白骨精有一个更加全面的了解，同时也能激发他们的学习热情和学习兴趣，让他们在阅读活动中积极地参与进来，不断地去发现和探索知识。通过这样一种阅读分享活动，可以使学生对自己感兴趣的部分进行深入了解，同时也可以激发学生对阅读的兴趣和热情。这样不仅能够锻炼学生自主学习和合作学习的能力，还可以使他们在阅读分享活动中加深对知识的理解和运用，有效提高他们的阅读理解水平。

2. 培养阅读习惯，丰富阅读体验

在小学阶段，阅读教学一直是教师的难题。学生不喜欢阅读，教师的教学方法也很单一，导致学生的阅读效率很低。而在实际教学中，很多学生都存在着畏难心理，不愿意主动参与到阅读活动中来，所以导致阅读教学无法顺利开展。为了改变这种情况，教师可以尝试开展阅读分享活动，在活动中让学生主动地参与其中，增加学生的阅读兴趣。教师可以先向学生提问："你们最喜欢哪个角色？为什么？"在得到学生的回答后，教师可以继续提问："你们认为哪位同学说得最好？"通过这种方式能够让学生积极地参与其中，同时也能够让学生有机会进行分享。在这种情况下，学生会更加积极地参与到活动中来。阅读分享活动能够帮助学生丰富自己的阅读体验。同时，在教学过程中教师还可以适当地组织一些课外阅读活动。例如教师可以组织一些经典的故事会、读书会等活动。在这些活动中，教师可以适当地增加一些课外读物，引导学生进行阅读。这种方式能够让学生的阅读兴趣得到提升，从而实现良好的教学效果。

3. 提高阅读能力，促进素养提升

在小学阶段的语文阅读教学中，学生对文章的理解都是从文章本身出发的，而阅读分享活动拓展了学生的阅读内容。通过与其他同学之间的交流、讨论，让学生能够从不同的角度去理解文章内容，从而加深对文章内容的理解，能够有效地提高学生的阅读能力。同时，通过分享不同类型的作品，可以培养学生不同的阅读能力，促进他们阅读素养的提升。比如，在《我爱我家》这本书中，作者通过对家庭生活和人物关系的细致描写，为读者展现了一个真实、有趣的家庭生活场景。通过阅读分享活动，学生不仅能够更加全面地了解这本书的内容，还能够通过不同类型的作品了解不同人物之间的关系。比如，通过阅读《爱吃米饭的猫》这本书，学生就能够了解到猫和老鼠之间发生了哪些故事；通过阅读《我爱我家》这本书，学生就能够了解到一些不同人物之间的关系。

在小学语文教学中，阅读分享活动对学生的阅读素养培养具有重要意义，有利于培养学生良好的阅读习惯，让学生在分享中提升阅读素养。首先，教师开展阅读分享活动，可以让学生了解不同的观点和看法，有助于丰富学生的视野和思维方式。其次，教师在阅读分享活动中，可以培养学生的倾听能力、表达能力等，有利于提升学生的语言表达能力。最后，通过阅读分享活动，可以提高学生的思维能力和鉴赏能力，让学生在分享中提高自己的审美水平。

二、活动设计策略

阅读分享活动主要实施目标在于引领学生对整本书的内容进行回顾、总结和提升。怎样让整本书阅读分享落地生根？教师要对阅读分享的组织方式进行创新，提升阅读分享活动的针对性和有效性，从而提升学生整本书阅读学习的能力。如果说导读活动和推进活动是播种和耕耘，那么分享活动就是收获，把阅读收获进行分享。阅读分享活动主要是通过阅读交流和成果展示来实现的。

新课标倡导学习方式的变革，建议创设丰富多样的学习情境，设计富有挑战性的学习任务，促进学生自主、合作、探究学习。新课标中关于"整本书阅读"的任务群也提到：整本书阅读教学，应以学生自主阅读活动为主，设计、组织多样的语文实践活动，交流读书心得，分享阅读经验。

因此，在阅读分享阶段，我们应结合读本内容，创设情境，设计富有挑战性的任务，让学生在实践活动中进行阅读的交流与分享。下面笔者以五年级上册"民间故事我代言"分享活动为例，浅谈分享活动的设计策略。

1. 设置真实情境，让阅读分享跃跃欲试

新课标在"课程理念"中明确提示"增强课程实施的情境性和实践性，促进学习方式变革"。要求"创设丰富多样的学习情境，设计富有挑战性的学习任务，激发学生的好奇心、想象力、求知欲，促进学生自主、合作、探究学习"。而为了更好地保护民间文学和让民间文学得以传承，很多民间故事都被列入了国家级非物质文化遗产名单。

综合上述情况，我们的阅读活动创设了"民间故事我代言"的大情境，并在导读活动中，面向学生发布了"招募令"（图6-5-1），鼓励学生以共读小组合作、探究的形式，完成阅读闯关任务，并用自己喜欢的方式分享阅读成果，努力赢得"民间故事代言人"的称号，做民间故事的传承人。这样既有竞争又有合作的分享活动，激发了部分学生的胜负欲，也缓解了部分学生的畏难情绪，最终让大部分学生都动起来，极大地激发了学生的参与热情。

图6-5-1 "民间故事我代言"阅读活动发布"招募令"

2. 整体统筹策划，让阅读分享成果落地

学生的分享热情被点燃，教师要做的第二步就是统筹策划，丰富学生的阅读体验。成果分享，学生一般都会首选课本剧表演，其次就是手抄报、人物卡片或读后感。为了丰富阅读体验，让学生能真正通过分享活动实现阅读能力的进阶发展，教师的统筹策划非常关键。

以"民间故事我代言"分享活动为例，不同的学校、不同的班级，很多学生都不约而同地选择了"演一演"的方式。课题组老师利用《〈中国民间故事精选〉嵌入式课外阅读课程学生共读手册》中的"活动十一：策划大作战"（图6-5-2），对学生进行相应的指导，包括分享主题、分享形式、组内分工等，鼓励学生进行个性化的分享，避免内容、形式雷同，也为成果分享活动的顺利开展奠定基础。

图6-5-2 《〈中国民间故事精选〉嵌入式课外阅读课程学生共读手册》中的策划大作战

经过教师的点拨和指导，孩子们的灵感一下子被激发。分享主题除了人物、情节以外，还有传统民谣、节日习俗、风物人情、神奇宝物，可谓是包罗万象。分享形式更是令人大开眼界，绘画、讲故事、表演、游戏、思维导图等，孩子们用不同形式展现自己的阅读见解。

3. 突出主体地位，让阅读分享蔚然成风

小学语文教学的核心理念与最终目的是使学生自己能阅读、自己能感受、自己能作文。整本书阅读分享课要注重突出学生的主体地位，让学生发挥主观能动性。在阅读分享前，教师可以结合整本书的阅读分享设计一张阅读卡片，让学生做好充分的准备。阅读卡片的设计可以包括这几个方面：①阅读全书，图文对照理解内容，简述每个故事的要点；②最意外的情节；③最惊奇的发现；④最细致的描述；⑤最深刻的感悟；⑥阅读中百思不得其解的问题。围绕着阅读卡片进行阅读，学生的阅读就有了依托，由被动转向了主动，避免了阅读的随意性和盲目性；阅读分享就有了支架，学生在阅读分享活动中才会有话可说，发言才会有理有据，整本书阅读分享的质量和效果才能有所提升。在整本书阅读分享活动中还要注重引导学生进行合作交流，可以让学生走上讲台向同伴推荐精彩片段、最深的感悟，与同伴交流最百思不得其解的问题，请学生表达自己的观点和看法，增强学生阅读学习的体验感，让阅读分享蔚然成风。

第六节 拓展活动"有度"：
适时延续阅读思考

当下，人教版小学语文教材以单元为主题来编排课文。因此，教师需要从单元主题的视角出发，为学生补充与单元主题相关的文本，让学生在相同主题的语境之下，得到审美熏陶，形成审美体验。在阅读教学中，丰富学生的语用体验是十分重要的，这样才能有效促进学生语文素养的提升。就小学语文教材来看，其中所收录的课文篇幅相对短小，且篇目有限，难以充分满足学生的实际阅读需求。如果仅仅"用教材教"，那么，学生的语用体验肯定是不丰富的。嵌入式课外阅读课程的拓展活动强调"有度"的属性，即在课堂教学中，教师应在充分利用教材的基础上，为学生开掘、拓展适度的课外阅读资源。

新课程要求教师成为课程资源的开发者。因此，教师要基于课文中的语言、内容及主题对阅读资源进行拓展，以此引导学生进行高效的拓展阅读。我们要以教材为原点，抓准课内外的连接点，整合课外阅读材料，对教材进行必要的拓展、调整、重构，把课内外阅读有效地整合起来，以一篇带多篇，使课内阅读成为课外阅读的凭借和依托，让课外阅读成为课内阅读方法运用的载体，扩大阅读面，增加阅读量，引导学生多读书，好读书，读好书，读整本的书，并鼓励学生自主选择阅读材料。课外拓展阅读迁移读书方法要进行多角度扩展，如该作者的其他作品，如同主题同题材的作品，如同主题的其他艺术表现形式，如雕塑、摄影、绘画、歌曲等，使学生感受同一主题的多种表达形式。

一、活动内涵意蕴

1. 紧扣人文内涵，可以丰富认知体验

任何一种学习都不能脱离情感态度而单独存在，否则必定会走向虚无和机械。以单元文本中的人文资源为圆心进行主题拓展阅读，可以将学生的身心意识浸润在人文背景的体系之中，能有效地激发学生的情感共鸣，促进其思想的生成。以人教版三年级上册第八单元为例，编者编选了《掌声》《一次成功的实验》《给予树》《好汉查理》等课文，构建了以"献出我们的爱"为主题的单元，将一个"爱"字贯穿于整个单元之中。教学中，教师可以尝试运用统整的视角关注单元中的每篇课文，让学生认识到在不同故事中，不同人物的遭遇不同，献出"爱"的方式也就完全迥异，从而顺势感知蕴藏在每一篇文本中的真情。在学生深入学习了本单元课文之后，教师就可以紧扣课文中洋溢的人文内涵，为学生推荐补充与"爱"相关的系列文本，如《马燕日记》《爱的教育》等，让学生在与教材课文人文精神相同的文本中再度感知，引导学生情感的激荡起伏，最终使学生获得精神的滋养、思想的启迪和情感的熏陶。

生命个体的思维呈现出鲜明的、有意义的知觉，而绝不是各种印象的机械组合，这是单元视角下进行主题式拓展的认知基础。联系单元内文本的人文内涵，就是为学生的整体阅读营造出一个整体性的感应磁场，便于学生深入地建构与思考，进而获取语言的积累和言语智慧的发展，共同演绎出富有生命激情的语文教学乐章。

2. 辨析作家风格，有效提升阅读层次

为了保证教材选文的规范性和艺术性，编者大都选用著名作家的文本，这些作家的经典作品成了学生宝贵的精神财富。教师可以紧扣作家的作品，引导学生开展主题式拓展阅读，借助教材中文本的内容，向学生渗透作家的相关信息，诸如作家的作品、经历、思想认知以及创作特色等，为学生架构起一个以某一位作家为基点的文学认知系统。尤其要充分发挥选入教材的文本的范例作用，让学生感知作家鲜明的创作风格、精湛的语言表达技巧以及在作品中流淌出来的丰富情感。事实上，教材中的选文也只是彰显作家风格和魅力的一角。这就需要教师将作家的更多作品拉进学生的视域，进而提升学生的鉴赏能力、写作水平以及内在的人文素养。

如人教版六年级下册第四单元中的两篇经典课文《卖火柴的小女孩》和《凡卡》分别出自童话大王安徒生和短篇小说巨匠契诃夫之手。安徒生的童话作品以奇特瑰丽的想象著称，在积极颂扬真善美的同时，又深刻揭露假丑恶，洋溢着浓郁而优美的乡土气息；而契诃夫的短篇小说善于从细微的生活和小事中揭露某些重大的社会问题，语言表达更是呈现出凝练简洁、严肃而不失幽默的鲜明风格。教师可以针对这两位文学家的创作风格，拓展补充他们的作品，以供学生进行辨析与品味，更好地丰富学生的认知视域，强化学生对两位作家风格的认知，促进学生辨析鉴赏能力的发展。从课程论的角度来看，以作家为主线的主题式拓展阅读，规避了传统、单一而散乱的课堂教学模式，着力引导学生用联结化、整体化和聚合化的方式来审视类群文本，让学生的阅读依循着"文字—文学—文化"的层次迈进。

3. 拓展作品范畴，可以增加阅读数量

语言是信息沟通、情感抒发不可或缺的载体，是进行表意的主要符号系统，而语言的使用往往与当时社会的真实背景有着千丝万缕的联系。很多文学性作品都是对特殊时代背景下人或事的真实再现，从而给予每位读者深入的思考。因此，阅读经典文学名著不仅可以获取对历史、对社会、对人生的种种认知，更能积聚丰富的精神财富。

其实，人教版教材中这种充满张力的经典文学作品并不在少数，可以说每一篇课文背后都有着雄厚而博大的资源作为支撑。如《草船借箭》的背后是《三国演义》，《将相和》选自史学巨著《史记》，《卖火柴的小女孩》则处于《安徒生童话》的体系之中，而《景阳冈》又是古典名著《水浒传》中的经典故事……这就要求阅读教学在开掘、运用教材中"篇"的价值之后，充分发挥教材文本的纽带作用，顺势激发学生对其背后名著资源的阅读兴趣，引导学生从纯粹的单一作品走向系统的长篇作品，从名著的梗概介绍和精彩片段走进相关文本世界的深处，从而形成知识构建、思维认知和情感体验的系统化。

随着语用教学理念的不断深入，阅读教学因为受到表达式理念的冲击，对文本体裁样式的关注也就越来越密切。所谓文体，就是指文本呈现出来的表现形式。一般来说，诗歌、小说、寓言、童话、散文等都是教材中的"座上宾"，构成了一个个绚丽多姿而又个性鲜明的文学世界。以文体样式作为课外阅读拓展的主线，能呈现出其独特的优势：不仅可以让学生感受到文学表现手法的多元性和丰富性，同时也便于学生对相同文体文本进行深入感知，强化对同类作品的深刻体验，切实提升学生的理解和运用能力。

二、活动设计策略

1. 把握原发点，让拓展阅读从儿童的实际出发

（1）遵循学生学情，拓展针对性资源

随着社会发展的多元化，学生的个性越发鲜明，彼此之间的差异也越来越大，他们之间的需求不同、价值观不同，所形成的思维方式和认知体验自然也就不同。语文课程必须根据学生身心发展和语文学习的特点，爱护学生的好奇心、求知欲，鼓励自主阅读、自由表达，充分激发他们的问题意识和进取精神，关注个体差异和不同的学习需求。

如针对班级中部分学生出现了缺乏爱心、自私自利的现象，教师在教学三年级上册《总也倒不了的老屋》一文时，就借助课文中无私奉献、甘于助人的老屋形象来启发学生内在的认知性思维：你觉得故事中的这个"老屋"是否有似曾相识的感觉？它让你想到了谁？勾起了哪些你经历过的故事和画面？教师的这种针对性的点拨和引导，将学生的思维从文本中的角色关联到了生活中的爷爷奶奶等亲人以及自己与他们之间发生的故事。此时，教师可以再向学生拓展与"爱"相关的整本书和文章，如《长袜子皮皮》《猜猜我有多爱你》《小男孩和大树的故事》等，让故事中的爱、故事角色心中的爱，像种子一样，在学生阅读的过程中，播撒到他们的心中。

拓展性阅读资源应该从儿童的需要和认知出发，不能是教师一厢情愿的，更不应该是教师随心所欲的，而是需要从学生现有的认知和状态出发，从他们的特征出发，拓展他们需要的阅读资源。

（2）依循认知兴趣，拓展适切性资源

"兴趣是最好的老师。"马斯洛著名的需要层次理论就认为，每个人都有自己的需要，人的需要是依照具体的层次而逐步提升的，在现有层次得到满足之后，自然就会追寻下一层次的需要。从这个角度来看，拓展性阅读的内容就应该从学生的认知、兴趣和需要出发，借助拓展性资源，丰富学生的阅读领域和精神世界，引导学生朝着更高层次的方向进发。

统编版四年级上册《蝙蝠和雷达》一文介绍了仿生学方面的知识，借助课前谈话，教师发现很多学生对课文中介绍的三次实验充满了兴趣，都渴望能够从中学到更多仿生学的知识。因此，教师就可以从这个兴趣点出发，引导学生积极开展多种形式的拓展。如《人类的老师》这篇文章就介绍了大量仿生学的案例，人类从大自然中的蜻蜓、鲸鱼、袋鼠等不同的动物身上，学到了众多宝贵的经验，在一定程度上满足了学生的认知需求，贴合了学生内在的好奇心和兴趣。这些拓展性文本，拉近了学生与科学之间的距离，培养了学生热爱科学、献身科学的情感，可谓一举多得。

2. 夯实支架点，让拓展阅读激活儿童的思维

（1）采用多维形式，让学生充分表现

每个人都有表现的欲望，儿童的这个特点更加鲜明。这种表现欲望是一种极为常见的心理品质。教师要在教学中呵护学生的这种心理品质，激活学生蕴藏在心中的欲望，让他们在阅读拓展性资源的过程中，能够用契合自己认知的方式进行阅读、交流和分享。

如，统编版四年级上册第六单元编选了《牛和鹅》作为单元的开篇之作，教师除了引导学生紧扣课文感受鹅的一举一动以及"我"的心情之外，同时还利用"阅读链接"向学生拓展了李汉荣的《牛的写意》中的片段。针对这两篇文本，教师并没有仅仅局限在阅读的层面上，而是搭建了多种展现和交流的平台，如鼓励学生离开座位，走上讲台，或独自进行阅读感受的交流和分享，或通过小组合作的方式让学生介绍自己的收获。同时也可以巧妙地融入讲故事、配乐朗诵等多个环节，为学生搭建一个多维的交流平台，让学生从原本的静态阅读转变成为动态展示。此时，学生已经不再是纯粹的阅读者和观众，更是汇报交流的主体，整个交流过程充满了创意和挑战，深受学生的喜爱。

（2）创设可感情境，让学生深入体验

很多教师在引入拓展性资源时，都是采用直接的方式，生硬地布置阅读任务。以这样的方式，学生要么毫无阅读兴趣，要么消极对待，其效果可想而知。因此，教师要善于借助课文中的故事情境、人物角色的情感心境和学生自身的特点，积极创设与学生生活实际相吻合、相贴近的情境，保证学生拥有充分的自主时间。在启发性、情感性和形象性的情境中，丰富、浸润学生的阅读体验。

以三年级上册《大自然的声音》为例，为了让学生更具体地感知"大自然有许多美妙的声音"，教师让学生拓展阅读了其他文本中描写声音的语段。如果将这些语段的内容都一股脑直接抛给学生，并要求学生自主阅读，这样学生的体验就不会很深刻。教师可以巧妙地利用教材中的文本，用充满情感的渲染语言引导学生走进描写瀑布声音的文字，感受文字中大海的澎湃，让学生在生动的语言中聆听大自然中的鸟鸣虫叫，以加深学生的认知体验。在教师的渲染下，学生的情绪被充分调动、思维被充分激活，他们用自己的认知积极地与拓展的阅读资料进行近距离碰撞，让阅读变得生动而有趣，使每一位学生都在自己的感知中迈向阅读的最佳境界。

3. 把握归属点，让拓展性阅读促进儿童的发展

（1）借助拓展性资源，培养语用能力

语文课程是一门学习国家通用语言文字运用的综合性、实践性课程。"培养学生的语言运用能力是语文教学的重中之重。因此，拓展性阅读选择文本资源及最终的阅读归属点的一个重要的方面就是要能促进学生语言表达能力的提升。阅读单篇文章，学生是无法真正窥探到文本中所蕴藏的内容的。只有融入了更加深入的内容，在语言的对比感知中，学生对语言的感受力和鉴赏力才能得以提升，所以在教学中，教师应重视拓展资源的运用。

学生由一本成长小说延伸至多部成长类小说的阅读，探讨人物成长的经历，学会提炼一类小说的主题内涵。整合多部成长小说，学生通过选择同类形象进行比较，感受人物形象的典型性和丰富性，体会小说阅读的乐趣。多视角阅读，激发思辨，促进个性化阅读展示。如在经历了《童年》整本书阅读过程后，同学们对于小说的阅读策略有了一定的了解，并且能运用预测、提问、比较、提取关键信息等方法，把一本人物众多、情节复杂、内容略晦涩的小说读懂、读透。在此基础上，我们可以多本联读，开展《小英雄雨来》《小兵张嘎》《爱的教育》这一类成长小说的自主阅读活动。如绘一绘小英雄的成长轨迹：《小英雄雨来》《小兵张嘎》都是红色经典小说，主人公都是抗日小英雄。他们的成长故事一样吗？可以引导学生以目录概括成长故事或以情节图绘制成长故事。同学的情节图设计虽各不相同，但都形象地表现出故事的一波三折、扣人心弦。如比一比他们的成长历程：比照雨来和张嘎的成长故事，你有什么发现？引导学生通过比照，发现英雄成长的秘密。比照阿廖沙和安利柯的成长经历，如果用不同颜色来描绘他们的童年，你会怎么选？如说说你的理由。引导学生通过比照，发现不同色彩的成长。说一说我的成长故事：在《童年》《小英雄雨来》《小兵张嘎》《爱的教育》这一类书中，主人公家庭背景不同、时代背景不同、环境不同、经历不同……但是他们最后都成为更好的自己。你从他们的成长经历中获得了什么启发？你一定也有属于自己的成长故事，跟同学们分享一下吧！引导学生联系生活，从自我角度出发，谈谈自己的成长故事，将阅读的所感融入生活。

（2）铺陈拓展性资源，培养想象能力

苏霍姆林斯基说："每一个儿童，都是天生的诗人。"著名科学家爱因斯坦说过："想象力比知识更重要。"统编版教材中的众多选文都极富想象力，拓展性阅读需要将选择的点指向学生内在的发展潜力上，引导学生敢于想象、善于想象、乐于想象。

如统编版四年级上册《普罗米修斯》一文主要描写了普罗米修斯为了帮助人类得到火种，盗取天火，被宙斯惩罚的故事。作为典型的希腊神话故事，课文中奇幻的想象元素比比皆是。为了让学生更好地感受神话，尤其是希腊神话的特点，教师就可以为学生拓展《希腊神话》全集，让学生在神话的世界中展翅驰骋，进而在由此及彼、从点到面的过程中，培养学生的想象力。

语文教学中拓展是必不可少的，教师应遵循生本理念，坚守儿童立场，从儿童的实际出发，从儿童的需要入手，真正为儿童的发展助力。拓展性阅读只有基于儿童立场才能真正发挥应有的作用。

第七章

嵌入式课外阅读课程的策略支撑

《义务教育语文课程标准（2022年版）》明确将整本书阅读作为独立的学习任务群来呈现，鼓励学生将整本书阅读从课内向课外延伸。从阅读策略层面看，整本书阅读有助于学生迁移运用在单篇阅读中习得的浏览、略读、精读等阅读方法，同时能进一步探索特殊阅读方法的运用，如圈点、批注等。从认知思维层面看，整本书阅读能够帮助教师对学生进行跟踪性考查，掌握学生对文本信息的认知程度、思维状态等真实的过程性表现，从而为学生提供富有针对性的阅读指导。

　　培养学生的阅读力，在整本书阅读指导中首要的任务是培养学生掌握一定的阅读策略。众所周知，成熟的阅读者不但阅读量大，而且能够在与文本互动的过程中有意识地、灵活地使用预测、确认重要信息、联结、提问、推论、理解监控等多种阅读策略，这些策略能够帮助阅读者达成对文本内涵更深入且有意义的理解。如果一个学生能够在阅读过程中有效地运用阅读策略，可以说其具备了一定的阅读能力。反之，如果一个学生没有学会运用阅读策略，需要根据他人的提示进行阅读，则说明他的阅读力有待提升。是否能自主选用一定的阅读策略进行阅读是阅读力高低的判断标准。

　　基于统编教材的嵌入式课外阅读课程研究依托"快乐读书吧"开发的《学生共读手册》，有效地围绕阅读策略设计阅读单，每一个年级有不同的侧重点，着重落实与之相应的阅读策略的训练，整个共读手册呈现一种序列化、螺旋上升的阅读策略练习。本章基于课题研究的实践以及前文对阅读策略的界定与分类，立足整本书阅读，提出十个阅读策略的使用，帮助学生提高阅读力，让孩子们在阅读过程中实践阅读策略，逐渐成为熟练的阅读者。

第一节　呈现阅读感受

可视化是呈现阅读感受、深化阅读理解，形成自己个性见解的一种重要阅读手段。嵌入式课外阅读课程的可视化策略有很多种，不同的可视化策略意味着不同的知识逻辑。可视化策略使用的优点在于能够展示阅读各部分之间的内在关系。整本书阅读涉及的阅读知识与理解比较多，在阅读活动中指导运用不同类型的可视化策略可以达到学生梳理阅读信息、呈现阅读感受的目的。

一、思维导图策略

1. 策略核心要义

"思维导图"是由东尼·博赞提出的一种思维工具，"它用图解的形式和网状的结构，加上关键词和关键图像，储存、组织和优化信息"。

嵌入式课外阅读课程的思维导图策略则更强调结构化思考，重视概念与概念之间的逻辑关系，讲究内部逻辑关系。根据不同的文本或不同的作用，会采用不同的图式，以准确呈现文本的内在联系或者思考的不同方式。关键词的提取则要视实际情况而定，直接提取、概括提炼会交叉进行，更强调把学生的阅读收获、阅读思考过程、阅读策略的运用过程等用可视化的方法呈现出来，以此把抽象的阅读理解过程具象化，便于学生在大量的阅读中发展思维，提升阅读力。

2. 策略选用工具

运用思维导图策略培养学生的思维能力（图7-1-1）：

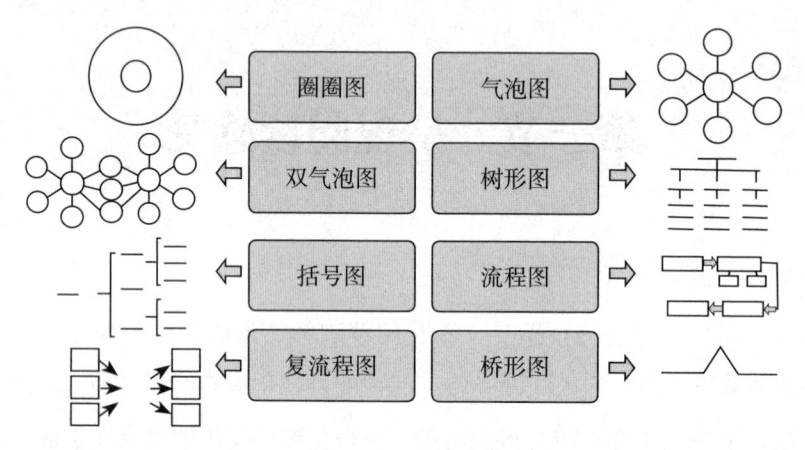

图7-1-1　思维可视图

圈圈图（Circle Maps–Defining in Context）：主要用于界定一个主题，学生可以围绕这一主题进行联想或描述细节。

气泡图（Bubble Maps–Describing Qualities）：用于引导学生描述事物的性质和特征。

双气泡图（Double Bubble Maps–Comparing and Contrasting）：用于帮助学生对两个事物进行比较和对照，找到它们的差别和共同点。

树形图（Tree Maps–Classifying）：引导学生对事物进行分类。

括号图（Brace Maps–Part-Whole）：用于引导学生分析局部与整体的关系。

流程图（Flow Maps–Sequencing）：引导学生按一定顺序分析事物的发展及内在逻辑。

复流程图（Multi Flow Maps–Cause and Effect）：用于帮助学生分析事件产生的原因和结果。

桥形图（Bridge Maps–Seeing Analogies）：引导学生类比和类推，分析事物的相关性。

3. 策略运用方法

思维导图作为一种具体的思维可视化工具，能以图形的形式显示读者原本看不见的思维路径和思维方法，使之清晰可见。嵌入式课外阅读活动中，教师可以借助多种形式的思维导图，从时间、空间、情节、人物形象、语言特色、写作方法等多个方面进行指导，帮助学生更有效地整合信息，促进学生思维能力的发展。

（1）用在重要信息提炼处，让整体感知可视化

阅读的"整体"概念是整本书阅读的重要组成部分。"整体思考"意识是嵌入式课外阅读倡导的教师指导阅读的主要原则，在阅读活动中，应引导学生对作品进行整体感知，对作品进行全面审视。作为一种高度抽象的思维导图，它能促进学生抓住关键点，提取重要信息，使复杂的内容变得简单，优化初读体验，形成整体感知。简而言之，在重要信息抽取中使用思维导图，可以帮助学生在阅读后迅速形成对作品的整体感知，理清内容。与此同时，学生在使用策略过程中，提取和整合信息的能力也得到了提升。

（2）用在关键信息梳理处，让人物关系可视化

在整体感知后，根据作品的特点，抓住作品的关键内容，围绕主题进行深入探究也是必需的。此刻，思维导图又是一个好帮手。常见的思维导图一般是围绕一个中心展开的，具有发散性特征，不但可以提取事实性知识、概念性知识，而且可以沿着关键点展开，多元解读，对促进学生深入理解作品具有积极意义。众所周知，除了科普书籍，其他文学、故事书籍都是以人物为基础展开故事情节的，因此，探索人物形象是一个关键的环节。厘清人物之间的关系是阅读全书，特别是阅读外国小说的难点之一。我们可以利用气泡思维导图的发散性，引导学生回忆和理解作品中的事件，对作品中的人物进行梳理和总结。

（3）用在关键内容诠释处，让情节梳理可视化

小说的情节迂回曲折，思维导图可以直观地反映情节的发展和人物

情感的变化。读完后，将思维导图用在关键内容诠释处分析问题、梳理脉络，能帮助学生梳理情节的思维支架。

（4）用在阅读体验重构处，让思辨过程可视化

"学而不思则罔。"整本书阅读过程中要让学生进行思辨，把阅读对话从无效转化为有效。再转化为有效是关键。在整本书的阅读中，根据情节、人物、主题、语言等，可以进行主题的深入探索，多次将思维导图运用于阅读体验的重建中，可以激发学生从不同角度理解作品，甚至可以使学生重新构建自己对作品的理解。这对促进学生对整本书的深入理解具有重要的指导意义，不但可以促进学生对作品信息的整合和提炼，而且可以促使学生思维走向纵深，把书读厚。

4. 策略运用操作步骤

（1）让学生理解每一种思维导图的含义和用法

教师需要通过讲解和画图帮助学生理解每一种思维导图的含义、思维方式。在学生理解的基础上，再鼓励学生尝试运用导图表达阅读的理解，方可水到渠成。

（2）针对特定问题，学生判断使用何种可视图

在项目阅读活动开展中，学生可以根据实际遇到的问题，结合思维导图可视图的特点，自行选择使用何种思维导图，以便更清楚地呈现自己的思考。

（3）在应用中不断加深学生对可视图的认识

在项目阅读活动过程中，教师可以有意识地引导学生分析，针对相同的问题，使用不同类型的思维导图呈现出来的图是怎样的，思考哪一种类型的思维导图与问题更匹配。通过这样的交流，学生会不断加深对思维导图的理解。

二、图像化策略

1. 策略核心要义

图像化，又称可视化。在文字认知过程中，通过心理活动生成抽象图式的行为可视作"图像化"。它是将多种复杂信息借助图像资源（如图画、图表等多种形式）进行转化进而传播的过程，属于操作方法范畴。

2. 策略选用工具

（1）图表

图表学习一般被认为是数学学科的一种策略，但是，语文阅读中也可以借鉴利用图表引导阅读的学习方式。图表导读只是一种形式、一种策略，完成图表不是学生学习的最终目的，而是要通过图表培养学生对阅读信息的概括和整理能力，以及利用图表进行语言表达交流的能力。

（2）绘图

绘图是学生喜爱的一种学习形式，学生通过动手、动脑，把阅读的语言文字变成图画，并通过图画揭示事物之间的联系和变化，从而理解文本，掌握科学知识。运用绘图的目的是促进学生的阅读理解，绘图本身不是目的，所以在教学中，教师要强调不要在绘图上用过多的时间，只要能表达自己的意思就行了。

3. 策略运用方法

（1）利用图表

阅读起始，学生还不具备统整众多材料的能力，他们会在众多人物描写信息前"迷失"，抓不住重点。为了避免这个问题，教师可引导学生利用图表进行阅读学习，使阅读更具系统性，可以提高阅读效率。同时，这种放手学习的方式，使学生有独立的学习空间，有利于学生对文本的全面掌握，有利于学生形成独立自主阅读的能力。学生独立完成表格的填写后，可以先在小组中进行交流，然后再在全班进行介绍。学生的交流是对文段内容的进一步巩固和内化，同时，文段表达的层次结构也在表格阅读中清晰起来。

（2）利用绘图

可以把绘图引进学生的科普文、神话等文体的阅读中，让学生根据文本的叙述，自己去设计、理解和呈现阅读内容。这可以使原本看似枯燥的文字充满趣味，更容易激发学生的学习热情。比起绘图本身，更重要的是让学生借助绘图，将自己的想法与他人进行交流，增进对阅读的理解。

（3）自主嵌入

图像化策略可以根据学情和教学的需要，多形式地嵌入课外阅读课程。如，三年级上"快乐读书吧"推荐书目《安徒生童话》共读手册中的导图类共读单，可以在阅读前用，作为预测的依据；可以在自主按照"阅读计划"阅读时使用，以用于检测个人阅读情况；可以在小组交流或者班级交流时使用，以作为共读交流话题；可以在复述故事时使用，作为复述的支架；还可以在引导学生绘制自己的情节图时使用，作为情节图的范例。不管是图标还是绘图等多种形式，都可以作为范例，鼓励学生用这种方式进行日后的阅读实践。

需要注意的是，图像化策略运用中，所呈现的图标或图画有些答案是唯一的，有些并不唯一，只要能正确提炼文本关键内容，正确呈现分支内容与中心内容的联系即可。因此，在学生完成导图类共读单以后，教师要引导学生进行分享交流，允许学生有不同的看法，鼓励学生有所创新。

第二节　提升阅读思维

《义务教育语文课程标准（2022年版）》正式颁布，无论是课程理念、课程目标还是课程内容、课程实施都给人耳目一新的感觉，其中"核心素养""学习任务群"都关注到了思维。"思维"一词反复出现，可见新课标不仅重视学生的思维能力，还注重学生的思维品质。课程标准提出"负责任、有中心、有条理、重证据地表达"，也就是学生通过阅读、比较、推断、质疑、讨论等方式，梳理观点、事实与材料及其关系，辨析态度与立场，运用提问、质疑、猜想、验证、推理等思维方法，学习如何有理有据地表达自己的观点，这样才能在思辨的过程中实现自主建构，学有所获。本节笔者试以对比策略和融入策略为切入点，谈谈如何在策略建构下提升学生的阅读思维品质。

一、对比策略

1. 策略核心要义

"对比"在《现代汉语词典》中的注释为：（两种事物）相对比较。嵌入式课外阅读活动中的对比策略是指将几种语言资源（具有一定关联的一篇或者多篇内容或者形式上有一定联系的文本，包括非连续性文本，包括篇、段、词、字），从内容、主题、表达等多个角度合乎逻辑地联系在一起，进行同中求异、异中求同的对比参照及辨析，在相似中区分其差别，发现其联系，以了解阅读内容，理解阅读主旨，鉴赏表达形式。

嵌入式课外阅读与传统的课外阅读相比,强调语文学习的整体推进,主张把整本书的内容从纵向、横向联系进行有效整合,而"对比阅读"策略就是嵌入式课外阅读有效整合的切入口,恰当地加以运用,可以连点成线、组线成面,形成一个完整的知识网络,从而提高整本书阅读的有效性。

2. 策略选用工具(图7-2-1)

我是阅读思考者
"我的发现"对比通用阅读单　　阅读读物:_____

相似	相异

图7-2-1 "我的发现"对比通用阅读单

工具说明:

"我的发现"对比通用阅读单简洁清爽,适合四年级以上的学生使用。

3. 策略运用方法

对比策略是阅读活动中引导学生"发现"与"感悟"的助推器。对照阅读两种或多种语段(文章),引导学生对文本信息进行有目的的提取,将原有认知中的"碎片化信息"进行归类、联结、对比和整合,形成比较完整、系统的信息，对文本信息进行最大化利用。引导学生对重组后的信息再次进行辨认，通过推理、解析和评价来建立自己的论点，或纠正原有认知，或产生新的认识，或唤醒更深的阅读感悟，这正是"审辨性阅读思维"需要培养的思维品质。

在嵌入式课外阅读课程指导学习中，更建议将阅读读物"整合""重构""聚焦"，通过对比阅读，有效发展学生思维。整合，是把多个看似零散没有关联的文本进行对比识别、选择汲取、配置激活，再有机融合，使这些文本具有较强的条理性、系统性和价值性，并创造、组合出一个新的有价值、有效果的整体动态过程。

（1）窥一斑而知全豹：在整合中对比"异中的同"

小学生的思维发展主要是通过听说读写达成的。"思维的广阔性是指学生能开阔思路，从各个角度、多个方面发现事物之间的联系，全面地思考问题。"《中国神话传说》书中有不少关于天神的形象描写。《中国神话传说》嵌入式课外阅读课程推进过程中，教师出具阅读章节中不同天神的形象描写，引导学生根据这些天神的形象描述，简单画一画天神的样貌，并抛出一个主问题：这些典型的神话人物形象，各有不同，但又有哪些相似之处呢？把你的发现分享给小伙伴，顺势整合不同天神形象的"同"：这些形象都异于常人，不是正常人的五官，这些形象的身体构造很奇特，都是由人和动物的不同部位组合而成的。由此让学生认识到：远古神话中，不少人物的形象奇特，很多是半人半兽的。而这些幻化出来的神怪形象大多寄托着远古祖先们特有的文化心理和对生活的期许，这些神怪被给予神奇的力量以征服自然、改造自然。让学生从整体人物形象考虑，从不同的角度和层面去思考，开阔自己的思路，达到牵一发动全身的思维广度。课堂上，教师简单串问、随意追问、连续碎问都可能导致学生思维的断层，只有树立整体意识，设计出一个或几个统摄整个单元的主问题，让主问题变得有质量、有意义，才能点燃学生的思维火花，促使学生思维全方位、多角度地发散，逐步培养思维的广阔性。

（2）拨开云雾见青天：在整合中对比"同中的异"

"思维的深刻性是指能深入地思考问题，善于透过事物的表面现象抓住事物的实质，揭露事物之间的内在联系。"要想进一步提升学生思维的深刻性，教师不但需要在求同上狠下功夫，更要在求异上寻找亮点。《童年》嵌入式课外阅读课程推进过程中，在阅读"外祖父分家了"章节时，教师引导学生从相同中找到不同：外祖父打"我"，外祖父打外祖母，舅舅打外祖母，舅舅之间互相殴打。家庭中除了充斥着暴力，对一些不良行为人们也是见惯不怪，如"小茨冈"常在市集中偷东西，小偷小摸在镇子里也不算个事。这是为什么呢？在这么多相同的情节中补充"微课剧场"，让学生观看《伏尔加河上的纤夫》。通过微课和画作让学生直观感受沙皇统治下社会底层人民生活的困顿与挣扎，加深对作者所处时代和社会环境的理解，明白社会大环境是让人性扭曲的根本原因。但话题一转：小说所写的是作者童年经历的苦难，这也是当时社会的普遍现象。民不聊生的社会环境造成了阿廖沙童年的悲剧，但是却没有击垮他。身边那些普通人的优秀品质让他养成不向丑恶世界屈膝的性格，他最终成为一个坚强而善良的人。在同样的环境下成长，为什么阿廖沙没有这些不良行为呢？让学生深入思考，学会客观全面地分析问题，思考环境对人的影响力到底有多大，从而懂得在成长的过程中，最终自己要成为谁，取决于自己的内心。这样的对比阅读会给学生提供更多的思维视角，带给他们更深刻的思考。

（3）一子落而满盘活：在整合中对比"异中的变"

"思维的创造性是指能够开创性地探索未知事物，有自己的特点并具有创见性。"文章空白的地方可以进行补白，如对环境的描写，对人物的动作、语言、神态、心理等细节的描写，这就需要学生充分发挥自己的想象力去扩充、创造。

《西游记》嵌入式课外阅读课程推进过程中，教师设计了一个巧妙的对比（表7-1-1）：作者吴承恩塑造了数量庞大的妖怪形象，他是怎么把这么多妖怪写得形象各异、个性鲜明的呢？教师带来一组"西游妖谱"，引导学生通过数据图标找出西游妖怪取名的相同点，继而出示"妖怪名片"，从名号、肖像、洞府、擅长法术四个维度，让学生在比较中提取关键信息，从这些不同妖怪的信息中发现变化：如拿黄风大圣来说吧，"黄"风大圣、"黄"毛貂鼠、"黄"风洞、吹出"黄"风，它的名号、肖像、洞府、妖术都是有关联的。如从环境寻找对比：这里的环境，要么是崇山峻岭，要么是急流险滩，要么是万丈深渊。总之是非常险恶。如从妖怪目标谈发现：妖怪如果没有妖术，如何在妖界立足？更何况，妖怪有一个共同的目标——吃唐僧肉。吃了唐僧肉可以长生不老，所以妖术是妖的必备技能。

表7-2-2 《西游记》嵌入式课外阅读课程中妖怪名片中的对比

名号	肖像	洞府	妖术
黄风大圣	黄毛貂鼠	黄风岭黄风洞	吹出黄风、威力无比
白骨夫人	白骨	白虎岭	擅长变化、迷惑人心
灵感大王	金鱼	通天河	施法降雪、冰冻河流

通过系列比照，学生发现作者为妖怪们设计了适合其身份的原形、名号、洞府和擅长的妖术或使用的法宝，正是有了这些特点鲜明的妖怪，取经的故事情节才更加生动有趣。继而提出一个问题：如果让你来设计一个妖怪，你会给他设计怎样的名号？他的原形是什么？他一般住在哪里？擅长使用的妖术是什么？有没有神奇的法宝？请拿出学习单，从名号、肖像、洞府、妖术四个方面来设计一个妖怪形象，并说说你这样设计的理由。明晰这一点后，学生整个文本的思维生长点就被激活，学生的思维通道豁然开朗，对自己的创意设计会有自己客观评价的依据和理由。

4. 策略运用操作步骤

对比阅读策略可以体现在人物形象的比较、同一内容不同表达方式的比较、古今中外文化差异的比较、作家不同时期创作风格的比较、学生已有的知识经验与文本内容冲突的比较等方面。学生通过对比学习，挖掘文本潜藏的知识点，用新的视角、新的发现或新的方法，在进一步分析文本达到深度学习的目的，提高学习的能力。它能开拓学生新的学习视角，丰富其理解，提高其阅读效率。在对比阅读实践活动中，培养学生的阅读思辨能力，一般可从以下几方面入手。

（1）不同形象对比：拓展思辨

一篇文本的内容信息很多，鼓励学生质疑思辨，需要引导他们开拓质疑思路：可以着眼于文本中关键的字、词、句和细节这些文章艺术构思的凝聚点，还可以关注插图。插图通常色彩鲜明、寓意明确，它在文中能起到突出重点或疏通文义、化难为易的作用。引导学生从不同角度捕捉信息，对提取的信息进行对比、质疑、思考，加深对文本主旨的理解。《西游记》嵌入式课外阅读课程推进过程中，教师引导学生聚焦关于悟空的不同故事情节，通过对比质疑来达成赏析人物多元形象的目标。教师引导学生从悟空与众天兵天将对打的情节梳理中，领略悟空的神通广大，继而引导学生从其他故事中，分析悟空的特点。在"石猴称王"的情节中，你想到了哪些印象深刻的片段？你有什么新的发现？学生交流分享：《猴王出世》中的灵猴，是他第一次出现在读者面前的形象。在看到瀑布时，他率先跳进瀑布里面，带领众猴找到洞天福地。他耐心等猴子们开心地欣赏自己的新家，然后告诉众猴，大家要遵守约定称第一个进瀑布的人为王。在"拜师学艺"的情节中，悟空的哪些表现让你印象深刻？学生分享对比发现：石猴在菩提祖师门下拜师学艺二十年，勤奋刻苦学习本领，最终学会了七十二变。不过，在学习的过程中，悟空的调皮与争强好胜的性格特点也逐渐暴露出来，特别是为了炫耀自己的七十二变，在众师兄面前卖弄，最终被菩提祖师赶出斜月三星洞，回到花果山。"解救众猴""担任弼马温"与"大闹天宫时"的情节中，悟空的哪些表现又让你印象深刻？通过不同故事中孙悟空形象的对比发现：他是顽皮可爱的石猴，是勤奋刻苦学艺的悟空，是神通广大的齐天大圣，悟空的个人形象更加凸显魅力，让学生通过不同形象的对比，走近这个经典的人物形象，领略名著的魅力。

（2）不同资源比较：多元视角

一些文本往往是特定历史时期和文化背景下的产物。结合文本的背景材料解读这类文本，有助于挖掘文本深层的思想、文化、美学底蕴。文本中常有一些令人费解和困扰的细节，如果把它们放在相应的文化背景中，变换视角对比起来读，就会一目了然，得到正确解释。《童年》嵌入式课外阅读课程推进过程中，教师说：一百多年前的俄罗斯正是沙皇统治的最后时期，当时的俄国政治混乱黑暗，人民生活艰难，请欣赏他们的画作。教师出示画作《伏尔加河上的纤夫》，继而通过讲解让学生了解画面描绘了沉闷压抑的伏尔加河畔，一组纤夫正在奋力拉纤，反映了沙俄纤夫苦难的生活，寄托了画家对下层人民群众悲惨生活的同情。继而抛出话题：伏尔加河上的纤夫就是当时底层人民生活的缩影，在小说中，有哪些地方也让你感受到了当时恶劣的社会环境？在画作和小说文字的联结与对比中，学生直观感受沙皇统治下社会底层人民生活的困顿与挣扎，加深对作者所处时代和社会环境的理解，明白社会大环境是让人性扭曲的根本原因。例如：《西游记》整本书阅读，教师通过图文对比、文白对照、原著探寻等多种对比，引导学生关注人物形象、故事情节、语言表达，初步感知《西游记》原著特点，激发学生进一步阅读名著的兴趣。在导读环节，教师让学生描述印象中猪八戒的样子，继而出示原著中对八戒的几处描写，让学生看看原著的描述和印象中的猪八戒形象有什么不同。第十八回：那阵狂风过处，只见半空里来了一个妖精，果然生得丑陋：黑脸短毛，长喙大耳，穿一领青不青、蓝不蓝的梭布直裰，系一条花布手巾。第六十七回：好呆子，捻着诀，摇身一变，果然变做一个大猪，真个是嘴长毛短半脂臕，自幼山中食药苗。黑面环睛如日月，圆头大耳似芭蕉。继而联系《西游记》电视连续剧猪八戒形象，与其他动画片中的猪八戒形象再进行对比，小结：可见影视翻拍作品往往对人物或情节进行艺术处理，要感受原汁原味的人物形象及西游故事，还得读经典原著啊！

(3) 言语表达对比：鉴别赏析

没有对比，就没有鉴别。阅读教学的语言品析中，既有旨在揭示规律、探寻共同点的求同比较，又有发现差别、揭示个性的求异比较。阅读教学就应该充分利用求异比较思维，让蕴藏在文本深处的语言智慧浮出水面。《西游记》嵌入式课外阅读课程推进过程中，教师引导学生关注书中的语言描写，感受小说幽默风趣的语言特色，同时也通过品读人物对话，进一步加深对人物形象的认识。让学生品读师徒四人的对话，并引导学生通过对比，透过这些语言描写，发现师徒四人的性格和我们印象中的有何不同。如有学生通过语言对比发现：原来猪八戒会关心他人，伤心哭泣时还不忘提醒悟空要小心。他礼数周全，见到国王主动唱喏，就连"哭坟"都要讲究师徒辈分，令人哭笑不得。也有学生发现：唐僧一直以来给人彬彬有礼、善良的印象，没想到他训起徒弟来毫不留情面，猪八戒唱喏不够斯文还被他骂夯货。沙僧忠厚老实，没想到损起猪八戒来也是轻车熟路。通过这些语言文字的品析，学生在求异比较中，进行个性化鉴别赏析，感受语言文字的魅力。

(4) 篇章结构对比，思考辨析

作家写作，都有自己独特的考量，除遣词造句极具个人色彩外，谋篇布局也不尽相同。同样是表达对事物的观点，有的文章平铺直叙，开门见山，就事论事；有的娓娓道来，虽无明说，却有暗示；还有的角度多元，曲径通幽后让人豁然开朗。课堂上把这样的同类文章放在一起，引导学生对文本的篇章结构进行对比学习、思考辨析，对日后学生的习作是大有帮助的。《西游记》嵌入式课外阅读课程推进过程中，教师指导学生阅读第四十八回师徒通天河片段，引导学生圈画关键信息，分享灵感。通过提问大王抓唐僧的方法妙在何处，引导学生发现：妙在出其不意。原文中"藏"字，说明灵感大王打了一场埋伏战。引导学生发现：妙在洞察心理。唐僧是独自行走。灵感大王洞察唐僧着急过河的心理，施展妖术抓唐僧。引导学生发现：灵感大王不但用上了看家妖术，而且选择动手的地方是自家洞府附近——通天河。看来，妖怪抓唐僧也要讲究策略。继而再给学生带来另外几位妖怪出场的原著节选，让学生比较妖怪分别采用了什么办法抓唐僧，再次挖掘妖怪出场之妙，引导学生发现作者构思的相似之处：白骨夫人的出场重点突出了她的语言、动作和外貌特点，为她的第一计——美人计做铺垫。红孩儿出场则重点突出他的威慑力，让唐僧师徒不寒而栗，也预示着师兄弟三人这次会吃大亏。继而帮助学生提炼：妖怪出场不是单一的一个情节，而是与接下来的抓走唐僧、解救唐僧有着密切关系，出场的方式还要结合妖怪原形的特点，这也会更吸引人。教师通过情节构思上的对比布置阅读任务，让学生设计一个妖怪出场抓唐僧的情节，关注构思的巧妙，为下一次西游记故事新编做铺垫。

总之，对比阅读，能为学生提供一套行之有效的学习方法，有助于培养学生潜心会文、静心思考的良好阅读习惯；提升学生提取信息，发现、分析和解决问题等阅读能力；促进学生质疑思辨、批判创造等能力的形成。对比阅读策略让阅读教学不再停留在读通、读懂的层面，而是有更深层的阅读感悟，提升阅读素养。

二、融入策略

1. 策略核心要义

融入，即融合、进入和混合。在阅读策略的语境下，融入指的是运用多种策略让学生穿越时空、身临其境，进入文本的具体场景中，品读人物的内心世界，增强阅读过程中的代入感，感受人物的言语风格、行事逻辑和心灵世界。

2. 策略选用工具（图7-2-2、图7-2-3、图7-2-4）

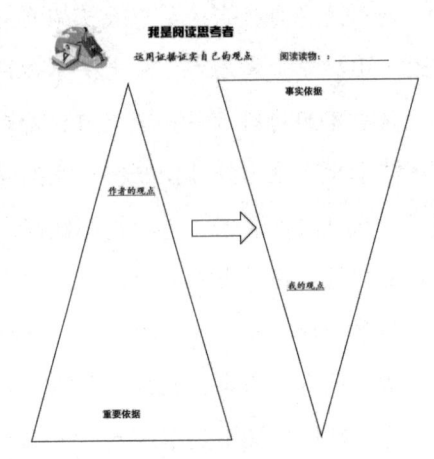

图7-2-2 "运用证据证实自己的观点"阅读单

工具说明：这张阅读单要求孩子将书中作者的观点和依据转化为"我"——读者的观点和事实依据，让孩子把阅读转化成自己的思考，在阅读中融入自己的思考，适合四年级以上的学生使用。

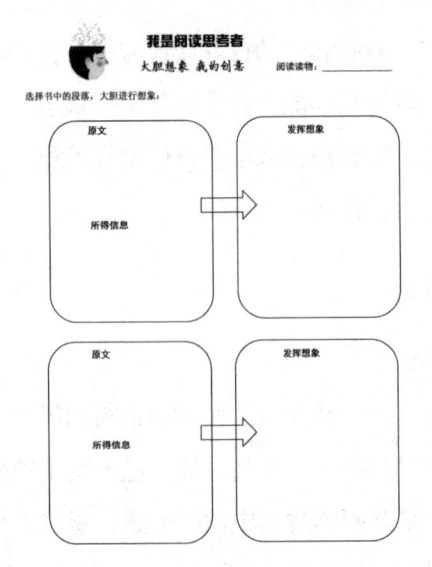

图7-2-3 "大胆想象，我的创意"阅读单

工具说明：孩子的阅读过程是一个充满独特体验的过程，选用这样的阅读单鼓励孩子在阅读中利用已有的文字阅读体验和已获取的信息，大胆展开想象，既可以调动孩子阅读的积极性，又可以发展孩子的思维，让阅读变得更有趣。当然要注意指导，想象不是漫无边际的，而是建立在已有的阅读体验之上的。

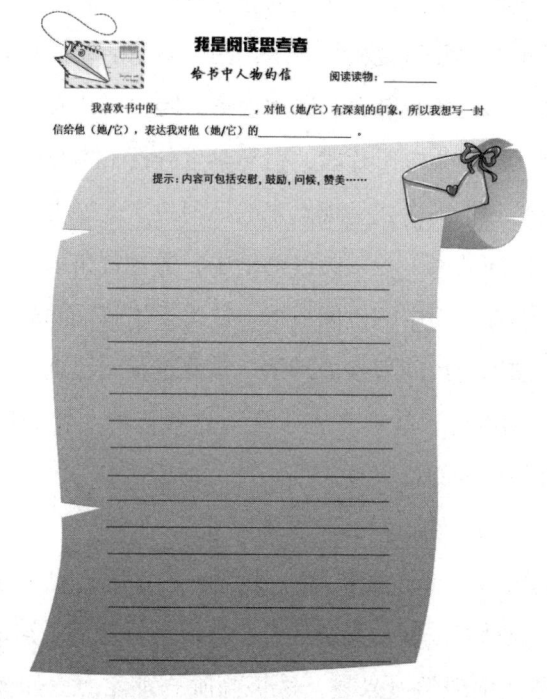

图7-2-4 "给书中人物的信"阅读单

工具说明：给书中的人物写信，与书中的人物对话，能帮助孩子们投入地阅读，关注书中人物的特征，从不同角度了解人物的行为动机等。适合三到六年级学生使用，三、四年级可以更简化。

3. 策略运用方法

（1）融文体与文化：积累与熏陶相结合

阅读首先是一个内化的过程：吸收、融通作品的语言现象、文化知识，并完成阅读成果的输出。在整本书阅读指导中，教师要根据不同文体的特点，结合作品后面的文化价值设计活动，让学生在阅读的同时传承文化。如《田螺姑娘》分四个主题，共收录三十七篇中国民间故事，囊括了脍炙人口的经典民间故事、寄托人们美好愿望的民间故事、描写历史人物的民间故事和介绍地方风俗人情的民间故事。教师在设计阅读活动时，一方面以闯关的形式，引领学生走进民间故事大观园品赏，感知民间故事和中国传统文化的相互融合，了解民间故事的价值。另一方面让学生搜集和欣赏相关艺术作品、参与活动，拓展更多资源，感受到民间故事的价值和魅力。课程设置"跨界对比阅读"推进专项活动，引入《刘三姐》等电影片段，引导学生分析书本与电影表现形式的异，使学生感受到不同形式呈现出来的民间故事的魅力。另外课程在导读阶段"走进民间故事"专项阅读活动中，通过赏名画、听名曲等方式的跨界共赏，链接生活中的民间故事，让学生了解民间故事的价值，触发阅读好奇，加深对民间故事的理解，借此维持阅读期待，深化阅读理解。这样的活动设计，能够考查学生对这些传统文化的理解和迁移运用，也能激发他们的阅读兴趣。

（2）融主题与人物：向高阶思维迈进

根据主题融合多部作品联读：创设一个主题，将多部阅读文本联结融合起来，设计有关联的阅读任务，可以更好地揭示知识的规律，让学生乐于思考，增强学习兴趣，锻炼高阶思维能力。如《中国古代寓言》是一本故事集，为了引导学生对阅读内容进行深入的思考和梳理，本课程在分享阶段采用融入策略，让学生整理阅读收获，使学生阅读思考往更深层推进。如在分享阶段（一）活动六中，教师引导学生进行对比阅读，用韦恩图的形式展示对比成果。而对比的角度是多样的，学生可以从人物特点的角度、寓言寓意的角度、获得启示的角度等，对故事进行对比，发现不同故事的相似之处。再如，在分享阶段（二）活动十一和活动十二中，引导学生在"'魔袋'人物档案馆"中联结多个人物，寻找愚者和智者，并通过给愚者排名，摘录智者充满智慧话语的方式，对所读的众多故事进行梳理。

同一部作品内部的融合比读：整本书阅读不仅要积累知识，更要进行探究性、创造性阅读，提倡多角度的、有创意的阅读，更多的是培养学生的分析、评价、创造能力，拓展学生思维空间，提高学生阅读质量。比如《西游记》中人物形象众多，活动设计侧重在"同与不同处有辨"，可以进行各组人物比读，如众多妖怪虽然同是妖精，但其处事、个性、结局又同中有异；取经徒弟孙悟空、猪八戒、沙和尚同样是护送唐僧西天取经，但他们在保驾护航的能力上又有很大区别。

（3）融作品与生活：浸润心灵塑人格

阅读不能仅仅停留在认知、理解的范畴，而应该充分将自己的个性、气质、性格、知识、阅历甚至阅读时的心情，与文本碰撞，达成独特的理解与阐释，产生审美愉悦。这种创造性的阅读过程，正是阅读沟通生活、浸润读者精神世界、提高情商乃至塑造人格的良好时机。《童年》通过描写"我"的小生活，生动地再现了19世纪七八十年代俄罗斯下层人民的生活状况，它是一轴19世纪末俄国社会的历史画卷。作为一部成长小说，其阅读目的重在"体验"一种别样的人生。在阅读中感知、领会、深化这种"体验"，将生活引进文本，学生的视野将更加开阔。融入策略加强了儿童与文本的多维联系，学生在阅读的同时，将自己的体验融入小说的世界中，从生活经验出发可以更好地理解文本内容——假如像阿廖沙那样遇到生活中的这些苦难，我们将如何面对？引导学生边读边思，融入小说，进一步深化对文本的解读。课程设置了"畅想未来""印象俄罗斯"等交流活动，引导学生将自身的阅读经历与同伴进行分享，在交流中回顾与思考、思辨与反思，更好地理解和感悟那个遥远时代的别样人生。

第三节 培养阅读习惯

"思辨性阅读与表达"是《义务教育语文课程标准（2022年版）》提出的六大学习任务群之一。这一课程内容的提出，表明思维方法的获得、思辨能力的提升、思考习惯的养成、理性精神的培植，均需经历思辨性读写过程。如何培养学生阅读习惯，让学生阅读时代入自己的思考？学生只有在真实问题的冲击下，运用"预测""提问"等多种阅读策略展开自主的阅读探求，乐于接受挑战，才能使文本的意义不断涌现，从而达到可能的认知高度，不断获得阅读的高峰体验，破除肤浅阅读带来的倦怠感。

培养学生的阅读思考习惯，让学生进行"预测""提问"等多种阅读策略的学习和运用，仅靠单元教学是完成不了的，学生必须在阅读中学习掌握阅读的策略。陈先云先生指出，真正的阅读策略是教不会的，需要学生在大量的阅读实践中获得。为了更好地实现统编教材阅读策略单元的编排目的，笔者所在的嵌入式课外阅读课题组团队将"预测""提问"阅读策略教学迁移运用到整本书的阅读教学中，培养学生阅读思考习惯，实现了以阅读策略学习与运用为目的的整本书阅读指导活动。

一、预测策略

1. 策略核心要义

预测是指根据已有的信息对故事结局、情节发展、人物命运、文章观点等多方面进行猜测。学生是学习的主体。语文课程必须根据学生身心发展和语文学习的特点，爱护学生的好奇心、求知欲，鼓励学生自主阅读、自由表达，充分激发他们的问题意识和进取精神。预测策略的学习是发展、训练学生推理、想象能力，发展学生思维的过程。

2. 策略选用工具（图7-3-1、图7-3-2、图7-3-3、图7-3-4、图7-3-5）

我是阅读思考者　　预测记录卡

阅读读物：＿＿＿＿＿＿　　阅读周期：＿＿＿＿＿＿

我的预测　　我预测的依据　　我验证的内容

修正
这次我预测（对/错了……）

图7-3-1　预测记录卡1

我是阅读思考者　　预测记录卡

【低年级适用】阅读读物：＿＿＿＿＿＿＿＿

我预测的是＿＿＿＿＿＿＿＿。我认为＿＿＿＿＿＿＿＿，我是从文章第＿＿＿句里面看出来的。

【中年级适用】阅读读物：＿＿＿＿＿＿＿＿

我预测的是＿＿＿＿＿＿＿＿。我认为＿＿＿＿＿＿＿＿，我是从文章第＿＿＿段第＿＿＿行、第＿＿＿段第＿＿＿行、第＿＿＿段第＿＿＿行里面看出来的。

【高年级适用】阅读读物：＿＿＿＿＿＿＿＿

从第＿＿＿段第＿＿＿行可以看出＿＿＿＿＿＿＿＿＿＿＿＿；
从第＿＿＿段第＿＿＿行可以看出＿＿＿＿＿＿＿＿＿＿＿＿；
从第＿＿＿段第＿＿＿行可以看出＿＿＿＿＿＿＿＿＿＿＿＿；
所以我认为＿＿＿＿＿＿＿＿＿＿＿＿＿＿＿＿＿＿＿＿＿。

图7-3-2　预测记录卡2

语文阅读进阶之路：
嵌入式课外阅读课程的构建与实施

我是阅读思考者

阅读前预先联想
挑战作者，挑战自己！

读前预测单　　　　　阅读读物：_____

读前预测	我的答案	√或○
这个故事将会发生在什么时候？		
这个故事将会发生在什么地方？		
这个故事的主题将会是什么？		
这个故事将会从哪里讲起？		
这个故事将会写到几个人物？	2-3个；3-5个；5个以上	
这个故事一定会用到的几个动词是？		
这个故事一定会用到的几个形容词是？		
这个故事将会怎样结束？		
这个故事除了逗号和句号,还一定会用到哪些标点符号？		
这个故事一定会用到哪几种描写手法？		
这个故事一定会用到哪几种修辞方法？		
这个故事一定会使用第几人称来讲？		
这个故事一定会有几个波折？(画曲线)		
这个故事的冲突一定属于哪种类型？		
我还有别的预测：		
阅读前预先联想：预测吻合，祝贺你，跟作家想的一样！预测不吻合也不要紧。		

【提示】

1. 把你预测的结果写在"我的答案"里，等整个故事读完后，检查一下，猜中的画√，没猜中的画○；
2. 故事的主题一般有爱国、友谊、冒险、亲情、环保、家乡、科普、尊老、梦想等；
3. 故事的描写手法一般有细节描写、环境描写、肖像描写、心理描写等；
4. 故事的修辞方法一般有比喻、拟人、夸张、排比等；
5. 故事讲述的人称一般有第一人称"我"、第二人称"你"和第三人称"他/她/它"；
6. 故事的冲突一般有"人与自然""人与社会""人与自己"这三种类型。

图7-3-3　读前预测单

第七章
嵌入式课外阅读课程的策略支撑

我是阅读思考者

读中预测单

阅读读物：_____

读中继续预测	我的答案	√或○
根据这个开头，故事将会如何进行下去？		
故事开始紧张起来了，接下来会发生什么事？		
接下来的故事应该发生在什么时候？		
接下来的故事应该发生在什么地方？		
接下来的故事应该会用到哪些描写手法？		
接下来的故事应该会用到哪些修辞方法？		
故事第二次紧张，接下来会发生什么？(如果有)		
接下来的故事应该发生在什么时候？		
接下来的故事应该发生在什么地方？		
接下来的故事应该会用到哪些描写手法？		
接下来的故事应该会用到哪些修辞方法？		
故事第三次紧张，接下来会发生什么(如果还有)		
接下来的故事应该发生在什么时候？		
接下来的故事应该发生在什么地方？		
接下来的故事应该会用到哪些描写手法？		
接下来的故事应该会用到哪些修辞方法？		
如觉得结局可能跟读前预测不一样，再预测一次。		

阅读中形成假设：角色遭遇和性格、情节发展和结局……

图7-3-4 读中预测单

我是阅读思考者

读后推测单　　　　　　阅读读物：_____

读后推测	我的结论	我的依据
推测作者的年代、性别、年龄、职业		1. 2.
推测作者的性格、气质或爱好		1. 2.
推测作者的生平经历或学识		1. 2.
推测文章的写作年代		1. 2.
推测作者的写作动机		1. 2.
我还有别的推测		
阅读后的验证：有些推测，可能一下子找不到答案！		

图7-3-5　读后预测单

工具说明：以上的预测记录卡、读前预测单、读中预测单、读后推测单的设计运用预测策略培养帮助学生思维能力。这些预测单是指导学生阅读的支架，更是使学生成为自主而成熟的阅读者的有效资源工具。要使预测策略单真正发挥作用，需要注意以下几点：

（1）要量力而行：娴熟的预测能力不可能经由一两次活动就轻松掌握，因此教师不但要读前、读中和读后分别指导学生使用，而且即使是读前预测，也要鼓励学生尝试从不同角度去完成。

（2）既要会搭支架，又要会拆支架：若大部分学生学会了从某一角度进行预测，就应把这个角度从预测单中删除。随着学生预测能力的增强，预测单内容将越来越少，最后只需要提供一张白纸。这样，学生就可以在没有提示的情况下独立自如地运用预测策略，真正实现从"知道"到"拥有"、从"理解"到"会用"、从"默会"到"体认"。

（3）预测策略有其独特的优势，但也有不及之处：它应该与其他的阅读策略如联结、概括、图像化等协同使用。娴熟应用各种策略综合，才能成为独立而成熟的阅读者。

（4）不同文体，预测角度和内容也有不同：即使同一文体，也应根据文本特质进行适当调整。前文的预测单比较适合故事类课文的预测。其他的文体类型，我们还需要研制更对口的预测策略单。即使有了预测策略单，教师仍然需要具备较强的文本预测能力。文本解读永远是教师必须具备的阅读基本功。

3. 策略运用方法

（1）关注阅读文本关键信息，预测理据充分

预测是建立在理据的基础上的，在阅读过程中细心观察插图，细读故事片段，结合阅读经验，有助于提高预测能力。在三年级嵌入式课外阅读课程中，课程设计团队围绕统编教材三年级上册《快乐读书吧》主题《在那奇妙的童话王国里》，开展了《安徒生童话》共读活动。本次共读活动立足于学生已经在课内阅读策略单元学习并运用预测策略的学习起点，旨在引导学生能够从课内迁移到课外，把课内习得的预测策略能力运用到课外阅读实践中。于是，在导读活动中，设计了"感受童话，猜想故事"的导读环节，由两个部分组成。第一部分，通过"看图猜一猜"，分别出示《坚定的锡兵》两幅插图，引导学生观察谈发现，借助插图预测故事发展：猜一猜这两幅图中间发生了什么故事，由此教会学生借助插图预测故事的方法，提高学生的阅读兴趣。第二部分，通过"读文猜一猜"，出示《野天鹅》故事片段，让学生预测故事发展。提出两个问题引导学生预测情节：哥哥们怎样才能得救？艾丽莎会怎么做？学生通过调动已有的阅读经验，大胆地想象，通过教师的问题迅速猜想故事的情节发展，产生很多有趣的预测，学生的阅读情感迅速与文本联结起来，产生强烈的阅读期待，大家都迫不及待地想通过阅读文本去验证自己预测的准确性。

在整本书阅读中，一边阅读一边预测，能帮助学生更好地把握内

容，关注到更多细节，感受到童话故事情节的奇妙、想象的丰富。除了在导读活动中，教师引导学生根据插图、文段去预测情节外，在《安徒生童话共读手册》中还提出了"边读边预测""在有预测的地方画上'□'"的要求。基于此，在推进活动中开展"最有意思的一次预测"的交流，以《老头子做的事总是对的》故事为例，引导学生利用"葫芦串"情节地图进行预测，感受读"葫芦串"式童话故事的乐趣。然后观看微课《"情节地图"的秘密》，引导学生运用内容重构策略，在11个童话故事中找1个，根据自己对故事的理解和感受绘制"情节地图"。在嵌入式课外阅读活动中找到依据是预测成功的关键，适当地运用预测的方法，引导学生关注题目、插图、文段等，生活经验、阅读经验等，能有助学生提高阅读能力。

（2）整合阅读文本综合信息，预测助推理解

善于发现阅读结构，抓住阅读文本要素特点，整合综合信息，运用预测策略有助于提升高阶阅读思维能力。五年级上册的"快乐读书吧"推荐阅读《田螺姑娘》。课程设计团队在阅读推进活动中，以《一幅壮锦》为例，抓住故事结构相似的特点，引导学生观察重复出现的情节与元素，把预测策略运用到阅读过程中，大胆地预测故事情节，对相似的情节进行跳读，提高阅读速度。以此类推，民间故事中有很多故事有着重复情节和相似结构，让学生把这些故事找出来进行对比阅读，标注其中重复的情节和相似的结构，利用民间故事"回环往复"的结构特点预测故事情节，进行跳读，提升阅读速度，把握主要内容，提高阅读效率。

在六年级上册的嵌入式课外阅读课程中，预测策略的运用有助于学生调动高级的阅读思维，以辩证的关系去品读著作，评价人物形象。六年级上册的"快乐读书吧"推荐阅读高尔基的《童年》。在导读活动中，小组交流"我眼中的高尔基"预习单，通过人物身份导图，了解人物生平，由此预测小说中以作者为原型的主人公阿廖沙的童年生活经

历。并且设计了"人名趣谈，理解内涵"的阅读活动环节，让学生了解俄罗斯人物名字的特点，从分析主人公全名"阿列克谢·马克西梅奇·彼什科夫"所承载着的希望，预测人物的大致命运。在接下来的推进活动中，引导学生抓环境描写、故事情节等小说因素，预测当时的社会环境，教师再通过几个微课视频验证学生的预测，让学生充分了解小说背后的沙俄社会背景。再结合当时的社会背景，从多角度分析人物形象，让小说中的主要人物立体起来。到了高年级，使用阅读监控、综合运用预测等基本的阅读策略，能帮助学生打开思路，做大胆、准确的预设，更好地了解小说阅读深层次的意义。

（3）丰富阅读活动实践形式，预测迁移运用

在实践中运用预测策略，促进学生全面理解文本内容。在六年级下册的"快乐读书吧"中，共读《鲁滨逊漂流记》，开展嵌入式课外阅读活动。课程设计团队以鲁滨逊荒岛求生的情节为蓝本，设计了一个对抗性的桌面游戏活动。游戏以小组为单位进行，以荒岛简笔地图为游戏的界面，小组根据小说具体情节，要在这个荒岛上设置10个困难点，写清楚鲁滨逊所遇到到困难，制作成"困难"游戏卡，再全面地整理鲁滨逊的人物技能，按游戏规定制作成15张人物技能卡。然后，两小组间开始游戏。小组一方在地图上标识鲁滨逊所遇到的困难，出示困难卡，对方小组要在自己制作的人物技能卡中找到相应的技能克服对方出示的困难，否则，就输掉游戏。在这样的游戏设计中，各方组员必须在制作游戏卡片前，预测对方能在书本上找到多少处困难，并在全面了解书本内容的基础上寻求解决的技能和方法，做好预设，精准地制作人物技能卡，才有可能取得胜利。这种在实战中的预测策略，必须综合调动提取信息、整合信息等阅读能力，有助于学生阅读核心素养的养成。

预测策略是一种有效的方法，能够激发学生原有的知识，使学生产生阅读期待，从而有助于提高学生的阅读理解水平和阅读速度。为了构建嵌入式的小学语文课外阅读课程，以便将其课程化、序列化和活动

化，我们基于统编教材进行设计。在这个过程中，我们遵循儿童阅读能力发展的规律，根据教材的编排特点，设计了不同层次的阅读活动。这些活动涉及预测策略，并且通过逐渐增加难度的方式来提高学生的阅读兴趣，调动他们的知识储备，提升他们的思维能力。最终，这些活动可以帮助学生成为自主阅读者。因此，我们可以说，这个课外阅读课程名副其实地成了一个"快乐读书吧"的阅读乐园。

4. 策略指导误区

预测策略在统编教材前从未受到重视，一线教师在预测策略指导中有局限。在低阶层次的指导，仅对预测对错进行判断，总结解释预测的含义和依据等；而高阶层次的指导，更着重对预测内容类型和形式的总结，让学生阐述预测依据和验证预测的要求，规范学生预测语言基本没有涉及，不得不说这是一种缺憾。针对以上误区，需要做到以下几点：

（1）厘清"猜测"与"预测"的概念

在阅读指导中最容易混淆的是"猜测"与"预测"这两个概念。通过查字典可以发现"猜测"不一定有根据，"预测"则是预先做出的有根据的想象。因此在指导预测策略阅读时要紧扣三个关键点，即预先性、根据性、具体内容的变化，开展阅读活动，这样才能避免把猜测当作预测的错误。

（2）厘清"预测"与"推论"的概念

预测和推论都需要活化和提取读者的背景知识，依据阅读线索，阅读理解文本内容进行自我监控。但是预测更关注预先联想，形成假设，引导有目的的阅读；推论策略，更关注不同观点，促进读者达成深度理解。

学生在阅读时会同时使用两到三种阅读策略完阅读任务。预测策略与推论策略是一对好朋友，它们经常会一起合作，促使读者达成深度阅读理解。在初读文章时，快速引发学生有方向性地预测，进而设计故事情节，帮助学生依据标题与故事的发展脉络进行推论，让学生对最后故事结局的预测更加准确。预测与推论策略互相交融，可以促进学生深度理解。

两种策略联合使用时还要注意以下几点，善用预测但不能无限制地联想，回到文本指出预测与推论的依据，多问为什么；允许学生提出多元的观点。

（3）厘清预测策略和预测方法之间的关系

王荣生教授曾指出"阅读策略属于元认知知识，来源于心理学研究"，"预测策略"属于阅读策略的一种，是上位概念。

"预测方法"是程序性知识，是对"如何预测"的规范性和建议性的指令，是相对于"预测策略"的下位概念。即使学生掌握了预测方法，如果不能主动地"假设—验证—修正"，就没有达到阅读策略指导的目标。

预测策略就是"指导学生通过一系列的学习，学会预测策略，并能够迁移运用预测策略，主动地'假设—验证—修正'"。当预测内容产生后，就需要有一个验证的过程，同时在教师的指导下，帮助学生重新建立新的预测。因此在预测阅读活动中，教师既要教给学生预测的方法，又要指导学生自我监控，从而让学生学会预测策略。

5. 策略解决思路：运用评价支架

预测时需要经历"阅读—假设—验证—修正"的过程。"验证"和"修正"是学生内部的自我感知和调控，学生通过自我反思、自我总结从而形成预测的能力。如何帮助学生自我反思和总结呢？评价就成了最好的支架。

多主体的评价方式，可以为学生提供自我监控的依据和参考。教师的专业评价、学生自我评价以及同伴的互相评价都能够促进学生高效反思、验证与修正。预测评价图的使用不仅可以帮助学生自我监控和评价，也可以将内隐的心理过程外显化，促进学生的自我反思和调控。教师借助评价图能够准确地判断学生的预测能力，给予指导，调整阅读活动的设计。

二、提问策略

1. 策略核心要义

学起于思，思源于疑，思维永远是由问题开始的。提问策略强调学习者在阅读时自由监控，积极主动地阅读。能够依据文本特点提出一组相关的问题，是学生阅读能力的重要体现。学生在阅读过程中不断发现并提出问题是其善于思考、勤于动脑的表现。阅读时引导学生不断地提问，可以触发学生的问题意识和有深度的思考，对培养学生的创新思维、学习能力和学习品质都有着非常重要的作用。阅读时引导学生质疑问难，学生获得的不仅是一种重要的阅读方式，也是在培养一种良好的学习习惯。

学生阅读时的提问一般可以划分为三个层次：事实的问题、推论的问题、评论的问题。事实的问题一般都可以直接在文中找到现成的答案，这一类型的问题是由于阅读不仔细而产生，并非真问题，指导学生质疑时不必过多纠缠这类问题，需要引导学生质疑的是后两类问题。所谓推论的问题，是指学生阅读文本时通过整合前后文本信息而产生的一些疑问，需要通过分析、推论来解决。例如，"三打白骨精故事中，为什么作者一定要构思三打的情节？"须依据文本内容思考、推论出答案。这一层次的问题更能体现学生思考问题的质量，促进学生对文本的深入理解。所谓评论的问题，是关于文章的表达方式与主旨、个人的阅读心得与感受的问题，或对文章做出评论。这一层次的问题需要结合背景知识来回答，是高层次的问题，有利于培养学生的创新思维，并能使学生从文本中获得更多的语文营养。

2. 策略选用工具（图7-3-6、图7-3-7、图7-3-8）

我是阅读思考者　　提问记录卡

序号	阅读阶段	我的问题记录	是否解决（怎样解决的）
1	自读阶段		
2	共读阶段		
3	延读阶段		

图7-3-6　提问记录卡（1）

我是阅读思考者　　提问记录卡

阅读读物：_____　　阅读周期：_____

阅读时间	阅读页码	我的问题记录	是否解决	怎样解决的？
__月__日	第__页至第__页			
__月__日	第__页至第__页			
__月__日	第__页至第__页			
__月__日	第__页至第__页			
__月__日	第__页至第__页			
__月__日	第__页至第__页			
__月__日	第__页至第__页			
__月__日	第__页至第__页			
__月__日	第__页至第__页			
__月__日	第__页至第__页			

图7-3-7　提问记录卡（2）

我是阅读思考者　　提问自评卡

			评价指标	自评	互评
1	敢问 （兴趣和勇气）	敢于提出问题，有兴趣提出问题。	有提问的意思，会在疑问处做标识。		
2	真问 （有疑而问）	了解不同类型的问题。	能说清楚自己想提出的问题。		
3	善问 （问得深，问得准）	学习提出不同层次的问题。	能对阅读的内容提问。		
4		运用师生互助、小组合作、自我探究等形式，整理问题，解决问题，提出新的问题等。	能对文章的表达方式提问。		

图7-3-8　提问自评

工具说明：

（1）教师要摆正自己的角色定位，营造一个安全的提问环境，使课堂气氛和谐。

（2）保护学生的好奇心和求知欲，鼓励学生大胆提问，赞扬敢于提问学生的勇气可嘉和善于思考的品质，给予学生充分的思考时间，好问题来自深入的思考。

（3）了解不同类型的问题，随时小结方法，肯定提问的质量。

（4）渗透文体意识，根据不同文体指导相应的问题表述。

3. 策略运用方法

《义务教育语文课程标准（2022年版）》的课程目标与内容部分对于培养学生的质疑能力提出了明确的要求：第二学段的要求是"能对课文中不理解的地方提出疑问"；第三学段的要求是"在交流和讨论中，敢于提出看法，做出自己的判断"。提问能力的培养，重在培养学生质疑的意识，帮助学生掌握质疑的方法。学生阅读时比较关注从文章的内容方面提出问题，还要尽可能引导学生从文章的用词造句以及表达方式等方面进行思考并提出问题，这样更能提高学生阅读的质量。

可是目前一线整本书阅读指导过程中，教师仍是提问的主体，"教师问，学生答"仍是普遍现象。为什么不让学生自主提问呢？绝大多数教师明白"让学生学会提出问题"的重要意义，但实际操作中却感觉困难重重，需要必要的支架支撑。大部分学生初读后会产生不懂的问题，但这些问题中大部分是关于词句理解的，能在文中直接找到答案的又占半数左右，部分问题是关于表达方式的，还有部分是与课文内容主旨关联不大的问题。不同层次学校差异较大，学生分化较为明显。还有不少学生有问题但不敢问，怕老师和同伴嘲笑；有问题但不知道如何问，意思表达不清楚的也占不少；甚至有问题但无法判断这个问题是不是个好问题，还有部分学生存在"老师让我问，我就随便问，其实我是知道答案"的情况。这说明，第二学段学生具有较强的提问欲望，但缺乏提问的勇气，不知道如何提问，也不知道什么样的问题是好问题，提问的质量亟待提高。综上所述，要培养学生阅读时独立的思考习惯，提问策略在整本书阅读指导中需要提升到更重要的战略地位。下面以四年级嵌入式课外阅读课程为例，浅谈如何在阅读活动中培养学生的提问能力。

（1）导读活动中提升"问题意识"，激发阅读兴趣

四年级上学期"快乐读书吧"安排阅读《中国神话传说》，在开启共读这本书之前，嵌入式课外阅读课程设计了提问环节：让学生阅读目录，根据目录，尝试用"我想知道……"这种提问方式，提出自己最想从故事中知道的问题。这时，学生提出了五花八门的问题，这些问题大多围绕"谁、哪里、为什么、结果是什么"进行提问。这些提问有的属于层次比较低，只要学生打开书阅读就能找到答案的"速答型问题"，有的甚至是幼稚可笑的问题。但这些问题真实地反映了学生的认知水平，因此教师要珍惜并利用好这些问题，让学生带着这些"原始"的问题，兴致盎然地进入阅读中。

在开启了《中国神话传说》的共读活动后，还设计了"问题三千问"阅读学习单。这要求学生运用在教材中学到的列"问题清单"的方法。"问题清单"是"提问策略"学习中的一个基本环节。"问题清单"是帮助学生分析问题和解决问题的第一步。如果学生没有一个清晰的问题清单，就不能有目的地带着问题阅读，就不能清晰地知道自己要解决什么问题。教师将"列问题清单"的方法迁移到课外阅读课程中。在"问题三千问"阅读学习单中，课程团队设计了一个表格，提示学生在阅读时使用提问策略，对有疑问的地方提出问题，并记录下来。对于这些问题，可以自己试着寻找答案，也可以和父母、同学分享交流。

在四年级下学期"快乐读书吧"嵌入式课外阅读课程《十万个为什么》的导读活动中，课程团队让学生阅读书中的目录。这本书关于"房间旅行记"的目录就是一个"问题清单"，上面罗列了许多作者将要解答的问题。对于这种自带问题的"特殊"目录，设计开启共读前的问题清单是"我还想知道……"这样的环节，让学生提出自己还想从书中知道的问题。学生提出的这些问题，有的是作者在书中解答了的，有的问题是作者没有提及、没有解答的，但这些问题存疑，能激发学生阅读更多的科普读物，查找更多的资料来解答心中的问题。

四年级嵌入式课外阅读课程的导读活动中设计的这些提问环节，能提升学生阅读的"问题意识"，能让学生对这本书充满好奇心。好奇心让学生想要弄明白，想去书中找寻答案。这样就激发了学生最原始的阅读兴趣，带着兴趣阅读能帮助学生更好地理解文本。

（2）推进活动中提升"问题质量"，进入深度阅读

在四年级嵌入式课外阅读课程的《中国神话传说》和《十万个为什么》的推进活动中，课程团队都设计了一个环节，让学生将自己的"问题清单"进行梳理。学生用不同的符号标记不同层次的问题：哪些问题是在阅读中能一目了然地找到答案的；哪些问题是要在阅读中反复阅读，结合自己的思考才能解答的；哪些问题是反复阅读和思考后，仍未

解答出来的。

通过问题清单的梳理，学生会发现自己提的问题中，并非所有的问题都能在阅读中，一目了然地找到现成答案。但是这些没有现成答案的问题往往比那些能快速找到现成答案的问题更能帮助自己思考，更能让自己进入深度阅读中，让阅读收获更大。那些在反复阅读和思考后，仍未解答的问题，将指引着学生或请教他人，或找寻资料，或展开更多相关主题的阅读。

当学生给自己的问题梳理了层次，知道"速答型问题"和"思考型问题"之间的区别后，教师引导学生在接下来的阅读中，学会从提出"速答型问题"到"思考型问题"过渡。在这些"思考型问题"的驱动下深入阅读，深入地思考，并解答这些问题，能使学生获得更高的阅读成就感。

（3）共读活动后尝试提出"思辨性问题"，延续拓展阅读

当学生完成了阅读共读的书目后，可以尝试让学生提出"思辨性问题"，提高学生的思辨能力，拓展学生的阅读。在四年级上学期，学生完成了《中国神话传说》的阅读后，教师在《共读手册》中设计了一个引导学生提出思辨性问题的题目。首先让学生找出书中关于"取火"的神话故事——《燧人氏钻木取火》《伏羲教人取火》《阏伯盗火》，接着引导学生将中国的"取火"神话和教材中《普罗米修斯》进行对比阅读，让学生提出问题，并将自己不能解决的问题和共读伙伴讨论。和共读伙伴讨论依然无法解决的问题，抄送给教师。学生开始提出的问题大多数是关于"这些关于'火'的神话，有什么不同（或相同）之处？"后来和共读伙伴交流后，学生提出了一些思辨性的问题，例如："同样是'取火'的神话故事，但为什么会有不同的说法？""为什么中国的'取火'神话，会与外国的'取火'神话有这么大的不同？"等。这些问题涉及了神话的起源、中外神话的文化区别等，属于思辨型的问题。对于这些思辨性的问题，教师不须逐一解答，可以让学生存疑，让学生

带着问题阅读更多的中外神话故事，从而开启"快乐读书吧"中"相信你可以读更多"的环节：推荐学生阅读《世界经典神话与传说故事》，让学生阅读更多的外国神话，感受中国与外国神话传说之间的不同文化差异。从学生存疑的问题，引领学生读更多的书籍，让学生明白"阅读之旅只有起点，没有终点"。

4. 策略运用操作步骤（图7-3-9）

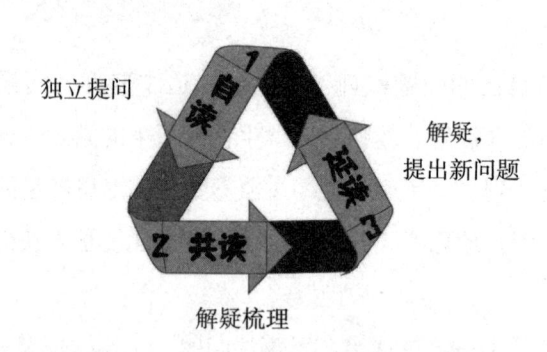

图7-3-9 提问策略运用操作步骤示意图

学生阅读活动一般要经历三个步骤，提问也随之展开：

"自读"环节：可以提示学生提问的方法，给予学生充分的思考时间，指导学生用简洁的符号、词句在文本上做标记。

"共读"环节：可以围绕以下两点组织小组合作交流：

我有问题，请大家帮我解答。

我们还有哪些问题，需要请全班同学帮助解答。

"延读"环节：可以组织以下活动：

（1）汇报小组内尚未解决的问题。

（2）给问题分类，如按照词句的理解、内容的理解分，或按照相对集中的段落分等，便于解决问题。

（3）分类解决问题。

（4）提出新问题。

其中分类解决是难点，可采用"抓一个主问题解决一串"的策略，引导学生发现哪个是最主要的问题，主问题跟其他问题是什么关系。

"三步走"的目的是逐步淘汰低层次的、可以直接提取信息的问题，淘汰一部分通过联系上下文就可以解决的问题，筛选出确实有难度、值得深入探究的问题进行重点处理。在此过程中，学生可以以问题为凭借，从内容理解到领悟表达，在文本中进进出出、来来回回，与同伴共享理解体会，提升阅读智能。

第四节　提高阅读质量

在阅读过程中，由于小学生的阅历和理解能力有限，往往不能深刻地理解文本。此时，教师应指导学生对文本进行创造性复述，将文本中的信息进行提取，并将其转化为自己的语言表达出来。通过对文本的深入理解，学生不但能更好地表达自己的观点和思想，而且能加深对文本的理解，这样才能提高阅读质量。在整本书阅读指导中要运用多种提速策略，提高学生的阅读速度，帮助学生更好地理解文章内容的同时，提升学生的阅读水平和能力。

一、提速策略

1. 策略核心要义

统编教材五年级上册第二单元是阅读策略单元。"学习提高阅读速度的方法"是这一单元的语文要素。教材做了有层次、有梯度的安排，辅之相应的提高阅读速度的方法，在阅读实践中循序渐进地落实教学目标。在"快乐读书吧"民间故事集的阅读活动中，除了要巩固课内提及的速读方法，还要从其他角度提示学生快速阅读的方法。

2. 策略选用工具

（1）计时程序：

在小学阶段，可以让教师设计计时卡、记分表，以统一口令让学生读，然后在多媒体屏幕上显示时间。学生读完后，记下自己所用的时间。

（2）计时时间：

可以累计计时，也可以阅读时先记下"起读时间"，阅读完毕，再记下"止读时间"。

（3）计时计算：

一是阅读的总时间。由止读时间减去起读时间所得，也可由累计时间所得，以"分钟"为单位。二是阅读的速度。由总字数除以总时间所得每分钟学生阅读的字数，以汉字个数为单位。

（4）阅读时间记录表（图7-4-1）：

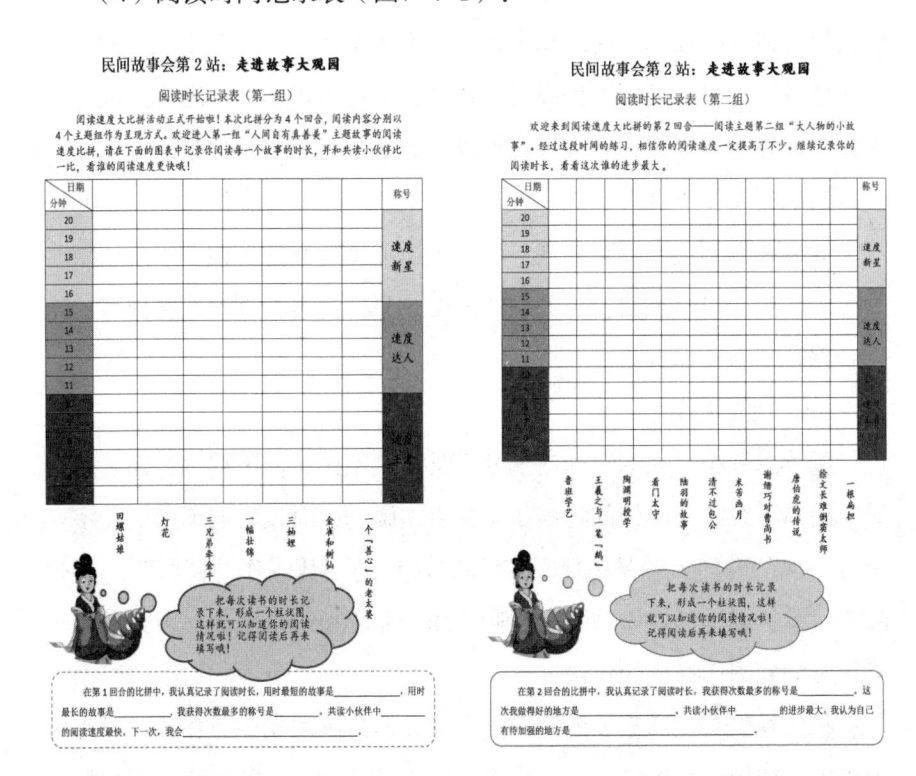

图7-4-1 《〈中国民间故事精选〉嵌入式课外阅读课程学生共读手册》中的阅读时长记录

工具说明： "阅读时长记录表"引导学生将从阅读策略单元学到的阅读方法，综合运用到"快乐读书吧"栏目的整本书阅读过程中。让学生及时记录总结使之在原有基础上提高阅读速度，从而提升阅读的理解能力，逐渐达到阅读速度和阅读理解能力的双重提升，最终提升学生阅读素养。

3. 影响阅读速度的因素

一般来说，影响阅读速度的因素主要有以下这些。

（1）阅读方式

人们在默读时，仅用视觉中枢把所看到的文字素材传递给大脑，避免因发音器官的运动，使运动中枢对视觉中枢产生干扰。由此人们可以从容地进行思考，既可以提高阅读速度，又可以增强阅读理解的能力。因此，在进行快速阅读时应采取默读的方法。需要指出的是在识记或背诵方面朗读要优于默读。

如果在做阅读题目时发现自己有出声或动嘴唇的习惯，可采用限时阅读的方法，眼睛加快扫视页面的速度，集中注意力理解读物内容，使发音器官来不及发音。

（2）视野大小

阅读过程中，人的眼球活动并不是连续不断地向下移动，而是时停时动地向下跳跃。眼停的时候认识文字，眼动的时候转向下面的文字。眼停一次的时间大约是0.3秒，眼停时认识的字数叫作"视野"。一个阅读过程，眼动的时间占95%，眼停的时间只占5%。因此，视野的大小直接影响到阅读速度的快慢。

扩大视野，提高整体的认识能力可以通过练习实现。在练习过程中可以把一些短语或短句写在卡片或其他小纸片上，在很短的时间内从眼前扫过，然后说出短语或短句的内容；也可以把一些字数相同的短语或短句放在一组，按照字数由少到多的顺序逐组排列，依次练习。

（3）回视

阅读过程中人们的视线应从前到后、从上到下依次扫视。但由于在阅读过程中遇到一些难写或难以理解的字或词语，而不得不做暂时停留或返回前文重新扫视，这便是"回视"。由于阅读材料太难而造成回视现象是正常的。但有些读者的回视并非因为阅读材料太难，而是因为没有养成整体认识的习惯，又不能很好地把认识过的文字流利地组成完整的语句，常常是看完后面忘了前面，不得不回视，这就大大降低了阅读速度。要克服回视的毛病，可通过下面的练习进行训练：从阅读浅显易懂的材料开始，通过限时训练减少回视，逐步加快阅读速度。在取得一定成效之后，可慢慢地提高阅读材料的难度，仍采用限时阅读的方法，最后可达到避免回视，加快阅读速度的效果。

另外，在阅读过程中应注意避免扫视的串行。也就是说，在阅读过程中应做到视线从上一行末端移至下一行开头时扫视准确，不要串行。如果有扫视串行的毛病，可通过下面的方法加以克服：阅读完上一行后，先预测下一行开头的文字，然后再验证预测是否准确。这样，在读完一行后便有了心理准备，扫视移行时会比较顺利。

（4）注意力

这是指在阅读过程中视觉中枢和大脑对阅读材料内容的一种积极的指向和集中。也就是说，在阅读过程中，应把注意力全部集中在对材料内容的认识和理解上，只有这样，人们的视觉和思维才会处于一种积极的活跃状态，才会加快对阅读材料的认识和理解。做到阅读时注意力高度集中应注意两点：①阅读前要有明确的目的，即阅读前要明白阅读文章要解决什么问题或要获取什么方面的知识。就如，在做阅读题目之前可先看材料后面的题目，然后再阅读材料。②阅读过程中要做到专心致志，不要三心二意，不要左顾右盼，更不要考虑无关的事情，以免影响阅读速度，降低理解率。

（5）文中数字、时间的处理

阅读过程中经常会碰到数字、时间等比较难记的内容，尤其在阅读科技说明文时，数字、时间等内容更是会比较频繁地出现，让人难免混杂。在这种情况下，可以把数字、时间用笔标出来，如果在阅读理解中要用到这些数字或时间便可以通过标记很快查到。当然，如果是比较重要或有标志意义的数字或时间则应在阅读时便准确记牢，以免影响下文的阅读和理解。

（6）关键语句和主要信息

阅读材料的文字都蕴藏着一定的信息，但并不是每个文字的信息都相等。一个句子常由许多词语构成，其中，有的词语是关键性的，没有它，意思就表达不清；有的则不然。有经验的读者在阅读过程中并不是对每一个文字、语段平均用力，而是只抓住关键的词语和句子，其他内容则快速掠过。只有这样，阅读才会有张有弛并达到一定速度；在阅读过程中把注意力平均分配到每一个词语、句子上，不仅抓不住重要信息，还会造成视觉和脑力的疲劳，进而影响阅读速度。

文中的重要信息分布一般是有规律的：在记叙和描写性的文体中，单句的重要信息一般是主语、谓语和宾语；在科技文体、政论文体中，单句的重要信息更有可能是状语、定语和补语；在复句中，大多数偏正复句的重要信息是正句；而在条件复句中，表示唯一条件的分句则是重要信息。在文段中，文段的中心句、文章的主题句和含主题句的文段是重要信息。了解阅读材料中重要信息的分布状况，在阅读时便可有的放矢地捕捉有效信息，提高阅读速度。

我们可通过下面的方法提高自己捕捉文章重要信息的能力。首先选择不少于30个结构复杂的长句，用很快的速度读完，并标出语句的重要信息。练习标注直至标注准确的句子不少于27个，否则再找30个结构复杂的长句进行训练，直到标注准确率在90%以上。接下来再找不同文体的文章各3篇，采用限时阅读的方法一边阅读，一边标注重要文句和语段。

4. 阅读的速度与效益

关于阅读的速度，有必要进行效果、效率、效益的审视，以确保达成阅读的科学、辩证、有效的速度要求。

（1）读的速度与效果

理解的效果：有效的快速阅读取决于以下三个要素：速度、记忆和理解。速读的要求是速度上要"快"，要达到常人三至五倍以上的阅读速度；记忆上要"清"，对文章的关键词和重点部位的记忆准确率达到80%以上；理解上要"准"，对阅读文章的结构、层次、语言、主题、题目等，理解到位且精准。

任何一篇文章，它的构词方式、句子结构、句与句之间的关系都有一定的规律和模式。有意识地掌握这些规律和模式，可以加快对词义句义的理解，使阅读过程变得轻松流畅，从而提高阅读速度。例如，汉语的句子一般是由主语、谓语、宾语和其他附加成分组成的。掌握了这个模式，即使碰到很复杂的长句，也能准确地抓住主干，迅速理解句子意思。又如，汉语句子中的词序和词的搭配有一定的规律，"发挥"常与"作用""威力""创造性"等词搭配；"发扬"常与"精神""作风""传统"等词搭配。掌握了这些习惯句式，阅读活动就会变得比较顺畅。这是因为阅读材料中出现的字词句越是在阅读者的意料之中，认识和理解的难度就越小。掌握了这种技巧，可以明显地提高阅读速度。

数据的效果：阅读速度是在单位时间内所能阅读的字数，或阅读一定字数需要的时间。简易测定法是让受试者读一段或一篇文章，把默读所用时间记下来，计算单位时间内读了多少字或读一个字所需的时间。用速示器严格控制的速示法比较准确。读速的常模数据，1933年龚启昌曾有研究结果。他以记叙文、写景文、说理文对小学三至六年级学生进行读速测定。三种文章各年级平均速率，每分钟为：三年级214字，四年级270字，五年级286字，六年级400字。

一般认为，成人的朗读速度为每分钟240～260字，快速朗读为每分钟350～500字，急速阅读每分钟501～762字，默读为每分钟562～622字，快速阅读每分钟大于800字。

《语文课程标准》在第三学段明确指出："默读有一定速度，默读一般读物每分钟不少于300字。"这是对小学毕业生的默读速度要求。

（2）读的速度与效率

我们应注意阅读速度和阅读效率之间的关系。有效的阅读应该是速度快、理解准、记忆好的阅读。提高阅读效率有两个训练要点。

加快眼球的移动速度：看书是从左向右的，眼球也是跟着移动到右边的。有些人的眼球移动得很快，所以阅读速度也很快。想要提高阅读速度，就需要有意识地提高眼球移动的速度。

扩大视野宽度：所谓的一目十行就是视野宽度大、辨识广度大，一眼可以清晰地看见很多行字。扩大视觉幅度，能缩短眼停时间。阅读过程中，眼睛是以快速跳跃运动的方式进行的。其中眼动的时间只占5%，而眼睛停留在各个注视点上的时间占到总时间的95%。视觉幅度扩大，每次眼停获得的信息就会增多，从而可以节省阅读时间；减少眼停的时间，也会相应提高整体阅读的速度。

日本明治大学教授斋藤孝在《超级阅读术》中，提供了一个简单的开阔视野宽度的方法：把双臂向前伸直，像是做侧平举一样，向身体两侧慢慢展开。最初的时候，你可能很快就看不到双臂了，但是经常练习，你能看到的双臂范围在扩大。相应的，阅读的视野宽度大了，辨识广度也会增大，阅读速度也会加快。

（3）读的速度与效益

从更加宽泛的意义上看，速读既是一种阅读的方法，也是一种习惯、一种能力、一种素养。

速读是一种良好的习惯：许多高年级的小学生读书时还存在不良习

惯，如回读习惯（在阅读时经常回过头来重新阅读已经读过的内容）、依赖词典阅读的习惯（过分频繁地查阅词典）、出声的阅读习惯（声音很响地读）、逐字阅读的习惯（习惯用手或笔指着词一个一个地读）、翻译的习惯（阅读一句翻译一句话的意思）等，严重影响了阅读速度和效率。而速读有利于提高阅读效率，读的速度快，相同的时间可以多读文章，学习的知识自然就多了。所以，快速阅读既是一种方法，也应是一种习惯。自然成习惯，既然是习惯，就需要练习，只有勤奋练习，才有可能成自然。

速读是一种必备的能力：在使用统编版小学语文教材的当下，一个能力挑战是"长文短读"。在读长篇文章时，可以把速读与精读结合使用。在速读过程中选择重要章节再精读，实行大部分速读与部分精读相结合的方法。有的文章在速读时，可以先把扫视的注意力放在发现文章布局谋篇的构思上，尤其要注意文章要点出现的规律。掌握了这个规律，有的地方就可以跳过不看，同样能起到掌握要点或获得所要信息的作用。

速读是一种基础的素养：传统的阅读路线往往是由视觉中心传至说话中心，经发音器官发出声音传至听觉中心，再由听觉中心传到阅读中心，最后才达到理解文字意义的过程。这样的过程曲折，迂回路线太长，不仅费精力、易疲劳，还直接影响理解和记忆的效果。快速阅读则是培养阅读者直接把视觉器官感知的文字符号转换成意义，消除头脑中潜在的发声现象，形成眼脑直映，从而实现阅读速度的飞跃。这种素养，可以为学生的终身发展奠定基础。统编版语文教材总主编温儒敏教授曾甩下一句狠话，惊呆了众人："语文高考最后要实现让15%的人做不完。"2019年高考的题量比往年悄悄增加了5%~8%。这些信息，就是对提高阅读速度的急迫警示。

5. 策略运用方法

提高阅读速度的训练方法，有以下几种：

（1）遮盖法

视觉心理学告诉我们，阅读时，并不是眼球沿着每个字连续不断移动，而是经常在眼停时才能感知字句，阅读的大部分时间都属于眼停。每次眼停，视觉广度的范围是4~8个字。阅读主要是靠眼球作"正移动"来完成的，但有时因字句费解，眼球还会做"负移动"，重新感知和理解。这样，势必会减慢阅读的速度。为了减少回视次数，阅读前准备一张和书页差不多大小的白纸，放在书的上端。读完一行文字就把白纸往下拉一行，使眼睛不能回读遮盖住的文字。这样就可以减少"负移动"，增加眼停的视觉广度。

（2）限时限量速读法

人们往往有过这样的体会，当借到一本脍炙人口的书，恨不得一口气读完，为了不失手中宝物，以撷书中之玉，会以超常的阅读速度，一鼓作气把书看完。这种感知字句的潜能发掘，是由于感受器官接收到"时间紧迫"的信号后，刺激大脑的视觉神经，迫使阅读者集中精力，使被感知的字句传至大脑皮层枕叶的视觉过程加快，反映出来便是眼动速度增快。根据这种心理现象，可以在阅读前确定一定数量的材料，限定在多长时间内读完。

（3）提纲挈领速读法

从字面上理解，该方法就是把问题简明扼要地提出来，善于抓住精髓。强烈的目的意识是提高阅读速度的前提。我们在阅读之始，应根据书的种类和性质，列出相应的"线索卡片"，有目的、有重点地摘读，就可提高阅读速度。特别在阅读一般性的书籍时，这种速读方法可以使阅读者达到省时省力的效果。

（4）知识交流速读法

该方法就是在知识总量不变的前提下，将整体分解成多个部分，由几个人在一起同步阅读不同部分，各自猎取知识的分支。而后通过知识交流这条途径，使每个阅读者都能完整地获取知识的整体。这种速读方法要求由两人以上并组成学习小组。阅读前，将需要阅读的书籍根据个人的阅读能力，量力分读，做出卡片。阅读结束后，互相交流，就能使每个阅读者尽快掌握需读书籍的全貌，取得事半功倍的实效。

（5）手指或笔尖辅助阅读法

阅读者拿出自己的"练习书"，把右手的食指放在任意一页的第一行开头，然后用这根手指引导着自己的视线，一行接一行地阅读，坚持这种方式连续阅读几页。

当练习了一段时间以后重测阅读速度时便会发现，阅读者的阅读速度已经有了不小的进步，因为他的眼睛不会毫无规律地在密密麻麻的文字之间跳来跳去，视线更不会隔三岔五就游移到书本之外。需要指出是，该方法仅用于训练，在日常阅读时应避免使用。

二、创造性复述策略

1. 策略核心要义

复述是对语言材料吸收、内化、整合和表达的过程，融理解、记忆、表达于一体。复述在语文学习中是一项综合能力，是掌握和积累语言材料的重要手段，是提高学生言语智能的重要方法。《义务教育语文课程标准（2022年版）》对第二学段叙事类文本提出要求：能复述叙事性作品的大意。简要复述，即抓住课文的主要内容进行概述，有助于培养学生信息提取区分能力和思维能力。在复述故事之前，学生通过多种方式读课文。在了解故事内容，理清故事脉络的前提下，让学生简要复述，提出要求：复述有顺序，重要情节不遗漏，用自己的话说，语言简洁。

2. 策略选用工具（图7-4-2至图7-4-5）

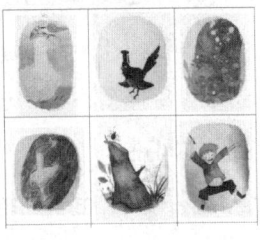

图7-4-2 《〈读读童话故事〉嵌入式课外阅读课程学生共读手册》中的故事卡片拼拼乐

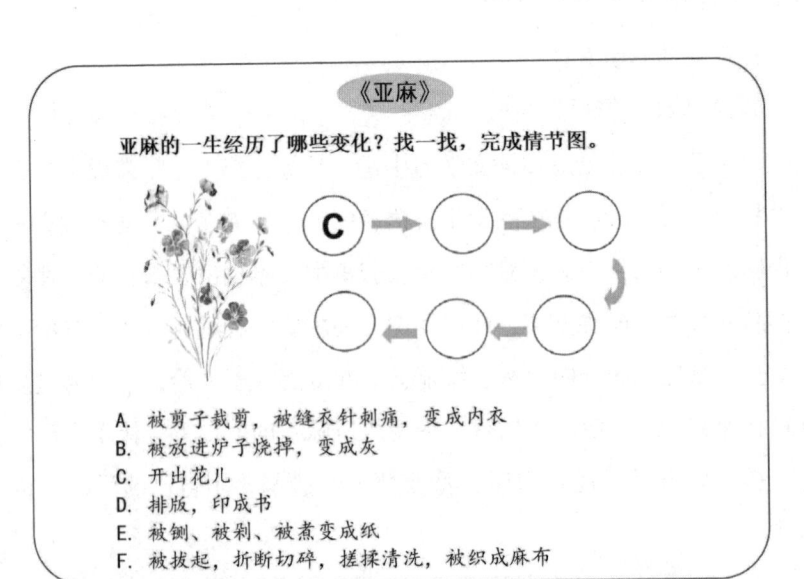

《亚麻》

亚麻的一生经历了哪些变化？找一找，完成情节图。

A. 被剪子裁剪，被缝衣针刺痛，变成内衣
B. 被放进炉子烧掉，变成灰
C. 开出花儿
D. 排版，印成书
E. 被铡、被剥、被煮变成纸
F. 被拔起，折断切碎，搓揉清洗，被织成麻布

图7-4-3 《〈读读童话故事〉嵌入式课外阅读课程学生共读手册》中的选择型情节地图

第七章
嵌入式课外阅读课程的策略支撑

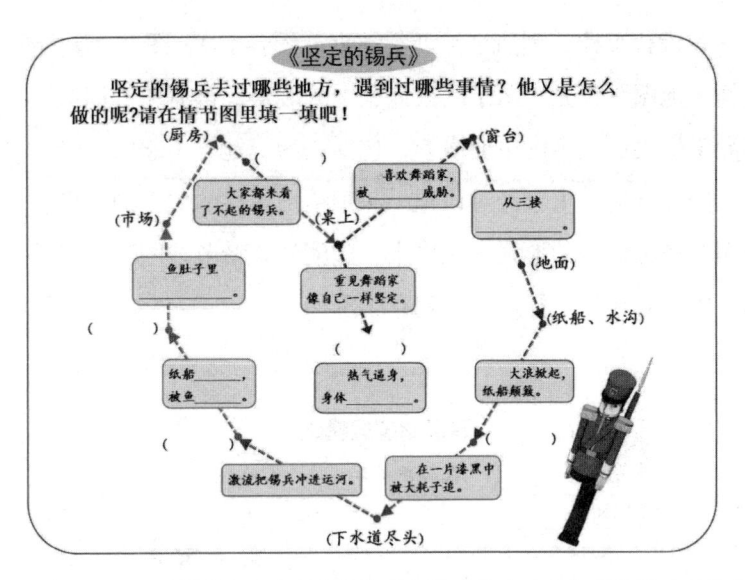

图7-4-4 《〈读读童话故事〉嵌入式课外阅读课程学生共读手册》中的提示型情节地图

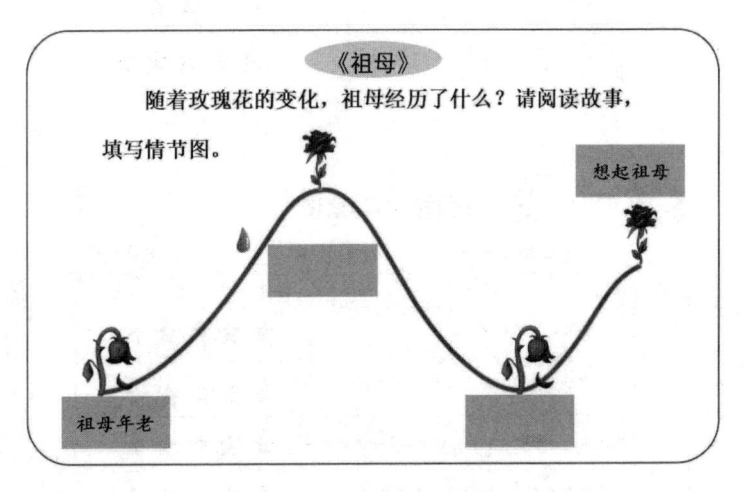

图7-4-5 《〈读读童话故事〉嵌入式课外阅读课程学生共读手册》中的发展型情节地图

工具说明：图7-4-2"故事卡片拼拼乐"正是充分利用了每个故事的插图，要求学生在小组内选择一个故事，挑选有代表性的插图进行剪贴，用图片为有趣的文字构建出一张故事地图。组员们再借助故事地图讲述故事，在生动有趣的游戏中不知不觉地练习复述。个别孩子还能将

221

故事内容进行重构，创造性地新编故事。图7-4-3、图7-4-4、图7-4-5的"情节地图"正是来源于阅读课程中的故事，没有关键词提示。教师可指导学生提炼故事的主要内容，包括人物、地点、起因、经过、结果等不同的关键词。大家经过讨论一起总结出完整的关键词。最后，让学生以图画搭配词语的形式表现出来，这就是"情节地图"。有了"情节地图"的支架，学生复述故事就有了阶梯。

我是阅读思考者

伙伴评价单　　　　复述故事：＿＿＿＿＿＿

序号	项目	评价
1	能用自己的话复述	★★★★★
2	能按顺序（地点）复述	★★★★★
3	重要情节不遗漏	★★★★★
4	能运用合适方法吸引听众	★★★★★

故事大讲坛　**民间故事我来讲**

伙伴评价单　　　　复述故事：＿＿＿＿＿＿

序号	项目	评价
1	能完整复述故事情节	★★★★★
2	能丰富故事情节，适当添加人物对话	★★★★★
3	能适当加入动作和表情，绘声绘色地复述故事	★★★★★
4	能运用其他人的口吻合适地复述故事	★★★★★

图7-4-6　伙伴评价单

我是阅读思考者

听众评价单　　　　　复述故事：_____

序号	项目	评价
1	故事内容听得清楚吗？	★★★★★
2	故事讲得生动有趣吗？	★★★★★
3	是用自己的话来讲的吗？	★★★★★

图7-4-7　听众评价单

工具说明：听众评价单和伙伴评价单是真实情境下的真实评估，任务展开是与评估同步进行的（图7-4-6、图7-4-7）。评估的重点是思维的条理性、逻辑性和言语的建构性以及语境感。思维的条理性与逻辑性决定复述是不是清晰，前后能不能自然衔接。

3. 策略运用方法

复述是学生在阅读时对文章进行的一种再创造，也是对文本的一种理解、一种认识、一种体验，更是培养学生独立阅读能力的重要方式。教师在教学过程中要抓住复述的时机，从多个方面展开教学，让学生在复述中理解文本，在复述中提升能力，让学生养成良好的阅读习惯。

复述是一种阅读能力，它能促使学生将阅读内容内化于心，能培养学生的语言能力、逻辑思维能力、想象能力、思维能力等。复述也是一种写作技巧，它可以让学生在复述的过程中，把文章中的内容转化成自己的语言，把文章的内容转化成自己的知识，从而提高自身的阅读水平。教师要充分认识复述在培养学生阅读能力方面的作用，把复述融入语文课堂教学中，培养学生良好的阅读习惯，提高学生的语文素养。

（1）借助支架进行概括性复述

故事一般篇幅比较长，简要复述对学生来说有一定的难度，教师要帮助学生搭建复述故事的支架，如提纲、表格、思维导图、情节地图、连环画等。学生对以上复述故事的方法并不陌生。统编版教材特别关注讲故事的语言训练，如：根据故事情节，按顺序将图片连起来讲故事；根据示意图讲故事；试着用上几组关键词讲故事；填写表格，借助表格讲故事……以图片、文字、图文相互转化等方式简要复述故事，是对低中年级"讲故事"训练的提升与巩固。

（2）提炼图式进行详细复述

简要复述的目的在于理清故事的整体框架，但简要复述无法让学生感受到民间故事独特的魅力。因此，详细复述应成为民间故事教学的重点。故事是用来"讲"的，应"轻阅读分析，重讲好故事"。在简要复述的基础上，教师引导学生感受民间故事独特的表达秘妙，兴趣盎然地讲故事，并能够讲具体、讲生动。教给学生复述的方法，不仅要帮助学生学会抓住关键词句，梳理课文主要内容，按故事顺序复述，还要做到重要情节不遗漏，这样语文要素才能落地生根。图式的建立能直观地指导学生对文本的理解，对关键内容的把握。图式提取的过程本身就充满挑战、富有智慧。借助图式，学生能有条理地完成创造性复述，建构性学习的乐趣体现得淋漓尽致。可利用不同形式、不同内容的思维导图，借助有形的思维形式帮助学生梳理文本脉络，记忆文本材料，形成自我认知，内化理解。教师要充分发挥复述的作用，以课文为依托，挖掘学生学习兴趣的突破口，提升学生口语表达、阅读理解、积累语言、书面表达等能力。

（3）创设情境进行多角度复述

故事叙述方式多为第三人称，学生在读这类文本时，与文本角色距离较远，文本的代入感不强。若变换人称，创设情境转换角色让学生进行复述，学生的角色感会增强，趣味性会增浓，自我体验会更真实。

例如，《龙牙颗颗钉满天》一文依据"讲故事小锦囊"（图7-4-8）讲故事，只是概括性地复述故事内容。倘若止步于此，学生所得有限，可以创设情境多角度复述。比如，以"青姑娘"或"白姑娘"的角度讲述，此时揭示文章主旨，水到渠成。角色不断变化，课堂更富有情境性,这样的复述有声有色,学生乐此不疲。

> 根据梳理的表格,发挥想象,以"青姑娘"或"白姑娘"的角度向共读伙伴讲述《龙牙颗颗钉满天》,看看谁讲的故事最吸引人。

讲故事 小锦囊

1. 理一理:梳理故事中的主要人物、基本情节和故事结局。
2. 记一记:梳理《龙牙颗颗钉满天》中反复的内容,更快记住故事情节。
3. 换一换:讲故事的时候,以"青姑娘"或"白姑娘"的角度来讲述,注意人称代词要变换哦!

图7-4-8 《〈中国民间故事精选〉嵌入式课外阅读课程学生共读手册》中的讲故事小锦囊

如果复述仅仅是讲述故事内容,那么就弱化了文本的价值。课文内容只是承载语言的一种方式,理解、运用、超越,才能更好地发展学生的语言素养。所有复述的核心,最终都是为了创造性地复述。创造性复述的要求较高,它不是对课文内容进行简单的重复,而是要通过联想和想象,增加情节,再次生动形象地刻画人物的形象。创造性复述是在研习原有人物性格特点的基础上,进行谋篇布局、遣词造句的表达练习。

统编教材的编写具有整体意识。教师教学时要有整体意识,把握训练的关联性,但不要囿于教材、囿于语文要素,而应该创造性地使用教材,倡导自主发现、有情有趣的教学,从而不断提升学生的语文学科素养。

在简要复述的基础上,引导学生感受民间故事独特的表达秘妙,兴趣盎然地讲故事,并能够讲具体、讲生动。图式的建立能直观地指导学生对文本的理解,对关键内容的把握。图式提取的过程本身就充满挑战,富有智慧。借助图式,学生能有条理地完成创造性复述,建构性学习的乐趣体现得淋漓尽致。

4. 策略实践要点

《义务教育语文课程标准（2022年版）》第三学段阅读目标第4条："阅读叙事性作品，了解事件梗概，简单描述印象最深的场景、人物、细节，说出自己的喜爱、憎恶、崇敬、向往、同情等感受。"可见"简单描述"是小学高段叙事性作品复述教学的要求。叙事遍布于神话、传说、寓言、民间故事、小说、史诗等。创造性复述是通过联想想象，充实内容，生动刻画人物形象，使原文更形象、生动、具体，其目的是锻炼学生想象力，提高学生思维的敏捷性和语言的流利性。为了更好地依托统编语文教材开展复述训练，笔者梳理了五年级上册快乐读书吧《田螺姑娘》嵌入式课外阅读课程的复述策略，并展开了实践与思考。

（1）补充情节，进行布白式复述

叙事性作品都有简略处、省略处、概括处，这些正是给学生布白的空间。补充情节时，将学习兴趣点、认知冲突点和言语训练点最大化地重叠在一起。引导学生在内容的简略处求展开，在内容的省略处求补充，在内容的概括处求具体。故事中有些情节写得比较简略，给读者留下了想象的空间，可以引导学生"添油加醋"：添加人物外貌、动作、神态、心理活动描写，或添加象声词、环境描写，使故事情节更加生动有趣。可以充分利用课文中的空白点进行创编。

（2）创编故事，进行猜想式复述

创造性复述，不仅要读懂故事，还要吸收、内化、提升，从而创造性地表达。它不是脱离文本内容天马行空地发挥想象、胡编乱造，而是基于文本的结构特点、语言风格，让学生依照情节的范式进行创编，是吸纳与倾吐的统一体。创编故事的依据可以是生活经验和生活常识，可以是前文内容和人物个性特点，也可以是插图推测。复述主线的提炼、续编思路的设计，必须根据作者的文路、编者的思路、学生的学路、教师的导路综合而成。鼓励学生冥想、呼吸，使他们身心放松，顺着故事情节去猜测与推想，想象自己走入合着的书本里，看看书本里面写的什么故事，接着会发生什么故事。学生遵循原文但不拘泥于原文，酣畅表达，逐步形成自己规范性的、富有特色的语言，呈现精彩无限的场景。

（3）变换人称，进行体验式复述

变换人称就是叙事视角的变换。叙事视角就是叙事者观察故事的角度，分为全知视角、限知视角和旁知视角三种。全知视角就是叙述者没有固定视角，洞察人世间的一切，对每个人的言行举止、内心活动以及潜意识都能了如指掌。限知视角就是以作品中的几个人物或一个人物作为叙述者，叙事者对自己是全知的，对别的人物是限知的。变换人称用得最多的是全知视角变换为限知视角。

（4）调整结构，进行变序式复述

调整结构就是叙事时间的顺序变换。叙事时间的顺序主要有顺时序和逆时序两种。逆时序就是故事发生、发展的顺序与叙事呈现的时间顺序不一致。倒叙是一种逆时序。倒叙有两种类型，把中间扣人心弦的部分提前，或者把结局提前。当倒叙的部分叙述完毕回到顺叙时，必须有过渡句或过渡段，把情节交代清楚。

语言的素养是在言语的场域里练就的。为了营造更广阔的学习空间，可以将学生复述故事的音频或者视频上传至班级QQ群、微信圈、公众号、学习平台，全班学生、教师和家长参与评论或点赞，以便学生享受言语表达的理趣、交互学习的情趣。

第五节　拓宽阅读视野

在新的历史条件下，阅读已成为提高学生素养的重要途径。阅读教学是学生积累知识、培养能力的过程。在小学语文教学中，教师应加强对阅读教学策略的研究，以此帮助学生拓宽阅读视野。联结策略和跨界阅读策略是指在语文教学中，教师要引导学生进行联结和跨界阅读，从而达到拓展阅读视野的目的。本文从联结策略和跨界阅读策略的定义、作用以及教师在小学语文教学中运用这两种阅读策略的意义入手，分析了教师运用这两种阅读策略的可行性。

一、跨界阅读策略

1. 策略核心要义

跨界阅读既可指突破学科边界的学科互涉阅读，又可指突破纸质媒介的综合阅读。我们身处阅读终端多元化的时代，书籍、报纸、电影、话剧、手机听书App都可以成为我们获得信息的渠道。吴欣歆在《培养真正的阅读者》一书中对于"整本书跨界阅读策略"是这样表述的："跨界阅读，顾名思义，就是跨越不同艺术门类边界的阅读，是突破学科边界、纸质媒介进行的综合阅读。"语文跨界阅读的"界"主要是指跨越学科的边界和跨越艺术形式的边界两种类型。

2. 策略的类型

（1）跨越学科边界：指的是一些文学作品，需要突破语文学科的限制，将美术、地理、历史、科学、政治等学科的知识进行综合运用，帮助学生对书本上的知识进行积累，对作品的内容进行了解。所以，跨学科边界的阅读可以帮助学生获得多样化的知识，并使学生利用多学科的知识对阅读内容进行更加深刻的理解，从而在整体上提升学生的阅读素养。

（2）跨越艺术形式的边界：指对同一作品从不同的艺术角度进行观照和分析的方法。不同的艺术角度包括评书、舞蹈、戏剧、电影等多种艺术形式。跨艺术边界的阅读，可以帮助学生在对不同细节进行比较的过程中，对不同艺术形式在表现人物、设置情节、突出作品主题等方面的特征进行思考和体会，多角度、立体化地对书籍中的人物进行评估，同时还可以培养学生自身全面看待问题的能力。

3. 策略运用方法

跨界阅读是一种通读整本书行之有效的方法，也是提高学生跨学科综合能力的一种有效方法。但是，许多一线的语文教师在跨界阅读方面却存在着"不愿、不会、盲目"的问题。在跨界阅读中，阅读任务的设计是至关重要的。良好的阅读任务应从课文、学习情境、活动和评价等方面进行设计。因此，我们对整本书的跨界阅读展开了文献整理，并在此基础上展开了阅读指导实践，对其进行了深入的讨论和提炼，总结出了几种具体的、可操作的跨界阅读指导策略。

（1）研究阅读文本——清晰"跨"到何处

在产生"跨出去"的冲动之后，一些教师在进行跨领域阅读指导时，对自己应该"跨"到什么地方，还没有一个清晰的概念。要解决这个问题，就必须要把著作的内容研究透彻，并以此作为基础，对其进行思考、提炼，寻找定位与所跨学科、所跨艺术之间的联结点。再结合著作的有关内容，选择适当的跨界形式和角度，明确以跨界为手段，以提高学生的语文素养为核心的阅读目标。如六年级"快乐读书吧"读物《鲁滨逊漂流记》，主人公鲁滨逊的生活、冒险历程、荒岛生存等小说情节，都可以与历史、美术、地理、科学、影视等项目寻求勾连，继而用来寻找一类"跨"的方向，从而帮助学生更好地深入理解小说中的人物、情节或者主题。

（2）分析学生学情——考量"跨"的可能

在确定了"跨"的方向之后，教师在进行跨界阅读之前，还需要考虑到学生特定年龄段的阅读体验、学习规律、身体和心理的发展特点。根据他们目前的知识层次和现有的学科、艺术知识经验，来考虑跨界阅读的可行性。

在小学阶段，学生的思维方式出现了从以具体形象思维为主到以抽象逻辑思维为主的特征。用"以图导学""图文转换"的跨学科阅读方式，以"视听语言""镜头语言"为主要表现形式的影视作品进行跨艺术领域的阅读，更适合这一年龄层的学生的具象性思维特征。在阅读指导中，教师应运用多种跨界阅读方法，拓宽文章的宽度与深度，以利于学生理性思维与辩证思维的培养与发展。

在思考"跨"的可能性时，教师应把学生放在第一位，并通过"跨前调研"来更准确地把握学生学习情况。利用调查数据，可以将对不同学科、不同艺术形式有兴趣的学生分类，并将他们划分为不同的小组，以方便设计。通过对不同类型的跨领域阅读任务进行分类，建立不同类型的跨领域阅读兴趣小组，提高"跨"的可能与品质。

（3）设计阅读任务——实现"跨"的落地

任务设计可以说是跨界阅读教学中最核心、最关键的一个环节。任务设计目标清晰、切实可行将能引导学生重构书本内容，调动学生对比阅读的积极性，在综合发展各学科能力的同时，深入广泛地理解著作内容。相反，如果任务设计出现"跨界过度"的问题，过于拓展语文学科的疆域，就会出现"耕种了隔壁责任田，荒芜了自家肥沃地"的情况。这样不仅没有实现整本书的阅读目标，反而增加了学生阅读之外的种种困难，会产生极为不利的影响。

在《鲁滨逊漂流记》跨地理学科阅读教学中，教师为了引导学生学会借助地图厘清鲁滨逊的漂流轨迹，设计了两个跨界任务：一是"浏览跳读，标注地点"；二是"以图导学，绘制线路"。学生虽然在完成任务的过程中学习使用了一些阅读方法，但大部分时间和精力都用在学习地图知识、绘图技巧，以及对"赫尔市、雅茅斯、克罗默、伦敦"等地在地图上的对应位置，熟识鲁滨逊航海途经的国家、城市、岛屿的名称上。在这个过程中拓展了大量地理学科知识，最终却没有回归到语文学科的本质上来。如能淡化地理学科专业知识，增加一个"借助绘图轨迹，讲述漂流故事"的任务，则可以较好地实现"跨"的落地的阅读目标。

（4）运用评价跟进——保证"跨"的有效

一个完整的阅读指导过程，需要确立阅读目标，规划阅读内容，实施阅读过程，跟踪阅读评价。一本书的跨界阅读是否有效，还需教师自己考虑，建立一个比较完备的"评价标准"。

但是，由于学生的心理特征，在阅读过程中，他们更多地只注重形式上的输出，而忽视了自身阅读能力的提升。如在对青年、中年、老年鲁滨逊"图文转换"式阅读中，学生首先细读作品相应内容，根据自己对不同阶段人物的理解来画像，然后在三幅作品上用文字记录并说明肖像特点，最后交流创作这组肖像画的意图。

在阅读汇报分享成果的时候，学生可能会在画得像不像、画技好不好等问题上争吵不休，而没有将注意力集中在如何个性化、深度地理解人物形象的层面上。所以，我们应该结合评价标准，把语文要素融入我们的阅读指导中，让学生回到阅读的原点。

4. 策略遵循的原则

为保证跨界阅读策略使用的效果，教师在进行跨界阅读任务设计时，必须遵循下列原则：

（1）文本是否"可跨"的原则

教师在设计跨界阅读任务或进行阅读指导时，首先要遵循的是文本可跨原则。这意味着在使用文本时，必须遵循上下文关系，以便读者可以轻松地理解所读内容。同时，文本的可跨性也意味着可以从不同的角度来理解和解释所读内容。此外，文本的可跨性也意味着可以从不同的语言或文化背景中进行阅读，从而拓宽读者的视野。在一部作品中，如果没有能够清晰地体现出跨学科、跨艺术边界的可进行整合阅读的内容，就绝不能因为追求新奇而出现为跨界而跨界的行为。如果说，有这样一种作品，它在内容上、在形式上、在主题上都不具备跨越学科或艺术边界进行整合阅读的可能和必要，那么，在这样的情况下，我们就不要去追求"跨界"阅读的新颖形式了。

虽然在一些作品中，我们可以发现跨界阅读的联结点，但是这些联结点的内容已经超出了学生所能接受和理解的范围，所以教师并不需要强制进行跨界阅读任务的设置。一些经典的文学名著，虽然不一定有明确的"跨界"主题，但在一些文学著作中，还是可以找到一些跨界阅读的联结点。比如，小说中的人物关系，可以与历史上某个事件、某个历史人物相互关联；诗歌中的意象、意象组合等，可以与现实生活中某一现象或事件相互关联。但这些都是属于"可遇而不可求"的联结点。因为这些联结内容超越了学生的接受能力和理解范围，所以也就不必强行开展跨界阅读。

例如，鲁滨逊在荒岛上的生存经历，除了他所表现出来的坚强意志之外，他的内心深处也一直被《圣经》所影响，这些都与西方的宗教文化有着密切的联系。但因为国家的不同、学校的特殊情况，这些宗教知识并不适用于小学生的跨界阅读。

（2）学生是否"乐跨"的原则

进行跨界阅读，不仅可以在整本书的阅读形式上进行创新，提高学生的阅读兴趣，提升他们的语文素质，在潜移默化中培养他们的创造力，还可以让他们在获得阅读知识和阅读技巧的同时，有一些意外的收获，方便他们在阅读一部作品的时候，扩展他们的知识，开阔他们的视野，进而让他们对知识有一种直观的、整体的、全面的、综合的认识，让他们在阅读方面能够形成一个良性的循环，最终让他们学会阅读、学会学习。

跨界阅读在整本书的阅读中具有明显的优势，因此，教师在进行跨界阅读的任务设计时，无论是出发点还是落脚点，都应以学生为中心。根据学生的年龄、心理、性别、喜好、阅读经验、学科经验、生活经验等等特征，灵活而又宽泛地设计阅读任务，使其涵盖范围更广，从而使教师"想跨"，学生"能跨"并乐于跨。

（3）学生是否"先读后跨"的原则

在跨界阅读的阅读指导过程中，让小学生进行整本阅读和跨界阅读的主要目的是提高他们的阅读兴趣，养成他们的阅读习惯。因此，任何有利于达到这个目的的做法，都值得去尝试。在阅读指导过程中，一些教师会采用让学生先看电影、电视剧，然后再看原著的方法来降低阅读的难度，以满足学生的兴趣。这样的跨界阅读过程并不符合科学性。这是由于一些电影和电视剧在创作、改编时，其内容、题材等都与原著相去甚远，有一定距离。由于先入为主，有些同学会根据影视作品中传达的主要内容来进行阅读，有些同学会因为看影视作品而失去了再去阅读原著的兴趣。以上无论哪种结果都不是跨界阅读所倡导的。

（4）阅读是否"跨而有界"的原则

在进行跨界阅读任务的设计以及对其进行评估的时候，教师的心里一定要有一个清楚的界限，也就是要明确引导学生用什么样的阅读策略，进行什么样的跨界任务活动，从而获得什么样的语文学科素养。比如，鲁滨逊在荒岛上时，用他的科学知识，成功地制造出了陶器、雨伞、奶酪，以此保障或提升生活品质。但是，在设计和评估任务的时候，不能把"你知道多少科学知识""你的实践能力是最好的"延伸得太远，从而使不同学科的界限变得模糊，而是要将科学课程当作一种工具或者是一种跨领域的阅读方式，引导学生在科学知识积累的过程中，重新回到对鲁滨逊可贵品质的认识、对作品的理解等方面。

二、联结策略

1. 策略核心要义

联结理论中的"联结"，强调重构学习者知识经验之间的逻辑关系，能够改变学习者的认知方式与认知结构，让学习者的思维由浅层趋向深入，由零散趋向系统，由聚合趋向发散。嵌入式课外阅读课程中的联结策略是指在阅读过程中，主动将文本与文本联系起来进行思考和理解，或凭借观察、想象等手段，结合生活实际以及已有知识和经验思考、理解、获得自己阅读感受的策略。

2. 策略学术价值

联结策略将儿童置于自主阅读的主体地位，使儿童在文本所建构的虚拟世界与现实世界之间进行"人与人、物与物、生活与生活、情感与情感"等多重关联映照，对儿童的文化理解、生命成长、语言发展等方面具有重要的意义和价值。

（1）以联结的方式阅读，能够促使学生的课外阅读走向深入

"浅阅读"说的是学生爱读一些不用动脑的书，不愿读一些有思想深度的书，即使读了可能也只知皮毛，形成不了自己的理解。将联结理论用到课外阅读指导中，就是指引学生建立不同层面的阅读联结，让课

外阅读走向深入。比如，可以联结不同体裁的文章，体会表达方式的异同；可以联结同一体裁不同主题的文章，品鉴推敲其不同的表述风格。长期坚持，学生"浅阅读"的现象必将有所改善。

（2）以联结的方式阅读，能够提升学生课外阅读的兴趣

"被动阅读"是相对于主动阅读而言的，表现为学生对课外阅读不感兴趣，通常需要在外力驱使下才会阅读。阅读并没有与他们的生活、经验等建立关联。除了教师或家长要求，课外阅读往往是与己无关的任务。这种情况下，我们可以吸收联结理论的养分，有意识地引导学生关注阅读中衍生出的多个联结：有阅读素材内容某方面引起的情境联结，阅读内容与自己实际生活体验的联结，阅读中自身产生的与作者表达的情感联结，自己习作与阅读素材形成的联结，自己读过的作品作者之间的联结，与阅读内容相关的影视剧的联结……以多样化联结的方式阅读，使学生的课外阅读不是单纯地接触文字，而是由文本进行拓展，最终又能在拓展中对文本产生兴趣。

（3）以联结的方式阅读，能够为学生编织课外阅读的"网络"

短视频、公众号文章等新媒体的流行，让学生越来越难进入沉浸式阅读和整本书阅读。学生在"碎阅读"中接收碎片化知识，很难整合所学。联结理论强调以联结的方式整合学习内容，让知识系统化、完整化。联结理论视域下的课外阅读指导，可以打通课内和课外，以一篇精读带动多篇同内容、同类别文章阅读的方式，拓宽学生的阅读面，促使学生阅读时将无意识产生的联结转化为自觉联结。久而久之，他们必将形成阅读方法与内容的"互联网"，形成良好的阅读习惯。

3. 策略选用工具（图7-5-1）

阅读联结路标

联结自我、联结文本、联结世界　　阅读读物：_____

联结提示性问题	记录我的阅读联结思考
1	这让我想起了什么？	
2	这和我的生活有什么相似，有什么不同？	
3	这件事在我身上发生过吗？	
4	想到生活中这些事之后，我又是如何看待书中的人物的？	

选取恰当联结点：相似点、相异点、重难点、疑惑点、兴趣点

图7-5-1　阅读联结路标

工具说明：教师为帮助学生在阅读中主动进行联结，设计了不同层次的提示性问题，用于打开学生的思维，促成学生从有意识联结升级为有效联结。图表中第一个问题为初学者设计，目的是触发联结意识。第二个、第三个问题为中级学生设计，多角度具体化联结，第四个问题则是帮助学生真正达成联结的目标。联结不只是用于分享自己的故事，也是为了更好地理解文本。因为当学生分享完自己的故事之后，要将联结带回文本。

4. 策略运用方法

（1）文本与已有经验的联结：助阅读能力进阶

阅读是读者根据已有知识经验进行主动建构的过程。因此在教学时，应努力唤醒学生已有的阅读积累，让他们从已有的阅读中获得新的阅读体验。五年级下册略读课文《猴王出世》，节选自我国古典神话小说《西游记》第一回，课文语言具有一定的文言色彩，给学生带来了不小的理解困难。不过，学生对里面的人物和故事耳熟能详，因此可以

巧妙地运用联结策略进行课内与课外的链接。在《西游记》的动画片主题曲中，引导学生根据自己对故事内容的了解，给孙悟空、唐僧、猪八戒、沙僧、白龙马五个主要人物排序。全班反馈时，学生一边展示一边交流排序理由，从人物关系、出场顺序、取经队形、能力强弱等不同角度分享回顾了《西游记》的大致内容。以"你读到了一只怎样的石猴"为话题，让学生赏析课文中对石猴的描写，体会活泼可爱、敢作敢为、聪明机智的石猴形象。然后引导学生联读整本书中《猪八戒助力败魔王 孙行者三调芭蕉扇》和《尸魔三戏唐三藏 圣僧恨逐美猴王》中的两个精彩片段，赏析孙悟空其他的性格特点，逐步从猴性、神性、人性等多个角度丰满孙悟空的形象。从学生的已有了解出发，围绕特定的阅读内容联结，逐步深化学生对整本书的阅读与体会。

（2）文本与文本的联结，向高阶思维迈进

文本与文本的联结是指读者对不同的文本进行对比阅读，从而发现它们的异同。创造表达阅读最直接的作用在于发展并提升人的语言能力。文本与文本的联结使得儿童在阅读中将语义、语汇、语法关联，积累丰富词汇量。其次，使儿童将多种体裁、题材所表现出的不同表达形式联结，有利于儿童仿照并创生出更多复杂、细腻的个性化表达形式。在此过程中，读者对文本内容的把握和理解就更加深入了。

可以是对一本书中相关联的人物进行参照比读，也可以是对几本书中的相关联部分进行参照比读。如《中国古代寓言》是一本故事集，为了引导学生对阅读内容进行深入的思考和梳理，本课程在分享阶段融合联结策略，让学生整理阅读收获，使阅读思考往更深层推进。如，在分享阶段（一）活动六中，教师引导学生对比阅读，用韦恩图的形式展示对比成果。而对比的角度是多样的，学生可以从人物特点的角度、寓言寓意的角度、获得启示的角度等，对故事进行对比，发现不同故事的相似之处。再如，在分享阶段（二）活动十一和活动十二中，引导学生在"'魔袋'人物档案馆"中联结多个人物，寻找愚者和智者，并通过给愚者排名，摘录智者充满智慧话语的方式，对所读的众多故事进行梳理。

（3）文本与生活的联结，促精神涵养塑造

文本与生活的联结是指读者在阅读的过程中或者完成阅读以后，从阅读内容联想到自己的生活经验，联系自己生活中的人或事去理解阅读内容。联结思考文本与现实里的生活事件、所遇见的人物对学生自己和文本主人公的影响和意义，从而让学生去寻找自己，或寻找未来自己的样子，获得精神成长的愿景与方向。整本书为儿童提供了篇幅更长的故事世界。联结策略将其中所蕴含的情感要素、思想要素、价值要素等，通过参照、映射等方式，让儿童将虚拟、现实世界的情感、价值和思想进行融合，汲取营养，从而帮助他们认识世界、找到自我，涵养其精神品质，帮助其树立正确的人生价值观。阅读科普作品，可以将书中内容与个人经历、背景知识建立联系，从而更好地理解内容。阅读推进课中，在"读懂科学术语"环节，笔者指导学生积极运用原有知识经验推测"术语"的含义。例如读到"氧化"，学生就自然地联想起苹果切面"生锈"的画面；读到"融化"，关于冰雪消融的认知经验就会被唤醒。米·伊林的《十万个为什么》是科普读物的经典之作。他围绕生活中常见的现象发问，介绍了日常生活背后的科学知识。课后，笔者设计了《我们的全新屋内旅行记》写作学习项目，要求学生在自家厨房里走几步，试着提出两个和科学有关的问题，并想办法找到答案，随后以学习小组为单位合作完成《我们的全新屋内旅行记》的其中一个章节。

第八章

嵌入式课外阅读课程的评价系统

温儒敏教授认为，我们讲素质教育、人文教育，归根结底还是要读书，因此语文统编教材的课程体系是要让阅读教学由课内向课外延伸，让课堂内外的阅读相互交叉、渗透、整合，连成一体，让学生喜欢阅读、学会阅读。课外阅读的重要性在语文统编教材"课外阅读课程化"的编写理念下得到充分彰显。

然而，传统的课外阅读评价，采用教师考查学生的单向方式开展，用标准化的考试对学生的阅读认知水平进行单项测量。因此，无法真实测查学生在阅读兴趣、阅读习惯、阅读策略、阅读能力、阅读品质等多方面的特质，甚至，这些不适切的评价方式还会挫伤学生课外阅读的积极性，对学生的课外阅读起到"反向"的作用。

那么，怎样才能破解课外阅读评价的难题呢？

小学语文嵌入式课外阅读课程在深入解读评价原则、深刻理解儿童阅读的基础上，着眼于学生课外阅读的全过程，构建了"体系多维、方式多样、主体多元"的嵌入式课外阅读课程的评价模式，实施"以评促读""评读互进"的策略，从而切实提升学生的阅读素养。

第一节　评价的内涵意蕴

《义务教育语文课程标准（2022年版）》在"评价建议"中指出："过程性评价贯串语文学习全过程……""过程性评价重点考查学生在语文学习过程中表现出来的学习态度、参与程度和核心素养的发展水平……"这里的"过程性评价"，是一种能够伴随学生整个学习过程的评价，"有助于教与学的及时改进"。在课外阅读中，我们形象地称这种评价方式为"嵌入式"评价，因为它动态地嵌入学生阅读和教师指导阅读的全过程，从"读前诊断"到"读中反馈"，再到"读后分享"，"嵌入式"评价始终与学生的课外阅读活动相依相随。嵌入式课外阅读课程中的评价，能够给课外阅读提供及时的反馈。通过评价及时发现课外阅读过程中的问题，及时对课外阅读活动做出调整和优化，从而保持学生阅读的积极性，促进有效阅读的发生。同时，对于教师专业素养的提升也起到一定的推动作用。

一、关注阅读兴趣的培养

阅读兴趣，指的是学生对阅读内容所表现出来的一种积极的认知倾向，可以通过阅读情绪、阅读行为和阅读面反映出来。为了激发与保持学生的阅读兴趣，嵌入式课外阅读课程设置了"有趣、有料、有度、有伴"的课外阅读活动，并将评价融入其中，持续关注学生在阅读活动中的种种表现，以评价修正学生的阅读行为，使其保持阅读积极性。

二、嵌入课外阅读的全程

课外阅读是一个持续的、动态的过程，不能以一个标准固定地对学生做出最终的结果评价，而要观照课外阅读的全过程。嵌入式课外阅读课程的评价动态地嵌入学生阅读和教师指导阅读的全过程，从"读前诊断"到"读中反馈"，再到"读后分享"，"嵌入式"评价始终与学生整个的课外阅读过程相依相随。

三、指向阅读素养的提升

PISA阅读素养测试以及问卷调查，对阅读的自主性、阅读类型的多元化、阅读环境的优越性、阅读态度、阅读习惯和阅读方法都有涉及。嵌入式课外阅读课程通过评价量表、制作阅读反思单等，以学生的阅读态度、阅读方法和共读手册等为依据进行评价，通过评价引导学生从阅读习惯、阅读策略、阅读能力、阅读品质等多方面进行自我反思、自我改进，从而指向自身阅读素养的提升。

第二节　评价的实施策略

嵌入式课外阅读课程的评价以阅读种子的"发芽、开花、结果"为意象，按照低、中、高年段依次梯度设计了"浇灌阅读苗——我是悦读小能手""绽放阅读花——我是悦思小明星""采撷阅读果——我是悦行小达人"的评价情境，嵌入整个小学阶段儿童课外阅读的全过程，构建了立体多维的评价体系，探索灵活多样的评价方式，引入多元联动的评价主体，以期通过评价培养"积极的分享者、主动的阅读者"。

下面以统编教材义务教育教科书三年级上册"快乐读书吧"推荐的课外阅读书目《安徒生童话》为例，探讨嵌入式课外阅读课程评价的实施策略。

一、评价体系：立体多维

统编教材三年级上册的"快乐读书吧"以"在那奇妙的王国里"为主题，引导学生阅读中外经典童话。人民教育出版社出版的《快乐读书吧·名著阅读课程化丛书》之《安徒生童话》共收录了11篇安徒生的童话，分为三组故事。为了推进整本书的持续阅读，我们构建了《〈安徒生童话〉嵌入式课外阅读课程学生共读手册》，安排了"故事游历馆""妙趣预测园""情节图绘制室""魔法创意馆"等专项阅读任务，设计了与之对应的十六个阅读活动。

语文阅读进阶之路：
嵌入式课外阅读课程的构建与实施

依据阅读任务，围绕阅读活动，项目组构建了立体多维的评价体系：既有伴随每组故事的"阅读进程"而进行的"共读集星栏"的过程评价（图8-2-1），又有嵌入整本书"阅读全程"的"绽放阅读花——我是悦思小明星"的综合评价（图8-2-2）

共读集星栏

阅读进程	评价项目	自评	他评
自主阅读	我完成了第二组故事的阅读	☆	☆
	我能边读边预测	☆	☆
	我在"阅读采蜜园"中积累了优美的句段	☆	☆
故事游历馆	我完成了情节图	☆	☆
	我与共读伙伴交流了情节图	☆	☆
	在交流的过程中，我能说清想法，并能结合故事内容把理由说清楚	☆	☆
故事交流会	我能积极参与交流活动	☆	☆
	我能借助情节图和别人接力复述故事	☆	☆
	我能把故事讲得比较详细	☆	☆
动画放映厅	我能结合《小意达的花儿》动画片段讲故事	☆	☆
	我能选择自己熟悉的其他《安徒生童话》动画片段，结合画面讲故事	☆	☆

我一共得了____颗星。

图8-2-1 《〈安徒生童话〉嵌入式课外阅读课程学生共读手册》中的过程评价单

1. "共读集星栏"的过程评价

"共读集星栏"的过程评价（图8-2-1）伴随每组故事的"自主阅

读""故事游历馆""故事交流会""动画放映厅"等阅读进程，设置了11个评价项目，旨在"以评促读"。通过评价促使学生完成每组故事的"阅读计划"，学生在阅读的过程中边读边预测故事情节发展，借助故事情节图与共读伙伴接力复述故事或者创编故事，从而感受童话丰富的想象力，品味童话的优美语言并积累、运用。同时，体验阅读童话的快乐，感受童话的真善美，极大地激发了学生持续阅读的兴趣，提升了学生阅读能力。

2. "绽放阅读花"的综合评价

"绽放阅读花"的综合评价（图8-2-2）嵌入整本书阅读的全过程。评价体系包括"阅读积累""阅读习惯""阅读能力""阅读活动"四个维度。每个维度的测评重点都不同。"阅读积累"主要检测学生阅读过程中积累、品味、运用语言的情况，通过评价促进学生语言积累意识的培养与运用能力的提升；"阅读习惯"通过检验学生阅读目标的达成度，反馈其阅读过程中阅读计划的制订与动态调整，"预测""批注"等阅读策略和方法的自觉运用和习惯的培养与形成；"阅读能力"考查学生整体感知、提取信息、形成解释、解决问题、评价鉴赏等方面的综合阅读素养；"阅读活动"主要考查学生在各项阅读活动中的态度以及表现，对学生参与阅读活动的自觉性、合作性等予以评价。

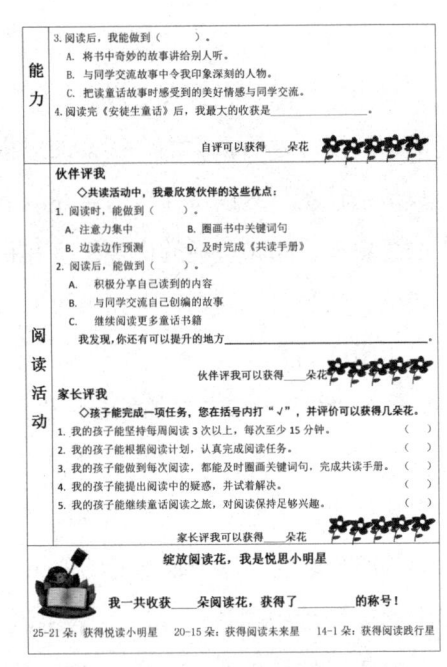

语文阅读进阶之路：
嵌入式课外阅读课程的构建与实施

图8-2-2 《〈安徒生童话〉嵌入式课外阅读课程学生共读手册》中的综合评价单

立体多维的嵌入式课外阅读课程的评价体系，既嵌入阅读的全程，又伴随阅读的进程；既聚焦对阅读能力的评价，又彰显对阅读品质的考量。伴随着阅读活动的开展以及阅读任务的完成，呈现的是学生真实的阅读状态。借助评价，能及时发现阅读过程中存在的问题，并对阅读状态做出调整和优化。"评读互进"，既能提升阅读能力，又能培养阅读品质。

二、评价方式：灵活多样

嵌入式课外阅读课程的评价强调情境性和游戏化，重视采用灵活多样的评价方式以增强学生的参与度，从而调动学生阅读的积极性。

在《安徒生童话》课外阅读"第三站 探秘童话王国"的分享活动中，举办"妙趣展示会"（见图8-2-3），旨在让学生展示自己的阅读成果。项目组设置了"动画放映厅""阅读采蜜园""魔法创意馆"等展示平台，针对评价内容创设了有趣的评价情境，呈现了灵活多样的评价方式。

1. 表现性评价："朗读者"演播室

表现性评价指向学生在真实阅读实践活动中的表现。在"阅读采蜜园"的专项阅读任务中，学生需要围绕"人物蜡像""奇思妙想""美景欣赏"等主题分类摘抄相关的句段。在"朗读者"演播室的评价活动中，学生根据配乐朗诵或者摘抄积累的片段，化身为童话故事中的人物，借助动画片，为故事片段配音，在这种真实的评价情境中表现自己对童话的理解、体验和感受（图8-2-3）。

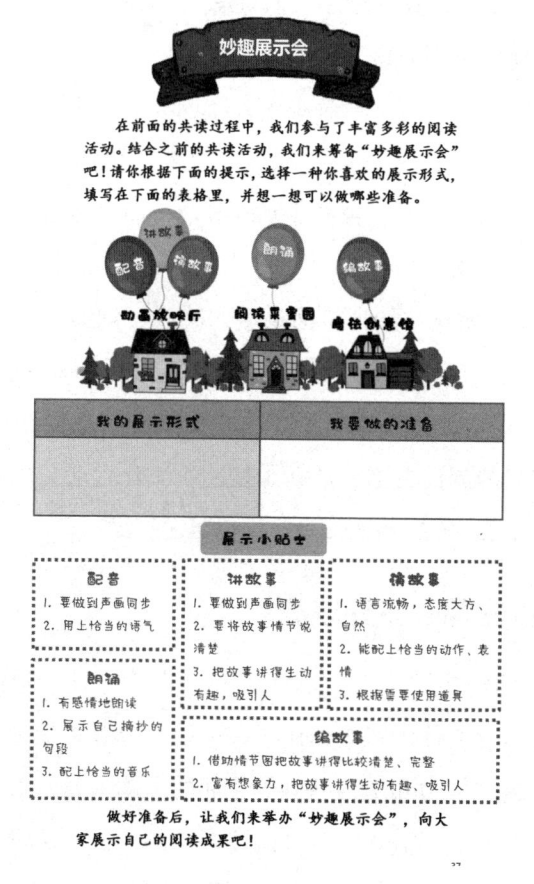

图8-2-3 《〈安徒生童话〉嵌入式课外阅读课程学生共读手册》中的"妙趣展示会"

2. 展示性评价："情节图"展览馆

在阅读活动中，学生经常会产生迫切需要分享和展示的意愿，要给予他们展示的平台，并借助评价反馈阅读成效。在《安徒生童话》的阅读过程中，学生绘制的情节图，既展现了他们在阅读过程中对故事发展的预测，也呈现了他们对故事情节的梳理，同时，还成了他们复述故事的有力支架。在"情节图"展览馆的评价活动中，学生互相展示自己绘制的情节图，讲述自己绘制情节图的历程。这种展示性评价促进了学生之间的阅读交流，深化了学生对童话故事内蕴的理解和感受。

3. 评选式评价："童话剧场"创意馆

有了"安徒生童话故事"的阅读体验之后，可以布置学生完成"魔法创意馆"的阅读任务，即共读小组合作创编童话故事。首先，学生在共读小组内通过"摇骰子"的游戏确定故事的角色、地点和情节。随后，共读小组根据故事要素合作绘制故事情节图。接着，借助情节图创编故事。最后，分角色把创编的故事表演出来。

"童话剧场"创意馆的评价活动融"游戏、创编、表演"于一体，展开组际之间的大PK。学生根据评价量表为自己喜欢的故事投票，从而评选出"魔法童话大王"，并举行颁奖仪式。这种评选式的评价方式，营造了积极的阅读氛围，活跃了校园的文化生活，极大地提升了学生的综合阅读素养。

三、评价主体：多元联动

《义务教育语文课程标准（2022年版）》在"评价建议"中强调："……应发挥多元主体的积极作用。……要充分尊重学生的主体地位，关注学生在兴趣、能力和学习基础等方面的个体差异，引导学生开展自我评价和相互评价。"嵌入式课外阅读课程的评价包括过程评价和综合评价。在整个课外阅读的过程中，教师、家长、共读伙伴、阅读社团等不同主体都可以参与评价，多元联动，充分凸显评价的发展性与协同性。

1. 自我发展式评价：凸显主体地位

学生个体是课外阅读的主要实施者。因此，在整个课外阅读的评价中，都要以自我评价为主，鼓励学生积极介入评价活动中，凸显其在阅读中的主体地位。如学生阅读了《安徒生童话》的每一组故事之后，借助"共读集星栏"的"自评"栏（见图8-2-1），及时对自己的阅读情况作出评价，从阅读计划的完成、阅读策略的使用、阅读状态的表现等方面进行自我反思，从而提醒自己从多个角度不断改进阅读行为，优化调整阅读状态。又如，在《安徒生童话》的整本书阅读过程中，学生借助"绽放阅读花——我是悦思小明星"的综合评价量表（见图8-2-2），从"阅读积累""阅读习惯""阅读能力""阅读活动"等不同维度自评收获的"阅读花"，争夺"悦读小明星"。这种主动参与式的自我评价，使学生能够自觉地回顾课外阅读中的感悟与收获，发现自己在课外阅读过程中的点滴进步与成长，并觉察自己需要改进和完善的地方，从而逐渐形成稳定的阅读状态，发展综合的阅读能力，形成优秀的阅读品质。

2. 多元联动式评价：发挥协同作用

教师是学生课外阅读的引导者，理应成为评价主体之一，教师的评价必须伴随学生整个的阅读过程。教师主要通过观察了解学生的阅读行为、态度，在阅读推进过程中，对学生的阅读态度、习惯、能力等进行动态评估。通过写评语、点赞、分享等评价反馈方式促使学生保持良好的阅读状态。

在课外阅读过程中，引入共读伙伴、阅读社团等评价主体进行"他评""互评"等，能够达到阅读交流、共同促进的评价效果。如在《安徒生童话》的阅读进程中，设置的"共读集星栏"的"他评"栏（图8-2-1）、"绽放阅读花——我是悦思小明星"的综合评价量表中的"伙伴评我"栏（图8-2-2）等都可以促使同伴之间进行互助式评价。

在评价过程中，可以了解同伴的阅读情况，相互学习，彼此欣赏，合作互补，促使阅读活动能够持续、稳定地推进。

在《安徒生童话》"绽放阅读花——我是悦思小明星"的综合评价量表中设置的"家长评我"栏（图8-2-2），可以充分发挥家长这个评价主体的重要作用。通过评价，鼓励家长多观察孩子的阅读情况，让家长在亲子阅读中交流阅读感受，从而营造全民阅读的氛围。

不同评价主体之间的多元联动、多方协作、共同评价，不仅使学生体验到阅读的乐趣，获得阅读的信心，更能得到持续阅读的动力。

总之，嵌入式课外阅读课程的评价基于儿童、立足过程、注重兴趣，实现"儿童自由，阅读自主"，让学生获得阅读的愉悦和满足，从而自愿读书、自发读书、自主读书，真正落实"读书为要"的理念，使学生成为积极、主动的阅读者，促进其阅读素养的全面提升。

第九章

嵌入式课外阅读课程的助力系统

《义务教育语文课程标准（2022年版）》增设"整本书阅读"学习任务群，统编教材设置"快乐读书吧"等栏目，都旨在将课外阅读纳入教材体系，实现"课外阅读课程化"。但整本书阅读学习任务群如何实施，"快乐读书吧"如何教学，是一线语文教师迫切需要解决的问题。

　　随着新课程改革的推进，一线语文教师已经意识到"阅读很重要"，也会根据阅读推广需要，推荐一系列课外阅读书目，引导学生多读书、读好书。但目前，课外阅读仍然存在不少问题。首先，不少教师还未能运用合理的课外阅读指导策略为学生提供有效的阅读指导，导致阅读推广活动呈现"多推荐少指导"的现状。其次，部分语文教师更多关注课堂教学的质量，而缺乏课外阅读课程的开发意识与能力，致使其在指导学生阅读时，缺乏系统的课程范式作引导。再次，学生在缺乏教师专业指导的前提下，其阅读兴趣还处于待开发阶段，自主阅读能力也尚未得到较好提升，这在一定程度上影响着学生语文素养及综合素养的发展，阻碍着新课程标准下语文课程改革的步伐。

　　为此，笔者提出了小学语文"嵌入式阅读"的概念，在构建小学语文嵌入式课外阅读课程体系的过程中，开发了《学生共读手册》，编写了《教师指导用书》，以助力嵌入式课外阅读课程的实施。

第一节　开发《学生共读手册》

统编教材增设的"快乐读书吧"栏目是学生进行课内外阅读沟通的重要桥梁。该栏目介绍、推荐了与教材中单篇课文或单元主题相关的课外阅读书籍，用以补充和完善阅读教学系统，激发学生的阅读兴趣。然而，不少一线教师反映，由于学生缺乏一定的自主阅读能力，在日常学习生活中开展课外阅读的效果往往不尽如人意。

小学语文嵌入式课外阅读课程在构建嵌入式课外阅读课程体系的过程中，开发了《学生共读手册》，以期科学指导学生的课外阅读，切实有效地促进学生阅读素养的提升。

一、《学生共读手册》的开发价值

"学生共读手册"根据统编教材中的"快乐读书吧"栏目所编写，分别对应每册教材的课外阅读主题或推荐书单，是嵌入式课外阅读课程的配套材料和助学支架，在推动"课外阅读课程化"的进程中具有不可替代的价值。

1. 激发阅读兴趣

《学生共读手册》在"卷首语"部分，通过介绍书籍内容，阐明某类阅读文体的文本价值，创设阅读情境，设计阅读任务，能够极大地激发学生的阅读兴趣。学生共读手册的"结语"部分引导学生在回顾阅读过程的基础上，进一步启发学生的阅读思考，引导学生形成"还可以读得更多"意识，从而开启新的阅读旅程。

2. 制订阅读计划

《学生共读手册》的"阅读计划"部分，旨在引导学生根据自己的阅读情况制订适切的阅读计划，并指导学生根据实际情况及时调整并优化阅读计划。阅读计划的加持，能够有效地帮助学生拿起一本书并且持续地把它读完。

3. 伴随阅读全程

《学生共读手册》的主体部分为"共读单"，呈现的是一个个有趣、有料、有度、有伴的阅读活动，伴随学生整个阅读的全程。阅读活动按照章节的次序推进，每一个阅读阶段都会安排练习测评，让学生对自己的阅读效果进行确认和监控，也便于教师了解学生的阅读进度和理解程度。学生通过完成共读手册中一页页的"共读单"，通过参与一次次富有挑战的阅读活动，在自主阅读、合作分享、创意表达、思辨探究中，阅读习惯和想象力得到培养，阅读和讲述能力得到提升，审美情趣得以发展，精神世界得以丰盈。

4. 落实阅读评价

《学生共读手册》的"评价页"以阅读种子的"发芽、开花、结果"为意象，按照低、中、高年段依次梯度设计了"浇灌阅读苗——我是悦读小能手""绽放阅读花——我是悦思小明星""采撷阅读果——我是悦行小达人"的评价情境，嵌入整个小学阶段儿童课外阅读的全过程，构建了立体多维的评价体系，形成了灵活多样的评价方式，引入了多元联动的评价主体。通过评价量表、制作阅读反思单等，以学生的阅读态度、阅读方法和共读手册等为依据进行评价。通过评价引导学生从阅读习惯、阅读策略、阅读能力、阅读品质等方面进行自我反思、自我改进，从而指向自身阅读素养的提升。

二、《学生共读手册》的开发流程

1. 明确目标

《义务教育语文课程标准（2022年版）》对课外阅读提出明确的要求："初步运用多种阅读方法，具有独立阅读能力。……""……拓展阅读面，（九年）课外阅读总量不少于260万字。"而统编教材也借助"快乐读书吧"栏目明确提出课外阅读要求，采用"1+X"阅读模式，向学生推荐课外阅读书目。推荐书目遵循"由内而外"的拓展性、"紧扣单元"的关联性、"古今中外"的多样性等原则，旨在夯实学生的课内学习基础，激发学生的课外阅读兴趣，提升学生的阅读素养。

然而，小学阶段的学生尚未具备一定的自主阅读能力，在平时的课外阅读中要么因为提不起兴趣而应付了事，要么因为缺乏正确的方法与策略而只是单纯一味地读。久而久之，不少学生非但没有在课外阅读中有所收获、顺利提升阅读素养，反而对课外阅读产生排斥感。

为了切实发挥统编教材中"快乐读书吧"栏目的育人价值，最大限度地改善学生低效阅读的情况，帮助学生提升阅读素养，嵌入式课外阅读课程明确了激发学生课外阅读兴趣、培养学生形成正确阅读方法与策略的《学生共读手册》开发与编写目标。

2. 分析资源

嵌入式课外阅读课程体系中学生共读手册的开发与编写以统编教材"快乐读书吧"栏目为依托。为了提升《学生共读手册》与教材的关联性，笔者对教材中"快乐读书吧"栏目的课外阅读相关资源进行了较为全面的分析。

第一，每册教材中的"快乐读书吧"栏目并非独立存在，而是依附于某一主题单元，作为课内阅读文本的延展与补充。例如：统编教材小学五年级下册"快乐读书吧"栏目位于第二单元后，作为本单元学习任务——阅读古典名著的延展与补充，该册"快乐读书吧"栏目主题为相应的"读古典名著,品百味人生",要求学生阅读中国古典名著,并向其重点推荐了《西游记》等书籍。

第二,每册教材中的"快乐读书吧"栏目均设置了"阅读指导"板块。"阅读指导"根据栏目主题,或通过简单的描述营造阅读情境,或通过人物的分析梳理情节脉络,或通过节选的文本指引阅读技巧等。此外,"阅读指导"板块高度配合每册教材的语文要素与阅读目标,按照各年级学生的接受能力与学习重点进行编写,对学生共读手册的开发具有极大的参考借鉴意义。

第三,每册教材中的"快乐读书吧"栏目均强调学生应该逐步养成自主阅读的良好习惯,与此同时又充分体现了亲子共读、师生共读、同伴共读等编排理念。例如:低年级"快乐读书吧"栏目便要求学生与家人一起阅读故事;中高年级则以全班"同读一本书"的形式实现师生、同伴共读。

3. 选择书籍

除了低年级以外,统编教材中高年段的"快乐读书吧"栏目均设有"你读过吗""相信你可以读更多"两大板块内容。教材编者通常在该板块向学生推荐课外阅读书目。其中"你读过吗"板块与单元课文紧密相连,例如:五年级下册"你读过吗"板块中的推荐书籍为《西游记》,是该单元课文《猴王出世》的节选出处;而"相信你可以读更多"板块中的推荐阅读书目则是本单元课文主题的扩展材料,例如五年级下册"相信你可以读更多"板块中的推荐书籍为《三国演义》《红楼梦》《水浒传》,与《西游记》一样同属于我国古典四大名著,符合单元学习任务需求。

根据上述统编教材中的课外阅读推荐书目,我们遵循以教材内容为导向,以优秀著作为追求的基本原则,为每学年段上下两册学生共读手册选择阅读书籍。例如:三年级上册学生共读手册书籍为《安徒生童话》,五年级下册学生共读手册书籍为《西游记》,六年级下册学生共读手册书籍为《鲁滨逊漂流记》等，均是统编教材中"快乐读书吧"栏目所推荐的课外阅读优秀作品。

4. 构思框架

基于激发学生课外阅读兴趣，培养其形成正确阅读方法与策略的目标，笔者进一步构思了学生共读手册的编写框架。首先，考虑到激发学生阅读兴趣这一首要目标，我们在《学生共读手册》的起始部分设置了"导语"部分，通过简要介绍阅读书籍的基本内容与撰写背景等信息，引导学生进入阅读情境中，产生阅读兴趣。其次，为了使阅读过程更加有序，我们在学生共读手册中紧随"导语"制订了"阅读计划"，用以记录学生的共读伙伴、阅读日期、阅读进度、完成情况等；再者，为了引导学生形成正确的阅读方法与策略，我们设计了"阅读单"，包括相应的阅读任务及阅读活动——通过完成阅读任务、活动，学生可以深入理解文本内容与主题，同时增长阅读技巧；更重要的是，笔者设计了"阅读评价"，从"阅读积累、阅读习惯、阅读能力、阅读活动"四个维度，采用"学生自评、生生互评、老师和家长参评"等多元化的评价方式，对学生的阅读过程及成果进行多方位的评价，使之明确自己的阅读收获与不足；最后，为了进一步总结文本内容，我们还设计了"结语"部分，鼓励学生将习得的阅读方法运用在今后的阅读过程中。

三、《学生共读手册》的案例探讨

《学生共读手册》的应用，在很大程度上为学生的课外阅读提供了可视、可操作的规划。相比常规单一的读书笔记、读后感等形式，学生共读手册更具有指导性和趣味性，能使学生通过完成各项阅读任务及阅读活动驱动阅读的进程及深度，降低阅读的难度。下面，以六年级下册《鲁滨逊漂流记》嵌入式课外阅读学生共读手册（以下简称"《鲁滨逊漂流记》学生共读手册"）为例，进行探讨、分析。

1. 基本信息

《鲁滨逊漂流记》学生共读手册是基于统编版小学六年级下册语文教材中的"快乐读书吧"栏目所编写的。在该册语文教材中,"快乐读书吧"栏目位于第二单元,主题为"漫步世界名著花园",向学生推荐了《鲁滨逊漂流记》《骑鹅旅行记》《汤姆·索亚历险记》《爱丽丝漫游奇境》等世界名著。因此,配合教材,我们选取了《鲁滨逊漂流记》作为学生共读手册的内容,带领学生体会精彩的故事情节与人物形象,学习阅读整本世界名著的方法与技巧。

2. 具体内容

(1)"卷首语"部分

"卷首语"部分位于《学生共读手册》的开端,具备介绍、评述阅读书籍,以及激发学生兴趣等作用。为此,根据书籍主题与内容,导语部分应该有针对性地为学生营造阅读情境,提升学生对阅读书籍的了解度与接受度。

《鲁滨逊漂流记》在《学生共读手册》的"卷首语"部分,在开头便交代了该书籍与单元课文之间的关系,例如:"同学们,你们是否发现,该单元每一篇文章的题目中都有两个相同的字——'节选'……在这个单元中,每一篇课文都是节选自整部小说……翻开这本书,我们将一起展开一段鲁滨逊的航海之旅、冒险之旅、成长之旅……"如此,进一步强调了该书籍的地位,提升了学生对该书籍的接受度。随后,通过"阅读惊心动魄的历程""感受个性鲜明的人物""感悟坚强不屈的灵魂"三大模块介绍了该书籍的大致内容与创作背景,使学生初步了解文本内容,生发阅读欲望。最后,借由"努力成为积极的阅读者"模块,为学生提供阅读技巧,同时对学生的阅读提出整体要求。例如:"在阅读中适时做笔记……还可以联结我们之前积累的阅读策略经验……当遇到阅读疑问和阅读障碍时,不妨停下来,通过查阅资料等其他的方式加深对作品的理解,还可以及时将你的所思所想和阅读伙伴共同交流,感悟作品的魅力和意义。"此类文字帮助学生整体明确了阅读的目的与阅读的思路。

（2）"共读计划"部分

"共读计划"部分重点在于引导学生对阅读过程展开较为整体的规划，多以表格的形式呈现，需要学生根据自己的实际情况进行填写。该部分通常包括阅读时间安排、阅读进度安排等基本内容，具体到执行日期及故事章节，能在一定程度上保障学生按时完成阅读任务。在《鲁滨逊漂流记》学生共读手册中，根据该书籍的情节走向，"共读计划"部分巧妙地将阅读任务按照章节内容分为三大板块，其中1~5章节为板块一，6~28章节为板块二，29~31章节为板块三，帮助学生规划阅读任务。此外，该部分还设计了"我的精读章节""我的所思所想"模块，意在引导学生根据需要，精读精彩片段，与同伴交流印象深刻的情节与阅读感想。如此，学生可以在自行规划课外阅读任务的过程中培养自主阅读的意识。

（3）"共读单"部分

"共读单"部分是《学生共读手册》中的重要内容，一是因为该部分作为辅助学生展开深度阅读的材料，具有指导性；二是因为该部分内设不少阅读任务与阅读活动，可以在一定程度上反馈学生的阶段性阅读效果，具有可视性。整体来说，"共读单"其实就是"共读计划"的完整版本，学生必须在阅读相应的章节内容后，才能完成"共读单"。"共读单"内的阅读任务与活动富有趣味性，同时也符合学生读写训练要求。可见，《学生共读手册》中的"共读单"部分，是学生实现深度阅读的引子。

《鲁滨逊漂流记》的《学生共读手册》以"航海冒险闯关"的形式设计了五个"共读单"，对应着不同的章节板块，其中的阅读任务均与故事情节相适配。"共读单"由"导航员手册""船长朋友圈""水手船舱"等内容组成，通过"译本对比读""荒岛小工匠""荒岛绘图师""名句漂流瓶""腰封设计师""聊聊鲁滨逊"等阅读活动，融信息提取、梳理探究、人物评价、创造性复述、跨学科学习、创意读写等各种阅读能力的训练与提升于一体。"共读单"使学生经历"拿起书，读起来，读进去，读完书"的阅读全过程，引导学生在整本书阅读的过程中更加深入地体验与思考，促进了整本书的深度阅读，有效地提升了学生的阅读素养和阅读品质。

（4）"评价页"部分

"评价页"是学生完成阅读任务后所填写的部分，是对学生阅读效果与阅读收获的总结与点评。同时，"评价页"充分考虑到评价的客观性，强调了三个评价主体，分别是学生本人、共读伙伴、学生家长，从多个角度对学生的阅读情况进行了较为全面的评价，帮助学生及时梳理、总结阅读经验与方法。《鲁滨逊漂流记》的《学生共读手册》的"评价页"设立了评价表，内含"阅读速度""阅读习惯""阅读技能""阅读活动"四个层级的评价指标。其中，"阅读自测营""阅读收获园"引导学生自我评价，"共读友乐场"引导学生同伴互评，而"亲子悦读圈"让家长来评价。这种"三位一体"的多元化评价，为整本书阅读的推进营造了良好的阅读氛围，从而增强了学生的阅读成就感，培养了学生阅读过程的自我监控能力，进一步提升了学生的阅读素养和阅读品质。

（5）"结语"部分

"结语"虽是学生共读手册的最后一部分，但也同样重要，能够帮助学生回顾阅读过程，进一步启发学生的阅读思考。《鲁滨逊漂流记》的《学生共读手册》的"结语"部分设有"阅读心路""阅读期待"等板块，增强了学生的阅读体验。

总体来说，小学语文嵌入式课外阅读课程中学生共读手册的开发与应用，在一定程度上可以推动课外阅读课程化的进程与成效。对于缺乏自主阅读能力的小学生而言，将《学生共读手册》作为辅助材料，可以很好地指导其开展课外阅读，促进其逐步形成自主深度阅读的能力。

第二节　编写《教师指导用书》

小学语文嵌入式课外阅读课程在构建小学语文嵌入式课外阅读课程体系的过程中，对应《学生共读手册》编写了《教师指导用书》，以期科学指导学生的课外阅读，切实有效地促进学生阅读素养的提升。

一、《教师指导用书》的编写价值

《教师指导用书》根据统编教材中的"快乐读书吧"栏目而开发，分别对应每册教材的课外阅读主题或推荐书单，与《学生共读手册》相辅相成，共同构成小学语文嵌入式课外阅读课程体系的配套材料和资源支架，在推动"课外阅读课程化"的进程中具有不可替代的价值。

1. 帮助教师把握课外阅读的教学价值

《教师指导用书》包括书籍档案、课程价值、课程建构、活动设计等内容。"书籍档案"包括推荐的书籍版本、作者的介绍、书籍的内容简介和文学地位等基本资料，是教学的知识背景。"课程价值"从能力培养、策略建构、精神成长三个层次阐述书籍的阅读价值，是教学的出发点。"课程建构"厘清了教学目标、设计思路和基本教学环节，是教学的结构。"活动设计"包括导读活动、推进活动、分享活动三个基本活动课型，以有趣、有料、有度、有伴的阅读活动触发学生的阅读和思考，是教学的形式。

2. 辅助教师完成课外阅读的整体推进

《教师指导用书》是教师课外阅读教学的工具和支架，让教师在简要备课后——了解课程的目标和结构，掌握各个活动的设计意图和操作流程——可以自信地走进课堂。因为，课外阅读的重点不在于传授，而在于激发。一线教师要做的是不断激发和维持学生的阅读兴趣，组织学生分享观点、交换想法、抒发感受，把阅读和思考推向深入，直到在活动中完成整本书的阅读。

教师指导用书还在"活动设计"部分提供了资源支架，包括可视化教学设计、可编辑教学课件（扫描二维码下载）和教学视频（扫描二维码观看）等，就像一个U盘，即插即用，无须过多准备，直接嵌入教师的教、嵌入学生的学。让教师更专注于激发、组织和推动阅读的发生，让学生更专注于阅读、思考和分享思想的火花，从而为一线教师完成课外阅读教学提供了有效的支援和有力的支撑。

二、《教师指导用书》的框架设计

小学语文嵌入式课外阅读课程教师指导用书的开发主要遵循以下思路：一是明确指导用书开发的目的及价值，即以嵌入式课外阅读的课程目标为指引，并结合课程标准的学段要求，设置相对应的阅读教学目标。二是设计嵌入式课外阅读课程体系，并将其作为《教师指导用书》的核心内容。该课程体系的构建主要遵循小学生的阅读心理及习惯，意在提升学生的阅读兴趣及能力，在体系构建中渗透有效的阅读方法和策略，并设计以体验参与为主的驱动型阅读任务，让学生在自我阅读、自我体验和自我感悟中获得阅读成长。三是设计与课外阅读作品相关联的阅读活动，创新阅读教学手段及形式。

该教师指导用书从"书籍档案""课程价值""课程建构"及"活动设计"四个方面进行了框架设计。

1. 书籍档案

"书籍档案"板块包括四个维度的内容，分别是推荐版本、内容概览、作者名片、文学地位。具体而言，推荐版本主要介绍本阅读课程所嵌入的课外阅读作品；内容概览主要介绍课外阅读作品的主要内容；作者名片主要介绍创作者的生平简介；文学地位主要介绍课外阅读作品在文学界的地位与价值，引导学生全面了解该课外阅读作品的必读性与影响力。

2. 课程价值

"课程价值"板块包括知识能力、策略建构、精神成长三个维度的内容。其中，知识能力主要介绍该课外阅读作品对于学生阅读知识及阅读能力方面的启发及培养作用，如发展学生的阅读策略，促进学生的心灵成长，提升学生的思维能力等；策略建构主要介绍学生阅读该课外阅读作品后将会获得的创造性复述、图文转换、跨界阅读等创新性阅读方法；精神成长主要介绍学生在课外阅读学习中可能获得的道德品质、情感态度及价值观等方面的培育与发展。

3. 课程建构

"课程建构"板块是教师指导用书的核心部分，主要包括课程目标、课程框架及课程活动三个维度的内容。课程目标指向该嵌入式课外阅读课程所需完成的基本育人目标，如感受阅读的乐趣，养成良好的阅读习惯等；课程框架即该课程实施中的思路遵循及基本着力点，如跨界阅读、融入体验等；课程活动又分为导读活动、共读活动、推进活动、分享活动四个部分，各部分均有具体的阅读任务及阅读资源，指向学生阅读能力的全面综合发展。

4. 活动设计

"活动设计"板块是对"课程建构"中课程活动的进一步细化与延伸，通过活动目标、活动准备及活动过程的明确与设计，确保课程活动的各个环节实施到位。

三、《教师指导用书》的示例探讨

小学语文嵌入式课外阅读课程教师指导用书探究了一种以提高教师专业水平，发展学生语文素养为目标的新模式，并形成了一批指导性强、操作性高的教学案例。通过阅读这些教学案例，教师可以更加直观立体地理解嵌入式课外阅读的价值与意义，并能从中学习与掌握嵌入式课外阅读指导的基本策略与技巧，有效提升课外阅读教学设计及实施水平。

1. "书籍档案"板块的教学案例探讨

"书籍档案"是教师指导用书中的开篇部分，旨在引导教师掌握课外阅读作品的创作背景及文学价值，继而使学生形成对阅读作品的初步印象，了解更多关于课外阅读作品的文学背景，为接下来的阅读学习奠定良好的思想基础及知识储备。

例如，在三年级上册《安徒生童话》嵌入式课外阅读中，"推荐版本"介绍了《安徒生童话》的基本信息，包括主编、出版社及出版时间等，让学生大致了解作品的出版信息。"内容概览"介绍《安徒生童话》包含了多个童话故事，这些故事内容充满着浪漫与幽默、真爱与感动，表达了对幸福生活的向往与追求，引导学生初步了解作品的谋篇布局及主题思想。"作者名片"介绍了作者安徒生的生平事迹以及他在文学领域的影响力、代表作品等，引导学生在开展正式阅读学习前，全面了解作者的生平经历，便于学生更好地理解作品内容。"文学地位"介绍了多位著名作家对于《安徒生童话》的评价，以及《安徒生童话》在中国现代童话发展史中的地位，阐述了《安徒生童话》所具有的人文情怀及人生哲理等。又如，在六年级上册《童年》嵌入式课外阅读中，"推荐版本"介绍了作者为高尔基，由人民教育出版社于2019年8月出版；"内容概览"简要介绍了《童年》是以高尔基的童年生活为蓝本进行的文学创作;"作者名片"介绍了高尔基的家庭状况、成长经历及创作生平等;"文学地位"介绍了《童年》的文学地位。"书籍档案"让学生获取了丰富的课外阅读作品背景知识。

2. "课程价值"板块的教学案例探讨

"课程价值"是教师指导用书中的价值指南,旨在引导教师明确嵌入式课外阅读课程在培养学生知识能力及精神成长等方面的价值,促使教师结合自身教学状态调整教学手段,实现学生阅读知识、阅读能力及阅读情感的多元发展,同时帮助教师掌握该课程实施过程中的基本策略,为学生阅读能力发展提供保障。

例如,在一年级上册《和大人一起读》嵌入式课外阅读中,教师指导用书中的"价值立方"分别围绕"知识能力""策略建构""精神成长"进行了设计。其中,"知识能力"阐述了该阅读作品不仅能有效引导学生识字写字,感受语文学科特点,还以爱国、爱生活、爱自然为基调,为学生营造了积极向上、乐观好学的学习氛围;"策略建构"结合低年级学生身心发展特点,主张通过建立阅读机制,开展各类阅读活动,让阅读从平面、单向走向立体、多向,引导学生爱上阅读、学会阅读;"精神成长"旨在发挥共读作用,借助亲子阅读力量,促使学生在浓厚的阅读兴趣中和高质量的阅读指引下,实现多元的精神成长。又如,在四年级上册《中国神话传说》嵌入式课外阅读中,"知识能力"引导教师在课程实施中要帮助学生了解中国神话的体系,读懂神话故事,丰富知识储备;"策略建构"主要包括提问策略、跨界阅读策略、图像化策略以及比照阅读策略,通过视频、音乐引入以及神话人物对比阅读,实现学生阅读兴趣及阅读思维的培养;"精神成长"表明该课程主要引领学生感受民族文化的精髓,从而塑造自身开拓进取、勇于奉献、追逐梦想的理想信念与精神追求。

3. "课程建构"板块的教学案例探讨

"课程建构"是教师指导用书中的核心部分，旨在帮助教师进一步明确嵌入式课外阅读的课程目标、课程基本框架以及课程所关联的阅读活动等，为教师的课堂教学实施提供有效指引。教师遵循指导手册中的"课程建构"基本内容，不仅可以明晰阅读课程实施的思路及策略，还可以以课程目标为指引明确学生的阅读能力培养目标。

例如，在四年级下册《十万个为什么》嵌入式课外阅读课程中，"课程目标"旨在引导学生掌握阅读科普作品基本的方法，了解基本的科学知识，并激发学生探究科学的兴趣；"课程框架"包括科普作品、阅读计划、提问策略、图像化策略、跨界阅读、科学魅力等部分内容，旨在通过有效的任务设计及策略联动，确保课程实施取得实效；"课程活动"立足学生学情及阅读状况，首先开展导读活动，接着开展共读活动、推荐活动、分享活动及读写活动，旨在完成阶段性阅读任务，最后举办"科普知识"展览会完美结束整本书阅读。又如，在五年级下册《西游记》嵌入式课外阅读课程中，"课程目标"主要是引导学生了解故事内容，积累谚语佳句，培养学生良好的小说阅读及创作能力；"课程框架"包括章回体小说、神魔小说、跨界阅读、对比阅读融入、捕捉闪回以及学会合作等内容，将具体的实施策略与课程内容相对应，有效提升课程的实效性；"课程活动"结合具体的课程内容，共设置了一项导读活动、一项共读活动、四项推进活动、三项分享活动、一项读写活动以及一项拓展活动，各个活动相互促进、互为观照，形成了良好的联动效应。

4. "活动设计"板块的教学案例探讨

"活动设计"是教师指导用书中用于指导活动实践的部分，结合课程体系的实际情况及学生的接受能力，设计了与课外阅读作品相关联的导读活动、推荐活动及分享活动。各活动板块内部又细分为活动目标、活动重难点、活动准备及活动过程等。教师以"活动设计"为指引引导学生开展阅读活动，将有效提升阅读活动的实效性与实践性，以体验式阅读激发学生的阅读兴趣。

例如，在二年级下册《读读儿童故事》嵌入式课外阅读课程中，"导读活动"以动画为切入点，播放与《神笔马良》《七彩花》等阅读作品相关联的动画片段，从而激发学生的阅读兴趣，有效导入阅读课程，并以学生共读活动为手段，分析作品中的人物特色，引入阅读内容；"推进活动"一共设计了"竞答回顾""说来听听""掩卷沉思"三个板块的内容，通过三个板块的有序递进，引导学生回顾阅读内容，提升阅读质量，让学生真正学有所用、学有所乐、学有所思；"分享活动"之一设计了"愿望引领""勇于尝试"两个板块的内容，"愿望引领"鼓励学生分享心愿，设计如同马良的神笔一样的宝物，并大胆构思与心愿相关的故事情节，"勇于尝试"即在"愿望引领"板块的推进基础上，鼓励学生完成"宝物说明书"。学生通过参与"活动设计"，不仅在自主阅读与实践中进一步提升了对阅读作品的理解与认识，还培养了自主阅读能力、思维辩证能力。

总而言之，小学语文嵌入式课外阅读课程教师指导用书所涵盖的四大板块内容具有显著的递进式与有序化特征。其框架形成不仅符合课程体系的搭建标准，既有具体的目标指向，又有合理的实施策略及步骤，还满足了小学生语文阅读素养的发展需求及价值观、综合能力的培养需求。

该指导用书为教师开展嵌入式课外阅读教学提供了具体指引，在辅助教师推广课外阅读的同时，提升了其阅读教学的专业水平，还为教师搭建与实施嵌入式课外阅读课程提供了具体范式，有助于嵌入式课外阅读课程体系的完善与实践，有利于推进小学语文课程与教学改革的实践步伐。

但就小学语文嵌入式课外阅读课程教师指导用书的开发过程及其应用成效而言，还存在着些许不足，主要表现在指导用书的开发与应用还缺乏系统完善的评价机制，学生自主阅读活动设计还有待进一步创新与完善，各年段对于指导用书的应用程度还需进一步开发与推广。今后，我们将结合当前存在的不足，悉心听取各方建议，不断开发、完善与推广该教师指导用书，使之成为提升教师专业水平、培养学生阅读能力的合理化范式。

第三节 打造"阅读资源中心"

小学语文嵌入式课外阅读课程对标语文课程标准，细化了年级阅读目标，对接教材内容，开发阅读项目，规划实施路径，驱动阅读实践，打造了可供教师按需选用、拿来即用、线上线下共用的阅读资源中心。

一、开发"即插即用"的阅读支架资源包

小学语文嵌入式课外阅读课程在"建构—实施—修改—推广"的过程中总结出了四种典型阅读支架（图9-3-1）。支架式阅读聚焦于对教学价值点的深度探究，帮助一线教师找到共性阅读指导策略，帮助学生在问题情境中解决问题，能有效解决学生浅阅读及阅读过程缺乏辅助的问题。

1. 阅读知识积累支架

该支架指向文体知识的积累，能帮助学生在阅读活动中对文本的文体知识产生感性的认知，形成文体的阅读图式。如在"我和书本交朋友"专题中，开展了认识神奇的书、制作手工书等活动，使学生通过认识手工书、气味书、布偶书等不同形态的书，对书产生兴趣。

2. 阅读品质培养支架

该支架指向叙事类作品在人物塑造、情节构思、环境创设等方面的探究，培养学生的阅读品质。如"盘点众妖评人物"活动探究了《西游记》各妖精的形象——探究众妖数量来源，展示众妖面目，盘点"妖之

语文阅读进阶之路：
嵌入式课外阅读课程的构建与实施

嵌入式阅读支架资源包	阅读知识积累支架	我和书本交朋友	认识各种神奇的书	开展图书跳蚤市场	制作手工书
		儿歌童谣大观园	谜语歌大竞猜	绕口令练兵场	数字歌猜猜乐
		西游通关	西游知多少 西游聊书吧	西游积累大观园 积累特色语言	你不知道的冷知识西游大视野
	阅读品质培养支架	盘点众妖	探究妖的来源	创意展示众妖	盘点"妖之最"
		发现"情节图"	有意思的情节图	情节图测阅读	情节图绘制室
		环境显微镜	微课剧场知背景	给插图配文	为阿廖沙的童年涂色
	阅读策略构建支架	妙趣预测园	"猜猜猜"练预测	分享最有趣的预测	借助情节图预测
		十万个为什么	提出智慧小问题	贴上智慧叶	共栽智慧树
		跨界阅读乐趣多	听音乐猜故事	赏油画知背景	影视作品对对碰
	阅读创意表达支架	演绎宝物故事	现场趣配音	七色花转转转	设计宝物分享故事
		七十二变显神通	取经团招募新成员 写妖怪推荐档案	取创意妖名创编"妖怪出场"片段	取法原著西游故事新编
		童年辩论会堂	观看辩论会视频	辩论知识竞赛	两次辩论

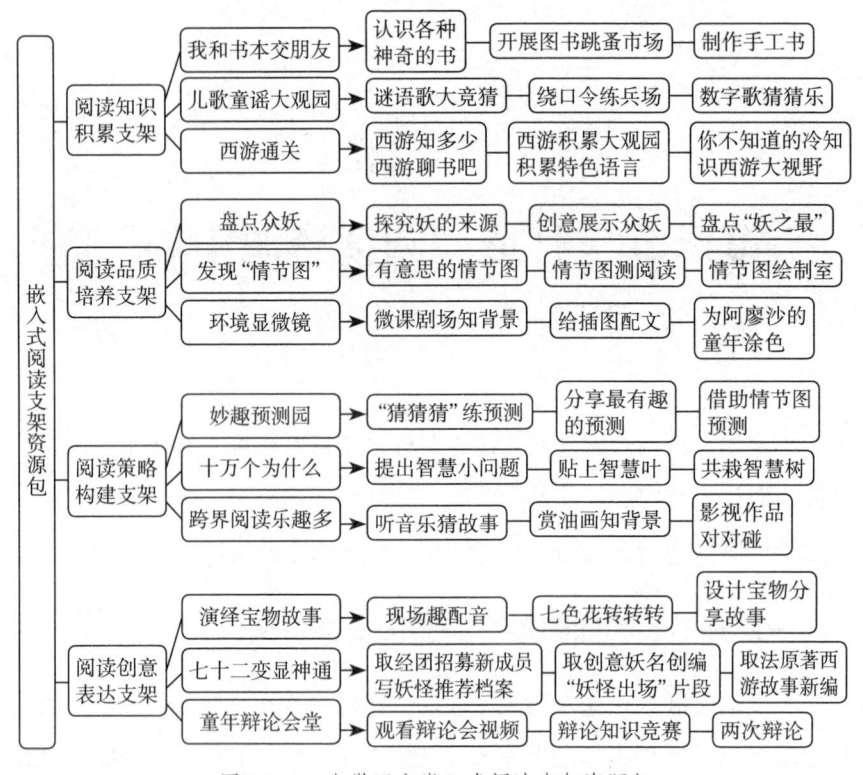

图9-3-1 小学语文嵌入式阅读支架资源包

最"。该活动对于其他文本形象探究具有迁移意义，持续推进能提升学生有计划阅读、主动分享的阅读品质。

3. 阅读策略构建支架

该支架指向阅读策略在阅读实践中的应用，旨在提升学生运用策略阅读的意识和能力。如运用预测策略阅读《安徒生童话》，"妙趣预测园"情境让学生经历"猜猜猜"练预测——分享最有趣的预测、借助情节图预测、和作者比预测等，以实现在阅读同类文本时，也能运用预测这一阅读策略提升阅读收获。

4. 阅读创意表达支架

该支架引导学生将阅读感受转化为创意表达，促进学生的思维分享。和传统的写读后感、分享读书笔记等形式不同，本项目提供了大量有趣、有料的分享活动、交流平台让学生善分享、乐表达、有收获。

二、建立"可组可拓"的文体教学资源库

嵌入式阅读教学资源库有效整合了教材学习单元和整本书阅读任务群的目标、方法和资源，形成了以文体为主线的阅读资源库（图9-3-2）。从绘本、童诗，到童话、寓言，再到科普作品、各类小说，依托《教师指导用书》和《学生共读手册》有效落实不同文体独特的目标评价和阅读活动。《教师指导用书》为一线教师提供了陪伴学生开展深度阅读的方案，《学生共读手册》为学生提供了有趣、有料的活动指南；相配套的电子资源，让广大教师拿来即用。

年级	嵌入单元	嵌入主题	嵌入资源
一年级	上册 第一单元	我和书本交朋友——和大人一起读	1.《教师指导用书》○目标定位 ○书目选择 ○书目内容及价值解读 ○学期阅读规划地图 ○16个活动设计 2.《学生共读手册》○阅读小贴士 ○阅读计划表 ○共读单 ○阅读活动单 ○资源链接 ○评价表 3.数字资源 ○教学课件包 ○同行录像课 ○交流云平台 ○电子纸笔测试系统
	下册 第一单元	童诗童谣怎么读——畅游童谣王国	
二年级	上册 第一单元	童话怎么读（1）——初入童话乐园	
	下册 第四单元	童话怎么读（2）——畅游童话天地	
三年级	上册 第三单元	童话怎么读（3）——玩转童话王国	
	下册 第二单元	寓言怎么读——小故事，大道理	
四年级	上册 第四单元	神话怎么读——遨游神话世界	
	下册 第二单元	科普作品怎么读——生活小问题，科学大智慧	
五年级	上册 第三单元	民间故事怎么读——民间故事我代言	
	下册 第二单元	中国古典名著怎么读——少年读西游	
六年级	上册 第四单元	成长小说怎么读——笑与泪，在苦难中成长	
	下册 第二单元	历险小说怎么读——探索与发现，拓展人类新边疆	

图9-3-2 小学语文嵌入式阅读 文体教学资源库

三、构造"互通互联"的数字化资源网络

利用移动终端、云储存等互联网功能,小学语文嵌入式课外阅读课程构建了高质量、强联通的阅读教学资源网络(图9-3-3),打破了时空壁垒,实现了资源共享,推动阅读资源的多渠道应用与优化,助力教育资源的均衡化发展。

一是借助"广东省罗夕花名师工作室"微信公众号推送研究成果,招募网络学员和试点学校。二是组建网络学员交流社群,鼓励学员创造阅读资源包,促进阅读研讨。三是借助广州智慧阅读等线上平台发布精品资源,拓展交流空间,丰富评价渠道,形成数字化阅读成果。四是利用线上通信平台的异地课堂功能,跨区域打造阅读云指导,让更多学生享受均衡的高质量课后服务。五是拟将联合出版集团打造"数字化平台",落实纸笔系统和智慧评价项目。该项目将进一步突出评价导向,加速成果应用,服务更多试点学校、430课后服务和书香家庭。

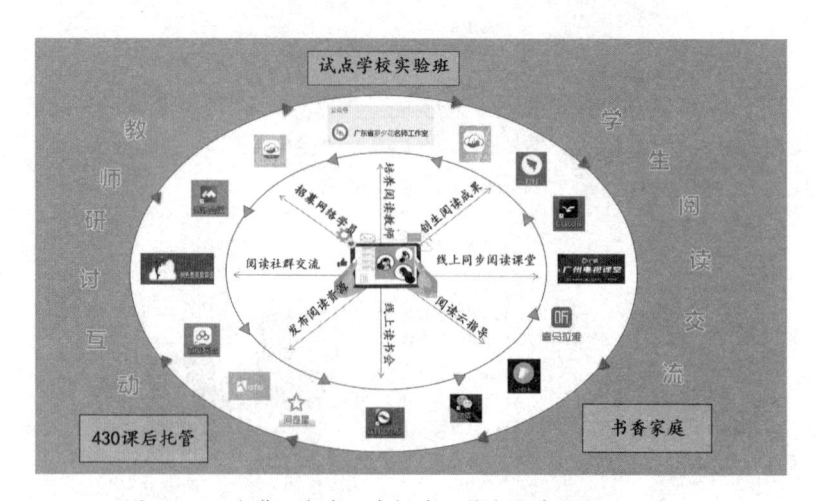

图9-3-3　小学语文嵌入式阅读　数字化资源网络示意图

参考文献

［1］温儒敏.如何用好"部编本"小学语文教材［J］.小学语文，2017
（Z2）：7-8.

［2］陈永娴.英国阅读起跑线计划及意义［J］.深图通讯，2006（4）：
65-70.

［3］柳士镇，洪宗礼.中外母语课程标准译编［M］.南京：江苏教育出版社，2000.

［4］中华人民共和国教育部.普通高中语文课程标准（2017年版2020年修订）［M］.北京：人民教育出版社，2020.

［5］中华人民共和国教育部.义务教育语文课程标准（2011版）［M］.北京：北京师范大学出版社，2012.

［6］诸梅峤.教育优先：创造美国未来——美国教育部长赖利发表国情咨文［J］.上海高教研究，1998（9）：68-70.

［7］周园.中外图书馆儿童阅读推广启示［J］.四川图书馆学报，2012
（5）：73.

［8］中华人民共和国教育部.义务教育语文课程标准（2022年版）
［M］.北京：北京师范大学出版社，2022.

［9］郭颖慧.统编版语文教材课后推荐书目特点、价值与利用路径
［J］.成才之路，2020（7）：32-33.

［10］姚春丽."部编本"小学语文教材中阅读教学的改革探讨［J］.考

试周刊，2019（88）：54-55.

[11] 张燕玲.探析中国儿童文学的语言特点及其发展［J］.大观（论坛），2019（11）：248-249.

[12] 阙新建.小学整本书阅读教学课型定位与教学策略［J］.新课程评论，2019（1）：23-31.

[13] 桑志军.基于学生阅读阶段的课外阅读指导课型探析［J］.语文教学通讯，2019（3）：4-7.

[14] 马晓红.普通高级中学政治课程管理研究——以苏州第五中学为例［D］.上海：上海师范大学，2008.

[15] 倪岗.大范围推进课外阅读策略研究［J］.语文教学通讯，2017（4）.

[16] 王本华.何郁.关于新课标、部编本及整本书阅读——王本华老师访谈录［J］.语文教学与研究，2018（11）：4-9.

[17] 中国社会科学院语言研究所词典编辑室.现代汉语词典［M］.北京：商务印书馆，2016.

[18] 应雅娟.高中作文教学序列的研究［D］.上海：华东师范大学，2011.

[19] 江跃.论初中阶段阅读知识教学的序列化［D］.苏州：苏州大学，2011.

[20] 黄月胜.小学儿童心理学［M］.北京：北京师范大学出版社，2013.

[21] 图书馆·情报与文献学名词审定委员会.图书馆·情报与文献学名词［M］.北京：科学出版社，2019.

[22] 曾广容，易可君.系统论·控制论·信息论与哲学［M］.长沙：中南工业大学出版社，1988.

[23] 齐长立.马克思主义哲学原理［M］.北京：中央民族大学出版社，2008.

［24］高文，徐斌艳，吴刚.建构主义教育研究［M］.北京：教育科学出版社，2008.

［25］戴丽婷，李学，覃丽兰.人教版初中语文教材中的阅读知识研究［D］.长沙：湖南科技大学，2015.

［26］杨春艳.阅读策略的内涵解读［J］.课程教材教学研究（小教研究），2019（Z1）．

［27］张紫晨，李德芳，刘象愚，等.中国中学教学百科全书·语文卷［M］.沈阳：沈阳出版社，1991.

［28］钟启泉.课堂转型［M］.上海：华东师范大学出版社，2018.

［29］约翰·布兰思福德.人是如何学习的［M］.程可拉，孙亚玲，黄旭卿，译.上海：华东师范大学出版社，2013.

［30］刘徽.大概念教学［M］.北京：教育科学出版社，2022.

［31］荆鹏，李博，侯恕.指向学习迁移能力的高中物理教学范式与价值探讨［J］.物理教师，2022，43（12）：8-13.

［32］教育部考试中心.中国高考评价体系［M］.北京：人民教育出版社，2019.

［33］凯伦·布林.十一岁［M］.谈凤霞，译.江苏：凤凰少年儿童出版社，2022.

［34］杨和平.新课标语境中的情境研究［J］.小学语文，2023（4）：13-18+35.

［35］梅里恩伯尔，基尔希纳.综合学习设计［M］.盛群力，陈丽，王文智，等译.2版.福州：福建教育出版社，2015.

［36］白晓晶，张春华，季瑞芳，等.新技术驱动教学创新的趋势、挑战与策略——2017地平线报告（基础教育中文版）［J］.中国现代教育装备，2017，274（18）：1-20.

［37］东尼·博赞.博赞学习技巧［M］.北京：化学工业出版社，2015.

［38］翁晓翠.图像阅读语境下的中学语文阅读教学研究［D］.武汉：

华中师范大学，2021.

[39] 丁建军.梳理单元教学内容，依据学情开展教学——对统编教材五年级上册第三单元"民间故事"的教学设想[J].小学语文教师，2019（9）：28-31.

[40] 张寅德.叙述学研究[M].北京：中国科学出版社，1989.

[41] 吴欣歆.培养真正的阅读者——整本书阅读之理论基础[M].上海：上海教育出版社，2019.

[42] 金珂.小学语文课外阅读教学的实践探索[J].课外语文，2019（33）：120.

[43] 李红芬.全息评价赋能课外阅读[J].小学语文教与学，2021（8）：61-63.

[44] 石群，赵芝萍."伴随式"评价：儿童整本书阅读评价的新思路[J].语文建设，2021（11）：51-55.

[45] 夏绮云，孙静.整本书阅读教学评价微探[J].小学教学参考，2019（19）：13-15.

[46] 徐秀群.小学语文课堂教学中如何嵌入课外阅读教学[J].小学生作文辅导（读写双赢），2019（7）：76.

[47] 肖祈福.统编教材背景下小学生课外阅读的现状及策略[J].福建基础教育研究，2020（12）：45-47.

[48] 王佳玲，任强.小学语文教科书课外阅读的主要特色与使用策略[J].教学与管理，2021（12）：108-110.

[49] 洪茹茹."快乐读书吧"，开启小学语文课外阅读之门[J].文理导航（上旬），2020（12）：20-21.

[50] 付新民，荣维东.嵌入式群文阅读教学刍议[J].教育研究与评论（中学教育教学），2020（3）：43-45.

[51] 周玉梅.运用嵌入式阅读，提高单元阅读教学质量[J].考试周刊，2017（10）：28.